ADELINE YEN MAH

DER URSPRUNG DER ZEHNTAUSEND DINGE

DIE SPIRITUELLE WELT CHINAS

Aus dem Englischen von
Svenja Geithner

Deutscher Taschenbuch Verlag

Hinweis zu den im Buch verwendeten chinesischen Schreibweisen: Sie sind einheitlich in der Pinyin-Umschrift wiedergegeben. Ausnahmen sind Eigennamen und Buchtitel, die sich im Deutschen eingebürgert haben wie Konfuzius, Tao, Peking, I Ging und andere.

Deutsche Erstausgabe
März 2003
Deutscher Taschenbuch Verlag GmbH & Co. KG, München
www.dtv.de

Titel der amerikanischen Originalausgabe:
Watching the Tree
Erschienen bei Broadway Books, a division of Random House, Inc., New York 2001
Deutschsprachige Ausgabe:

Sinologische Beratung: Susanne Hornfeck und Nelly Ma
Umschlagkonzept: Balk & Brumshagen
Umschlaggestaltung unter Verwendung eines Motivs von Yun Shou-P'ing (1633–1690)
(© The Bridgeman Art Library / Osaka Museum of Fine Arts, Japan)
Satz: Offizin Wissenbach, Höchberg bei Würzburg,
nach einer Vorlage von Judith Stagnitto Abbate / Abbate Design
Gesetzt aus der Centaur 10,5'/13,5' und der Charlemagne
Druck und Bindung: Kösel, Kempten
Gedruckt auf säurefreiem, chlorfrei gebleichtem Papier
Printed in Germany · ISBN 3-423-24345-7

INHALT

FÜR MEINEN GROSSVATER YEN QIAN LI

嚴乾利

(1878–1952)

Ich möchte meinem Ye Ye danken und ihm mit dem ›Ursprung der zehntausend Dinge‹ meine Hochachtung erweisen. Die Erinnerung an ihn ist für mich nach wie vor eine Quelle der Kraft, und ich hoffe, dass das, was er mich gelehrt hat, dem einen oder anderen hilft, der ebenfalls auf der Suche nach geistiger Gelassenheit und Trost ist.

DANK

Meinem Ehemann und besten Freund Bob, ohne den ich dieses Buch niemals hätte schreiben können.
Unserem treuen Freund und Berater Mason Wang für seine Unterstützung auf dem Gebiet der klassischen chinesischen Literatur.
Unserer Tochter Ann Mah für ihre Ermutigung.

1

DEN BAUM BEOBACHTEN, WENN MAN EINEN HASEN FANGEN WILL

守株待兔

Shou Zhu Dai Tu

Mein Großvater Ye Ye und ich standen uns sehr nahe, ohne dass einer von uns je ein Wort darüber verloren hätte. Er war ein Geschäftsmann, doch Bücher interessierten ihn mehr als Geld. Als ich ein kleines Mädchen war, lebten wir in Shanghai, und ich verbrachte Stunden auf dem Balkon vor seinem Zimmer, wo ich für mich alleine spielte. Durch die große Glastüre konnte ich sehen, wie er kalligraphierte, Briefe schrieb oder das *I Ging* befragte. Bisweilen durfte ich ihm »helfen«, wenn er frische Tusche zubereitete, wofür der Tuscheblock auf einem alten Reibestein zerrieben wurde, den ihm sein Vater vermacht hatte. Ich selbst habe Ye Yes künstlerisches Talent nicht geerbt und hatte große Ehrfurcht vor seiner *shu fa* 書法 (Kalligraphie).

Als jüngste Stieftochter in einer chinesischen Familie mit sieben Kindern wusste ich, dass ich unerwünscht war und von meinen Angehörigen als die niedrigste aller Kreaturen angesehen wurde. Zu Hause empfand ich mein Dasein als ein einziges Elend. Dieses Gefühl war echt und tief, und ich sah keinen Ausweg, da ich weder über die nötige Weisheit noch über den gebotenen Zynismus verfügte, um der Grausamkeit und der ständigen Zurückweisung ihre Schärfe zu nehmen.

Als ich zehn Jahre alt war, steckte mich meine Stiefmutter Niang in ein katholisches Internat (das erste von einer ganzen Reihe an Internaten) und trennte mich auf diese Weise von meiner heiß geliebten Tante, die damals bei uns wohnte. Ich bekam nicht mit, dass all meine Post (die eingehende ebenso wie die ausgehende) an meine Eltern zur Zensur weitergeleitet wurde. Das Einzige, was mir auffiel, war, dass ich die vier darauf folgenden Jahre weder von meiner Tante noch von sonst jemand etwas hörte.

In jener Zeit hatte ich niemand anderen als meinen Großvater. Obwohl ich nur zu drei speziellen Gelegenheiten »nach Hause« durfte, waren diese kurzen Besuche für mich von unschätzbarer Bedeutung. Damals wusste ich allerdings noch nicht, wie fundamental wichtig sie für meine emotionale und geistige Entwicklung waren.

Der deutschamerikanische Psychologe Erik Erikson schreibt von einer Art Urvertrauen, das einem Kind von »jemandem, der für es sorgt«, eingeflößt wird und ohne welches das Kind nicht leben kann, sondern mental zugrunde geht. Dieses »Urvertrauen« war es, das mir mein Ye Ye zu jenem entscheidenden Zeitpunkt vermittelt hat. Während der vielen Jahre, die ich einsam und allein im Internat in Hongkong zubrachte, hielt mich einzig meine innere Überzeugung aufrecht, dass mein Ye Ye mich liebte. Zeitweise war die Situation richtig schlimm. Meine Stiefmutter hatte so eine Art, mir das Gefühl zu vermitteln, dass ich ein Nichts sei, ein wertloses, überflüssiges Stück Dreck. Doch in all diesen Momenten stieg immer wieder die Erinnerung an meinen Ye Ye in mir auf und verlieh mir zu so mancher Stunde neuen Auftrieb. In meinem tiefsten Innern wusste ich, dass ich ihm wichtig war und dass er an mich glaubte.

Den ›Ursprung der zehntausend Dinge‹ widme ich meinem Ye Ye in Liebe. Es ist eine Hymne auf seine Menschlichkeit und sein Wissen. Etliche Jahrzehnte verstrichen, bevor ich erkannte, wie tief greifend er mich beeinflusst hat. Seine Gedanken haben maßgeblich dazu beigetragen, mich zu der Person zu formen, die ich heute bin. Dieses Buch ist eine Danksagung an meinen Großvater, der mir einst zu der wertvollsten aller Gaben verhalf: meiner Zuversicht.

Am Beginn dieses neuen Jahrtausends sehnen sich die Menschen auf der ganzen Welt danach, zu ergründen, wer sie sind und wie sich alles zueinander fügt. Infolgedessen ist im Westen ein wachsendes Interesse an östlicher Philosophie zu verzeichnen. Ein Viertel der Weltbevölkerung lebt in China, isst mit Stäbchen und spricht Chinesisch. Hervorgegangen aus der ältesten lebenden Kultur, deren Erscheinungsformen und Sprache mehr oder minder intakt geblieben sind, haben die chinesische Philosophie, die Glaubenslehren und die Weisheit vieles zu bieten. Im ›Ursprung der zehntausend Dinge‹ geht es um chinesisches Denken und um die Gründe dafür, dass wir Chinesen so denken, wie wir es tun. Dabei habe ich zahlreiche Begebenheiten aus meinem eigenen Leben herangezogen, um bestimmte chinesische Vorstellungen zu veranschaulichen, und habe im Zusammenhang damit beschrieben, was ich aus ihnen gelernt habe.

In meinem ersten Buch ›Fallende Blätter‹ habe ich die Worte meiner Tante Baba zitiert, als wir uns nach dreißig Jahren das erste Mal wieder sahen.

In meinen Augen war das neunzehnte Jahrhundert ein britisches Jahrhundert. Das zwanzigste Jahrhundert ist ein amerikanisches. Ich sehe voraus, dass das einundzwanzigste ein chinesisches sein wird. Das Pendel der Geschichte wird von der Asche des Yin, die von der Kulturrevolution übrig blieb, zum Yang der Auferstehung des Phoenix hinüberschwingen.

Nachdem ich dreißig Jahre lang als Ärztin in Kalifornien gelebt und gewirkt habe, betrachte ich mich selbst als Sinoamerikanerin und bin meiner Wahlheimat eng verbunden. Meine Tante wurde jedoch im Jahre 1905 geboren, und ihr Weltbild wurde durch die Erniedrigungen Chinas während der beiden vorangehenden Jahrhunderte geprägt. Seit Anbeginn der Geschichte haben wir Chinesen China für den Nabel der Welt gehalten und jede andere Nation als barbarisch betrachtet. 1842 verlor China den Opiumkrieg, und Hongkong fiel an Großbritannien. Im Anschluss daran hatte China 150 Jahre Ausbeutung durch ausländische Mächte zu erleiden, und Küstenstädte wie Shanghai und Tianjin gerieten unter Fremdherrschaft. Meine Großeltern, Eltern und meine Tante wurden alle in der französischen Konzession in Shanghai geboren, wo sie von Franzosen nach französischem Recht regiert wurden und als Bürger zweiter Klasse in ihrer eigenen Geburtsstadt lebten. Vielleicht war es eine Folge dieses Umstandes, dass mein Großvater, meine Tante und mein Vater sämtliche Abendländer mit einer Mischung aus Ehrfurcht und Groll beäugten.

Nachdem Sun Yat-sen 1911 die Qing-Dynastie gestürzt hatte, wurde China zur Republik erklärt. Bald schon zerbrach das Land in von Warlords regierte Territorien, die sowohl mit den Japanern wie auch untereinander um die Macht rangen. General Chiang Kai-shek, Protegé von Sun Yat-sen, einte das Land nach Suns Tod, doch als er 1949 den Bürgerkrieg gegen die Kommunisten unter Mao Zedong verlor, war er gezwungen, nach Taiwan zu flüchten. Mao vertrieb die Ausländer gemeinsam mit den Nationalisten, rief die Volksrepublik China aus und erklärte am 1. Oktober 1949 vom Tor des himmlischen Friedens in Peking aus, dass »das chinesische Volk endlich auf eigenen Füßen stünde«, was bedeutete, dass in China nicht mehr länger fremde Machthaber das Sagen hatten.

Von 1949 bis zu seinem Tod im Jahre 1976 war Mao im Grunde genommen Chinas diktatorischer Alleinherrscher. Meine Tante verglich ihn mit Qin Shi Huangdi, jenem Kaiser, dem einst die berühmte Terrakotta-Armee mit ins Grab gegeben wurde: Er hatte China 221 v. Chr. geeint, und seine Macht und Grausamkeit waren legendär. Unter der Regierung Maos war die Liebe zum Vaterland die höchste Tugend auf Erden. Damit verbanden sich Erhabenheit, Heil und Sinn des Lebens. Der Nationalismus trat an die Stelle von Konfuzianismus, Taoismus und Buddhismus, als die chinesische Bevölkerung vor dem Altar Maos niederkniete. In den siebenundzwanzig Jahren unter dem Mao-Regime blieb China isoliert, rückständig und entwickelte sich nicht mehr weiter. Die Kulturrevolution (1966 bis 1972) löste Mao aus, um seine Feinde zu stürzen und das Land von den »vier alten Dingen« zu befreien: Gewohnheiten, Bräuchen, Idealen und Glaubenssätzen. Doch stattdessen rottete sie sämtliche traditionellen Glaubenssysteme aus und brachte eine orientierungslose Generation von Rotgardisten hervor. Selbst heute gibt es noch Leute in China, die Ausländerhass, Isolationismus, Protektionismus und Widerstand gegen eine moderne Marktpolitik predigen. Hier stehen sich Maoismus und die Disneyfizierung Chinas gegenüber.

Nach dem Zerfall der Sowjetunion sind die USA derzeit die einzige verbleibende Supermacht in der Weltarena. Dabei ist die Vorherrschaft Amerikas in erster Linie auf eine Philosophie privaten Unternehmertums zurückzuführen, die das wirtschaftliche, das politische und das Bildungssystem des Landes untermauert. China, das mit 1,3 Milliarden Menschen bevölkerungsreichste Land der Erde, ist dagegen nur eine von vielen Nationen, die um eine gute Position rangeln. Asiatische Länder wie Japan, Korea, Malaysia, Indien und Pakistan haben innerhalb der letzten fünfzig Jahre allesamt Industrialisierung und Modernisierung erlebt. Unsere ganze Welt ist bereits eine Verschmelzung von Ost und West, und wir sind rund um den Globus zunehmend enger durch die Beziehungen auf dem Gebiet von Umwelt, Sicherheit, Handel und Informationstechnologie verbunden. Für unser aller Zukunft ist es unabdingbar, dass wir ein Verständnis für die Geschichte, Sprache und Kultur des jeweils anderen gewinnen.

. . .

Als ich dreizehn Jahre alt war, teilte mir meine Stiefmutter mit, dass ich im Jahr darauf meine Schule in Hongkong verlassen und einen Job antreten würde, da mein Vater nicht länger imstande wäre, meine Schulgebühren aufzubringen. Da ich um jeden Preis meine Ausbildung fortsetzen wollte, vertraute ich meinem Großvater Ye Ye an, dass ich mich mit dem Gedanken trug, heimlich zu meiner Tante Baba zu fliehen, die mittlerweile wieder nach Shanghai zurückgekehrt war. Könnte er sich wohl vorstellen, mir das Geld für die Reise zu leihen?

»Was willst du denn in Shanghai anfangen?«, erkundigte er sich.

»Wieder auf meine alte Schule gehen. Ich kann es kaum erwarten, all meine ehemaligen Mitschülerinnen wieder zu sehen. Als mich meine Eltern vor drei Jahren aus meiner Schule nahmen, war ich gerade zur Klassensprecherin gewählt worden.«

Großvater sah mich mit eigentümlicher Miene an. »Du glaubst also, in Shanghai wird noch alles genauso sein wie damals, als du fortgegangen bist? Wie naiv du doch bist! Hast du schon wieder vergessen, was das *I Ging* noch und noch wiederholt? Das Einzige, was sich nicht wandelt, ist der Umstand, dass alles sich wandelt.

Ich will dir eine Geschichte erzählen, die du hoffentlich niemals vergisst. Es war einmal ein Junge, den sein Lehrer einen Hasen fangen hieß. Er ging hinaus in die Wälder und hielt Ausschau. Und siehe da, just in dem Augenblick erspähte er einen Hasen, der blitzschnell an ihm vorbeisauste. Während er ihm erstaunt nachsah, rannte der Hase, rums, gegen einen Baum und verlor durch den Aufprall das Bewusstsein. Alles, was er noch zu tun hatte, war, ihn aufzuheben. Für den Rest seines Lebens wartete der Junge hinter ebenjenem Baum, in der Hoffnung, dass weiteren Hasen das Gleiche widerfahren werde.

Dieser Junge ist wie du, die du annimmst, dass dich die gleichen Bedingungen erwarten, wenn du an deine Schule in Shanghai zurückkehrst. Das bedeutet, den Baum zu beobachten, um den Hasen zu fangen (守株待兔 *shou zhu dai tu*)!«

Dies war eines der letzten Gespräche, die ich mit meinem Großvater führte. Wenige Monate später ist er gestorben.

Im Laufe des 19. Jahrhunderts zog die industrielle Revolution eine radikale Veränderung der Lebensweise und der Lebensziele im Westen nach sich. Und gegenwärtig beobachten wir bereits einen weiteren umwälzenden Wandel, den uns Computer und Internet beschert haben. Obgleich das Sprichwort, das mir mein Großvater mit auf den Weg gegeben hat, schon vor zweitausend Jahren von einem Philosophen namens Han Feizi geprägt wurde, ist seine Botschaft nach wie vor aktuell und relevant. Während die industrielle Revolution die Menschheit von der Mühsal manueller Arbeit erlöst hat, wird die informationelle Revolution, die sich momentan direkt vor unseren Augen vollzieht, den Anstoß zu weit dramatischeren und radikaleren Änderungen geben, da sie einen ungeheuerlichen Machtzuwachs sowie eine Erweiterung unserer geistigen Dimension bedeutet.

Was den materiellen Reichtum und den wissenschaftlichen Fortschritt anbelangt, so sind die westlichen Errungenschaften der letzten hundert Jahre unbestreitbar Respekt einflößend. Doch hat der Wohlstand den Menschen im Westen innere Zufriedenheit und echte Erfüllung gebracht? Wenn das Streben nach Geld Vorrang gewinnt vor menschlichen Beziehungen, kann man dann wirklich glücklich sein?

Auf der ganzen Welt wächst der Hunger nach spiritueller Inspiration und Sinnfindung. Nirgendwo ist diese Suche dringlicher als in China, wo die Leute seit dem Tode Maos immer verzweifelter nach dem Wesentlichen und einem Daseinszweck suchen. In dem Erfolg von Bewegungen wie der Falun Gong spiegelt sich diese enorme Sehnsucht wider. Viele fahnden nach Alternativen zu Materialismus, Kommunismus und den institutionalisierten Religionen.

. . .

Als ich elf Jahre alt war, steckten meine Eltern mich nach Hongkong in ein katholisches Internat. Bald schon geriet ich unter den Einfluss der Nonnen dort und zitierte aus der Bibel. Bei einem meiner seltenen Besuche zu Hause diskutierte ich mit meinem Großvater über meinen neu erworbenen Glauben, und er verglich unser beider Überzeugungen miteinander.

»Als Chinese der alten Schule hatte ich schon immer Schwierigkeiten damit, einer einzigen Religion treu zu bleiben«, erklärte Ye Ye. »Selbst wenn ich als Buddhist an die Reinkarnation glaube, ehre ich meine Vorfahren, lese das *I Ging* und das *Tao Te King*. Und all meine gebildeten Freunde verhalten sich ähnlich.

Im Unterschied zu den Muslimen oder Christen haben wir Chinesen

Probleme mit der westlichen Sichtweise, dass es nur einen einzigen wahren Gott gibt. Warum kann Mohammed nicht genauso als Prophet anerkannt werden wie Moses? Warum schließt ein Glaube den anderen aus? Warum können nicht sämtliche Religionen zu einer einzigen verschmelzen?

Als Junge geriet dein Vater einmal in einen heftigen Konflikt mit einer amerikanischen Firma, weil er auf seinem Bewerbungsbogen unter dem Stichwort Religion eingetragen hatte: ›Katholik, aber, falls nötig, auch bereit, zu den Methodisten überzutreten.‹ Der Manager zitierte ihn in sein Büro und nannte ihn einen Reis-Christen, der bereit sei, für einen Job in einem protestantischen Unternehmen dem Katholizismus den Rücken zu kehren.

›Wer sagt denn, dass es nur eine einzige wahre religiöse Lehre gibt?‹, protestierte dein Vater. ›Warum kann ich nicht ebenso Katholik wie Methodist sein? Ja, warum kann ich nicht beides sein?‹

Aber der amerikanische Manager war erzürnt, und dein Vater bekam den Job nicht. Daher zog er nach Tianjin und arbeitete stattdessen für mich.«

. . .

In den folgenden Kapiteln komme ich auf die Unterschiede zwischen Osten und Westen zu sprechen, auf die ich bei einer Vielzahl von grundlegenden, unsere Kulturen betreffenden Themen gestoßen bin. Da einige chinesische Ausdrücke im Englischen nicht existieren, genau wie verschiedene englische Wörter im Chinesischen keine Entsprechung besitzen, besteht der einzige Weg, gewisse ausschließlich chinesische Vorstellungen zu begreifen, darin, sich über nationale Barrieren hinwegzusetzen und so die Möglichkeit zu eröffnen, die Wahrheit in einer anderen als der eigenen Sprache zu erfassen.

Ein chinesisches Buch, das Zugang zu einer Gedankenwelt bietet, die den gewöhnlichen westlichen Wahrnehmungsrahmen übersteigt, ist das *I Ging*. Weitere philosophische Lehren, die eine entscheidende Rolle im chinesischen Denken spielen, sind der Konfuzianismus, der Taoismus und der Zen-Buddhismus. Außerdem werde ich traditionelle Begriffe wie Qi, Fengshui und Yin und Yang mithilfe von Begebenheiten aus meinem eigenen Leben veranschaulichen. Ich hoffe in allen Fällen, die kulturelle Kluft zwischen Ost und West zu überbrücken, so dass westliche Leser in die Lage versetzt werden, die chinesische Denkweise zu verstehen, deren Wurzeln zu entdecken und zu sehen, in welchem Maße sie ihren eigenen ähneln oder aber sich davon unterscheiden. Nachdem ich meine ersten vierzehn Lebensjahre in China und den Rest meines Lebens in England und Amerika verbracht habe, weiß ich aus eigener Erfahrung, wie wichtig es ist, grundlegende Kenntnisse über unterschiedliche Kulturen in unseren Wissensschatz zu integrieren.

Als mein Vater mich in den fünfziger Jahren zum Studium nach England sandte, gab es nur wenige chinesische Studenten in Europa oder Amerika. Heutzutage wandern immer mehr Leute in den Westen ab auf der Suche nach einer Ausbildung, nach Freiheit, Wohlstand und Glück. Die Deregulierung der Telekommunikation, die Zunahme der internationalen Handelsbeziehungen, die Leichtigkeit, mit der wir von einem Land ins andere fliegen können, und das Internet werden den wachsenden Kontakt zwischen Ost und West auch weiterhin sichern. Zahlreiche kinderlose Paare aus Amerika, die gerne Eltern werden möchten, adoptieren unerwünschte chinesische Babys – Mädchen. Und auch Mischehen sind immer häufiger. Mein eigener Sohn ist mit einer Brasilianerin verheiratet, deren Eltern aus Österreich stammen, und sie haben einen entzückenden kleinen Jungen. Das Schicksal solcher Kinder wird ein neues Kapitel in der Geschichte der Beziehungen zwischen China und dem Westen schreiben.

Wie aber wird dieses Schicksal aussehen? Das Sprichwort *shou zhu dai tu* 守株待兔 lehrt uns, dass der Wandel die einzige Konstante ist. Dem möchte ich noch die allgemeine menschliche Sehnsucht nach Wahrheit und Weisheit hinzufügen. Für mich kennt diese Sehnsucht keine Grenzen; sie ist in Amerika ebenso brennend wie in China. Vor diesem Hintergrund und in Anbetracht meiner geistigen und gefühlsmäßigen Zugehörigkeit zu beiden Ländern habe ich dieses Buch geschrieben, um eine Reihe chinesischer

Glaubenssätze für all diejenigen darzulegen, die sich wie ich eingehend mit der Welt auseinander setzen.

Religion und Spiritualität sind zwei vieldeutige Wörter, die höchst unterschiedlich interpretiert werden. ›Der Ursprung der zehntausend Dinge‹ ist ein Versuch, diese Begriffe auf einer wissenschaftlichen und rationalen Grundlage zu verwenden, ohne Dogmatik oder Aberglauben. Der große deutsche Philosoph Martin Heidegger schrieb einmal, was immer und wie immer wir versuchen würden zu denken, dächten wir im Bereich der Tradition. Doch was wäre, wenn wir die westlichen Leser in eine neue und gänzlich andere Tradition einführten? Würden sich ihre Gedanken dann verändern, käme frischer Wind hinein, und würden sie einem radikalen Wandel unterzogen?

Für die Philosophie steht am Anfang das Staunen, und Wissen ist Macht. Aristoteles sagte, dass allen Menschen das Streben nach Wissen gemein sei. In der Tat suchen Chinesen und die Bewohner der westlichen Länder gleichermaßen nach vernünftigen und intelligenten Antworten. Irgendwo steht geschrieben, dass jeder Chinese eine konfuzianische Mütze, ein taoistisches Gewand und buddhistische Sandalen trägt. Dieses Buch will Ihnen einen sehr persönlichen Einblick in das chinesische Denken gewähren. Ich hoffe, es wird Ihnen auf Ihrem Lebensweg bei der Entfaltung Ihrer eigenen Glaubenssätze als Sprungbrett dienen.

Viel Spaß beim Lesen! Ich wünsche Ihnen Glück und Zufriedenheit.

2

DIE WEISHEIT DES I GING

易經之智

Yi Jing Zhi Zhi

Wie viele chinesische Gelehrte hielt mein Großvater große Stücke auf das *I Ging*. Er betrachtete es als seine Bibel: ein Buch der Weisheit wie auch ein Buch der Weissagung. Ein paar Monate, nachdem er an Diabetes gestorben war, fielen mir seine Ausgabe des *I Ging* und ein kleines Bündel Stäbchen in die Hände, die zusammen in ein Stück rote Seide eingewickelt waren. Zuerst dachte ich, bei den Stöckchen handele es sich um Essstäbchen, doch sie waren zu dünn, auch wenn sie alle gleich lang waren. Später fand ich heraus, dass es Stängel der gemeinen Schafgarbe waren.

Wir lebten in Hongkong, und ich hatte die Erlaubnis bekommen, aus dem Internat nach Hause zurückzukehren, um mich auf meine bevorstehende Ausbildung in England vorzubereiten. Es war das erste Mal seit Ye Yes Beerdigung, dass ich wieder in meinem Elternhaus weilte. Ich schlief in seinem ehemaligen Zimmer, das immer noch angefüllt war mit seinen Sachen und den Geruch seiner Zigarren atmete. Obwohl ich euphorisch gestimmt war angesichts der Aussicht, in Kürze fortzugehen, auf eine neue Schule, in einem fremden Land, weit weg von meiner Stiefmutter, vermisste ich meinen Großvater. Beim Anblick seiner abgegriffenen, vom Alter vergilbten *I Ging*-Ausgabe überkam mich ein plötzlicher Schmerz, und die Tränen rannen mir über die Wangen. Als ich das Buch aufschlug, sah ich seinen Namen, Yen Qian Li 嚴乾利, und den Hinweis »21. Regierungsjahr des Guang Xu« (1896), die mit Pinsel und Tusche geschrieben waren. Damals war mein Großvater achtzehn Jahre alt gewesen, und in seiner Kalligraphie schien alle Hoffnung und Freude der Jugend aufzuschimmern. Wissend, dass meine Stiefmutter vorhatte, seine Bücher auszurangieren und seinen Raum neu einzurichten, packte ich den zerfledderten Band in meinen Koffer und nahm ihn nach Oxford mit.

Zehn Jahre vergingen. Ich schloss mein Medizinstudium in London ab und verstrickte mich in eine schwierige, leidvolle Beziehung mit meinem Tutor, Professor Decker. Karl war Junggeselle, sechzehn Jahre älter als ich und bereits ein erfolgreicher und angesehener Wissenschaftler. Es war eine aussichtslose Affäre: Karl schwankte von Tag zu Tag, manchmal ließ er sich mit Haut und Haar auf mich ein, dann brach er wieder aus der Beziehung aus. Obgleich er mich hinsichtlich seiner gefühlsmäßigen Labilität gewarnt hatte, war ich überzeugt davon, dass ich seine Depressionen aushalten und ihn glücklich machen könnte. Er hatte panische Angst vor dem Heiraten, fühlte sich aber von meinem jugendlichen Optimismus angezogen. Seinen Abweisungsmanövern folgten jedes Mal ausschweifende poetische Briefe, in denen er seine Liebe und sein Bedauern zum Ausdruck brachte – Briefe, die mich an ihn banden, selbst wenn er verbal beteuerte, dass wir uns trennen müssten.

Diese Situation blieb sieben Jahre lang bestehen. Ich trat eine Stelle in Edinburgh an, um körperlich zu ihm auf Distanz zu gehen. Doch seine Briefe folgten mir, und ich begann für sie zu leben. Eines Sonntagmorgens, als ich im Bett lag, dem Läuten der Kirchenglocken lauschte und mich einsam und verlassen fühlte, streifte mein Blick das Bücherbord über meinem Kopf und blieb an der *I Ging*-Ausgabe meines Großvaters hängen, die gegen den Karton mit Karls Briefen gelehnt stand. In den zehn Jahren, seit ich aus Hongkong weggezogen war, hatte ich den zerfledderten Band nie wieder aufgeschlagen. Unter Karls Einfluss sah ich mich selbst mittlerweile als westliche Intellektuelle und hatte nichts als Verachtung für die alten chinesischen Werke der Weissagung übrig.

Ich nahm das Buch herunter und entdeckte das Bündel Stäbe, die säuberlich mit einer Schnur zusammengebunden waren. Sie waren in einem speziellen Täschchen untergebracht, das geschickt an den Stoffeinband des Buches genäht war. Auf der Umschlagrückseite befand sich eine Liste mit Anweisungen, wie das *I Ging* zu benutzen sei. Der Leser wurde darüber aufgeklärt, dass das Bündel fünfzig Schafgarbenstängel enthielt sowie zwei Weihrauchstäbchen. Schafgarbe, oder Achillenkraut, war ein in China weit verbreitetes Gewächs, und seine Stiele waren seit alters zu Zwecken der Weissagung verwendet worden. Der Weihrauch musste nach jeder Befragung ersetzt werden.

Ich blätterte ziellos darin herum: Das Buch enthielt vierundsechzig Hexagramme (*gua* 卦, siehe auch Seite 26), die am Rande an vielen Stellen mit Anmerkungen in der vertrauten Handschrift meines Großvaters versehen waren. Neben die Nummer 29 (坎 *kan*) hatte er geschrieben: *»pi ji tai lai«* (Licht am Ende des Tunnels).

Neugierig und aufgeregt begann ich zu lesen:

Das Zeichen besteht aus der Wiederholung des Zeichens kan. *Es ist eines der acht Doppelzeichen. Das Zeichen* kan *bedeutet das Hineinstürzen. Ein Yangstrich ist zwischen zwei Yinstriche hineingestürzt und wird von ihnen eingeschlossen wie das Wasser in einer Talschlucht. Es ist der mittlere Sohn. Das Empfangende hat den mittleren Strich des Schöpferischen erlangt, und so entsteht* kan. *Als Bild ist es das Wasser, und zwar das Wasser, das von oben kommt und auf der Erde in Bewegung ist in Flüssen und Strömen und das alles Leben auf Erden veranlasst. Auf den Menschen übertragen stellt es das Herz, die Seele dar, die im Leib eingeschlossen ist, das Licht, das im Dunkeln enthalten ist, die Vernunft. Der Name des Zeichens hat, weil es wiederholt ist, den Zusatz: Wiederholung der Gefahr. Damit soll das Zeichen eine objektive Lage, an die man sich zu gewöhnen hat, nicht eine subjektive Gesinnung bezeichnen. Denn Gefahr als subjektive Gesinnung bedeutet entweder Tollkühnheit oder Hinterlist. Darum wird die Gefahr auch als Schlucht bezeichnet, das heißt ein Zustand, in dem man sich befindet wie das Wasser in einer Schlucht, und aus der man herauskommt wie das Wasser, wenn man sich richtig verhält.*

Zutiefst fasziniert blätterte ich zum Anfang zurück. »Dieses alte Buch der Weisheit«, las ich, »mag in Momenten der Entscheidung eine Hilfe sein. Behandeln Sie es mit Ehrfurcht. Befolgen Sie die Anweisungen peinlich genau. Formulieren Sie Ihre Frage mit Bedacht. Empfangen Sie die Antwort mit Respekt. Wägen Sie ihre Bedeutung ab, und handeln Sie gemäß der darin enthaltenen Anweisung.«

Aus irgendeinem Grunde erschienen mir die Worte in jenem Moment bedeutsam: wie eine Botschaft, die mir mein Großvater aus dem Jenseits gesandt hatte und die mich genau in jenem Augenblick zu einem besonderen Zweck erreichte. Nachdem ich die Anweisungen gründlich studiert hatte, befolgte ich sie gewissenhaft. Ich badete und kleidete mich an, als ginge ich in die Kirche, dann machte ich mein Bett, putzte das Zimmer, verriegelte meine Tür und stöpselte das Telefon aus. Ich kam mir irgendwie albern vor, als ich meine Tagesdecke auf dem Fußboden ausbreitete und das *I Ging*, ein Blatt Papier nebst einem Stift, eine Vase mit Blumen (die Karl mir bei seinem letzten Besuch mitgebracht hatte) sowie die fünfzig schmalen Stöckchen säuberlich eins neben dem anderen arrangierte.

Ich zündete das Weihrauchstäbchen an und setzte mich im Schneidersitz auf ein Kissen vor die Überdecke. Dann schloss ich die Augen und dachte an die vergangenen sieben Jahre mit Karl, wobei ich die süßen Stunden ebenso Revue passieren ließ wie die schmerzlichen. Nach gründlicher Überlegung schrieb ich meine Frage nieder. »Ich bitte dich um einen Rat, wie ich mich in der Beziehung zu Karl verhalten soll.«

Als Nächstes begann ich, die dünnen Stöckchen exakt wie in der Anleitung aufzuteilen. Obwohl dies nicht schwer war, gestaltete sich der Vorgang als langwierig und nahm beinahe eine Stunde in Anspruch. Während dieser Zeit ging mir eine Reihe von Gedanken durch den Kopf. Hatte mein Großvater je eine solche Beziehung gehabt? War er zeitweise ebenso unglücklich gewesen? Weshalb hatte er die Worte *»pi ji tai lai«* neben das Hexagramm Nummer 29 geschrieben? Könnte ich wohl ohne Karl überleben? Oder würde ich sogar glücklicher allein?

Ich stellte fest, dass ich zu meinem verstorbenen Großvater sprach und mir im Geiste seine Antworten ausmalte. Ich fragte mich, ob ich im Begriff war, den Verstand zu verlieren. Was würde Karl dazu sagen, wenn er mich jetzt so sähe – seine Studentin, die angehende Wissenschaftlerin –, wie ich Weihrauch verbrannte und einen Dialog mit einem alten Buch führte, welches angeblich spirituelle Autorität besaß? War ich dabei, eine Art Ahnenkult zu vollziehen?

Schließlich brachte ich die Prozedur zu Ende: Nachdem ich die Stäbchen fertig sortiert hatte, hatte ich sechs Linien vor mir liegen. Ich konsultierte das Schema im hinteren Teil des Buches und stieß auf *gua* Nummer 44 (姤 *kou*). »Das Zeichen«, so las ich, »deutet auf eine Lage, da das dunkle Prinzip heimlich und unerwartet von innen und unten her sich wieder eindrängt, nachdem es beseitigt war. Das Weibliche kommt von sich aus den Männern entgegen. Das ist eine gefährliche und nicht günstige Lage, wegen der möglichen Konsequenzen, die es rechtzeitig zu erkennen und dadurch zu verhindern gilt.«

Ich notierte die Antwort neben meiner Frage an das *I Ging* und fühlte, wie sich mir die Haare im Nacken sträubten, als ich die Interpretation des Hexagramms *kou* wieder und wieder las. Meine Frage war von Herzen gekommen, und die Antwort war unmissverständlich. Ich musste mich dazu durchringen, Karls Liebesbriefe zu vernichten und England so schnell wie möglich zu verlassen. Ich musste rasch handeln, um eine Katastrophe zu verhindern, und ich durfte niemals zurückkehren. Für mich bestand kein Zweifel daran, dass der Rat des *I Ging* ernst zu nehmen war.

Jener Sonntagmorgen in Edinburgh war die einzige Gelegenheit, bei der ich je das *I Ging* befragte. Nach dem Mittagessen legte ich mich ins Bett und verbrachte den Rest des Tages damit, das komplette Buch zu lesen. Ich entsinne mich, dass ich bei der Lektüre erstaunt war über die vielen scharfsinnigen, tief schürfenden und hehren Ideen, die Tausende von Jahren zuvor entwickelt worden waren. An jenem Tag erwachte das Buch für einige Stunden zum Leben und sprach zu mir persönlich. Ich konnte meinen Großvater beinahe hören, wie er mich ermahnte, in seinem Lieblingsbuch weiter nach Rat zu suchen.

Später, in der langen schmerzvollen Zeit nach meinem Befreiungsschlag, sollte ich jedes Mal, wenn ich ins Wanken geriet, das besagte Hexagramm lesen. Es wies mir nicht nur einen Kurs für mein Handeln, den ich zu befolgen hatte, sondern hielt mich auch durch das Martyrium hindurch aufrecht. Bei unserem endgültigen Abschied bat mich Karl um ein Andenken, das ihn an unsere gemeinsamen Jahre erinnern würde. Ich wickelte das *I Ging* meines Großvaters wieder in seinen Originalseidenstoff und schickte es ihm mit der Post. Für mich war Ye Yes Buch zu einem Symbol der Befreiung geworden. Indem ich es Karl schenkte, erklärte ich meine Unabhängigkeit ... Allerdings habe ich ihm nie erzählt, was an jenem Morgen in Edinburgh zwischen dem *I Ging* und mir geschehen ist.

In China galt das *I Ging* lange Zeit als das älteste Buch der Welt, als eines der großen klassischen Werke und als Grundstein chinesischer Gelehrsamkeit. Es schien in der Tat zeitliche und nationale Grenzen zu sprengen, schien immer währende Bedeutung zu besitzen und Trost zu bieten. Die darin enthaltenen Ideen haben vom Altertum bis heute eine herausragende Rolle im chinesischen Denken gespielt. Das Werk wurde schätzungsweise vor über viertausend Jahren verfasst, das genaue Alter ist allerdings nicht bekannt. Der große deutsche Mathematiker und Philosoph Gottfried Wilhelm Leibniz bezeichnete es im 17. Jahrhundert als das älteste Zeugnis der Gelehrsamkeit. Und für C. G. Jung war es das auf Erfahrung gegründete Fundament der klassischen chinesischen Philosophie.

Der Legende nach war der Autor Fu Xi 伏羲 (2953 bis 2838 v. Chr.) – eine sagenumwobene Gestalt, die es möglicherweise nie gegeben hat. Fu Xi war dem Mythos nach ein alter chinesischer König, der angeblich sein Volk in die Epoche des Ackerbaus geleitet hat. In alten Zeiten wurde das Werk zu Zwecken der Weissagung herangezogen: Worte aus dem *I Ging* wurden in Knochen eingeritzt, die als »Orakelknochen« bekannt geworden sind und von denen einige um die Wende zum 20. Jahrhundert herum entdeckt wurden.

Viel später, um 1150 vor Christus, ordnete König Wen, der Gründer der Zhou-Dynastie, die Hexagramme neu (mehr hierzu später, siehe Seite 26). Er schrieb ebenfalls die Urteile und Kommentare zu den Hexagrammen, die als *Gua Tuan* 卦彖 bekannt sind. Einer von König Wens Söhnen, der Herzog von Zhou 周公, verfasste das *Xiao Tuan* 爻彖, um diese Urteile zu erweitern.

Der Titel des *I Ging* (in Pinyin-Umschrift *Yijing*) lautet im Deutschen ›Das Buch der Wandlungen‹. Das Wort *I* 易 (gesprochen *ji*) bedeutet so viel wie »Wandlungen«. Dies ist möglicherweise aus dem alten chinesischen Schriftzeichen für die Eidechse oder das Chamäleon hervorgegangen . Letzteres ist dafür bekannt, dass es seine Farbe ändert, und eine Eidechse kann ihren Schwanz abwerfen, worauf ihr wieder ein neuer wächst. Das zweite Wort, *Ging* 經 (gesprochen *dsching*), bedeutet »Klassiker« oder einfach »Buch«.

Im alten China wurde die Weissagung über Tausende von Jahren praktiziert. Ursprünglich geschah dies, indem man den Panzer einer Schildkröte mit einer glühend heißen Nadel einritzte, bis sich Risse bildeten. Im Anschluss daran las der Wahrsager die Zukunft aus diesen Linien. In späteren Zeiten befragten die alten Herrscher das *I Ging,* indem sie Schafgarbenstängel bündelten und nach einem bestimmten Verfahren aufteilten. Das Heranziehen des *I Ging* für solche okkulten Zwecke rief bei vielen Gelehrten Argwohn und Hohn hervor – auch bei Konfuzius (geboren 551 v. Chr.), der zunächst nichts als Verachtung für den Brauch übrig hatte.

Nachdem er sich jedoch etliche Jahre lang eingehend mit dem Werk befasst hatte, erklärte Konfuzius gegen Ende seines Lebens, dass er, würde sein Leben verlängert, fünfzig Jahre darauf verwenden würde, das *I Ging* zu studieren, in der Hoffnung, auf diese Weise schwer wiegende Irrtümer zu vermeiden. Er und seine Schüler schrieben daraufhin zehn Anhänge (十翼 *shi yi*), um den Haupttext des *I Ging* auszulegen und zu verdeutlichen. Diese Anhänge waren stark vom Taoismus beeinflusst und brachten ähnliche Vorstellungen zum Ausdruck, wie sie in Laozis *Tao Te King* (in Pinyin-Umschrift *Daodejing*) beschrieben werden (siehe dazu Seite 39 ff.).

Der eigentliche Text des *I Ging* besteht aus vierundsechzig kurzen Beiträgen, die »Urteile« oder Kommentare zu wichtigen moralischen, sozialen, psychologischen und philosophischen Themen enthalten. Jeder Beitrag wird durch ein eigenes Symbol dargestellt, das als *gua* bekannt ist. *Gua* ist einer von jenen chinesischen Begriffen, die weder im Englischen noch im Deutschen ein genaues Äquivalent besitzen. Grob übersetzt heißt es so viel wie »Emblem göttlicher Führung und Weisheit«. Das beste Beispiel für ein *gua* im Westen wäre das Kreuzzeichen. Im Jahre 1854 übersetzte ein britischer Sinologe namens James Legge das Wort *gua* (so wie es im *I Ging* verwendet wird) als »Trigramm« bzw. »Hexagramm«. Ein Trigramm ☵ besteht aus drei übereinander liegenden kurzen Linien, während ein Hexagramm ䷜ sich aus zwei Trigrammen oder sechs übereinander angeordneten Linien zusammensetzt. Diese Linien können durchbrochen sein - - oder durchgehend — oder eine Mischung aus beidem. Jedes Trigramm und jedes Hexagramm hat seinen eigenen Namen.

Alles in allem gibt es acht mögliche Trigramme und vierundsechzig Hexagramme, die zusammen mit den zehn Anhängen sämtliche erdenklichen menschlichen Situationen veranschaulichen sollen, in die wir im Leben geraten können.

. . .

Das *I Ging* beruht auf grundlegenden und bedeutsamen chinesischen Denkmodellen. Dazu gehört auch das von Yin und Yang – der Dualismus. Nach dieser Theorie ist alles im Universum gemäß dem Prinzip von Yin und Yang aufgeteilt. Yin und Yang stehen dabei allerdings weder in Konkurrenz zueinander, noch schließt eines das andere aus. Im Gegenteil: Die beiden ergänzen sich, sind voneinander abhängig und verwandeln sich zu guter Letzt ineinander. Jedes ist das universelle Gegenstück des anderen. Möglicherweise rührt diese Vorstellung ursprünglich von der Erfahrung her, dass Tag und Nacht einander ablösen, genau wie Winter und Sommer.

Yin 陰 bedeutet »schattige Seite eines Hügels« und wird mit Begriffen wie weiblich, Mond, Dunkel, Nacht, negatives Qi oder Geist der Erde, Wasser oder Empfangen assoziiert. Es wird durch eine durchbrochene Linie in einem Trigramm oder Hexagramm verkörpert.

Yang 陽 bedeutet »sonnenbeschienene Seite eines Hügels« und wird mit Begriffen wie männlich, Sonne, Licht, positives Qi oder Geist des Himmels, Feuer oder kreative Kräfte gleichgesetzt. Es wird durch eine durchgehende Linie in einem Trigramm oder Hexagramm angezeigt.

Yin und Yang werden auch durch zwei in einem Kreis befindliche Fische repräsentiert. Die Zeichnung wird *Taiji Tu* 太極圖 oder Diagramm des Allerhöchsten genannt. Der eine Fisch ist schwarz mit einem weißen Punkt im Innern. Der andere ist weiß und enthält einen schwarzen Punkt. Yin kann nicht ohne Yang bestehen und umgekehrt. Ohne Nacht kann es keinen Tag geben. Ohne Schwarz kein Weiß. In jedem Yin ist ein kleines Quäntchen Yang enthalten, in jedem Yang ein Quäntchen Yin. (Dieses Diagramm wurde übrigens für die Nationalflagge der Republik Korea übernommen.)

Gemäß Cheng Yi 程頤 (1033 bis 1107 n. Chr.) aus der Song-Dynastie sind Yin und Yang überall. Vorne und hinten. Zu unserer Linken und zu unserer Rechten. Über uns und unter uns. Dunkelheit ist dasselbe wie vermindertes Licht. Licht ist dasselbe wie verminderte Dunkelheit. Sie ergänzen einander. Als universelle Gegenspieler. Yin existiert nicht ohne Yang, und Yang existiert nicht ohne Yin. Zwei in einem und eins in zwei.

Eine weitere wichtige Vorstellung im *I Ging* ist die der *wu xing* 五行, der fünf Elemente, fünf Kräfte und fünf Phasen. Dies sind Holz, Feuer, Erde, Metall und Wasser. Sie finden ihre Entsprechung in den fünf Himmelsrichtungen (Norden, Süden, Osten, Westen und Mitte); in den fünf

Jahreszeiten (Frühling, Sommer, Erde, Herbst und Winter) sowie in den fünf Farben, Sinnen, Tönen, Geschmacksrichtungen und so weiter.

Auf einer chinesischen Landkarte ist der Süden am obersten Punkt eines kreisförmigen Schaubilds eingezeichnet und wird mit Feuer und Sommer assoziiert. Der Osten befindet sich links und entspricht Holz (und Wachstum) sowie dem Frühling. Der Westen liegt auf der rechten Seite und wird mit Metall und Herbst in Verbindung gebracht. Der Norden ist am unteren Ende zu finden und steht für Wasser und Winter. In der Mitte des Kreises liegt die Erde. Keine der Richtungen oder Jahreszeiten ist statisch, sondern es findet ein fortwährender Wandel statt, bei dem eine Phase auf die andere folgt.

Diese fünf Kräfte oder Wandlungsphasen sollen sämtliche natürlichen Phänomene steuern und kontrollieren. Dabei besteht eine feste Reihenfolge: Holz ermöglicht Feuer; durch Feuer entsteht Erde (Asche); Asche bringt Metall hervor (Erz wird aus der Erde gewonnen); Metall erzeugt Wasser (Tau lagert sich als Erstes auf einer spiegelglatten und kühlen metallischen Fläche ab); und Wasser ist die Grundlage für die Entstehung von Holz (es macht das Wachstum der Bäume möglich). Umgekehrt löscht Wasser Feuer; Feuer bringt Metall zum Schmelzen; mit Metall lässt sich Holz zerschneiden; beim Einsatz eines hölzernen Pfluges dringt das Holz in die Erde ein; und die Erde saugt einen Wasserlauf auf. So schließt sich der Kreis.

Die Zahl fünf ist in der chinesischen Kultur weit verbreitet. Ein Teeservice besteht häufig aus einer Kanne und fünf Tassen. Chinesische Politiker versprechen oft, während ihrer Amtszeit fünf Ziele zu erfüllen. Als Präsident Nixon 1972 zu Besuch in China war, umriss der chinesische Ministerpräsident Zhou Enlai fünf nicht verhandelbare Punkte, bevor der eigentliche Dialog beginnen konnte.

Yin und Yang sowie die genannten fünf Kräfte bilden die Grundlage des chinesischen Denkens. Sie untermauern zahlreiche traditionelle chinesische Lebensmodelle wie beispielsweise das Fengshui (»Wind und Wasser« oder Geomantik), das beim Erwerb eines Hauses, eines Büros oder einer Grabstätte zur Anwendung kommt. Sie bilden die Basis für Übungsfolgen wie Qigong und Taiji, für die Zusammenstellung der Speisen, die Praxis der modernen chinesischen Medizin sowie für religiöse Glaubensrichtungen wie Taoismus und Buddhismus. Auf all diese Themen werde ich an anderer Stelle noch ausführlicher zu sprechen kommen.

Vor dem 20. Jahrhundert ging die abendländische Wissenschaft davon aus, dass jegliche Materie aus festen Teilchen zusammengesetzt sei, deren Bewegungen durch partielle Differenzialgleichungen beschrieben werden konnten und Newtons Gesetzen der Thermodynamik gehorchten. Der Blick des westlichen Menschen war ganz auf die Kausalzusammenhänge von Ereignissen fokussiert. Er zog aus, um sich die Natur zu unterwerfen und die Mächte des Bösen zu bekämpfen. Seiner Vorstellung nach war die Welt entweder *für* oder *gegen* ihn. Die Dinge waren schwarz oder weiß. Der Tod war der Feind des Lebens.

Heute wird die physikalische Wirklichkeit durch kontinuierlich in Raum und Zeit verteilte Felder dargestellt, die stets und überall vorhanden sind und sich ebenfalls durch partielle Differenzialgleichungen beschreiben lassen. Im subatomaren Bereich ist die Newtonsche Physik von der Quantenmechanik und der Superstring-Theorie abgelöst worden. Materie und Energie sind gegeneinander austauschbar und können ineinander umgewandelt werden. Zeit und Raum sind nicht länger getrennte Realitäten, sondern sie ergänzen einander. Zu den drei Dimensionen des Raumes kam eine vierte Dimension hinzu: die Raumzeit.

Am Beginn des 21. Jahrhunderts scheint unser Denken sich der Lehre des *I Ging* zuzuwenden. Anders als im 20. Jahrhundert stimmen wir nun mit den alten chinesischen Philosophen darin überein, dass unsere Welt weder statisch noch absolut ist. Alles ist relativ, wie in der Dualität von Yin und Yang. Wandel ist das einzig Gegebene, nichts bleibt, wie es war, und alle Normen sind relativ. Wir werden geboren, reifen heran, altern und sterben. Dann beginnt der Zyklus von neuem. Leben und Tod sind nur vorübergehende Erscheinungsformen ein und derselben Wirklichkeit. Mitternacht zu Hause bedeutet zwölf Uhr mittags irgendwo anders. Einzig der Umstand des Wandels selbst ist unveränderlich. Am Ende wird alles zum Ursprung aller Dinge zurückkehren – zum Tao (Weg, in Pinyin-Umschrift *Dao*) oder der göttlichen Intelligenz des Universums –, denn so hat der Kreis am Anfang begonnen.

Vielleicht ist es diese Überzeugung – dass kein Zustand von Dauer ist, aber die Geschwindigkeit des Wandels auch nicht künstlich beschleunigt werden kann –, der wir Chinesen unsere Langmut verdanken. Ich erinnere mich, dass ich über Tante Babas Armut und das erbärmliche Umfeld schockiert war, als ich sie 1979 in Shanghai besuchte. Sie war 1966 während der Kulturrevolution von Rotgardisten aus ihrem Heim vertrieben worden und gezwungen, in einem kleinen Raum im Hause eines Nachbarn zu leben. Als ich sie zum Mittagessen ausführte, bat sie mich um die Erlaubnis, bei uns im Hotel ein Bad zu nehmen. Tante Baba blieb so lange im Bad, dass ich nachsehen ging. Ich fand sie, wie sie sich genüsslich in der Wanne aalte, den Blick unverwandt auf die Zimmerdecke gerichtet. »Ist alles in Ordnung?«, fragte ich. »Du machst dir gar keine Vorstellung«, erwiderte sie, »wie köstlich es sich anfühlt, hier im warmen Wasser zu liegen, wenn du nicht dreizehn Jahre lang der Möglichkeit, ein anständiges Bad zu nehmen, beraubt worden bist. Es fühlt sich so gut an, dass diese Stunde der Glückseligkeit beinahe schon die Entbehrung wert war.« Dann fügte sie hinzu: »Jetzt können die Dinge sich nur noch zum Besseren wenden. Doch auch dies wird vorübergehen. Ich darf nicht verzweifeln, wenn das Leben zu hart wird, aber auch nicht selbstzufrieden werden, wenn es mir zu wohl zumute ist.«

Der deutsche Mathematiker und Philosoph Gottfried Wilhelm Leibniz (1646 bis 1716), der die Integral- und Differenzialrechnung entwickelt hat, wurde durch einen Freund, den Jesuitenpater Joachim Bouvet, der als Missionar in China tätig war, in das *I Ging* eingeführt. Bouvet zeigte Leibniz die von Shao Yong 邵雍 (einem Gelehrten der Song-Dynastie) gezeichnete Anordnung von vierundsechzig Hexagrammen. Als er erfuhr, dass die Hexagramme analog zu Samenkörnern sämtliche denkbaren Antworten auf alle Fragen im Universum enthielten, bemerkte Leibniz über Fu Xi, den Autor des *I Ging*, dass er der Begründer der Gelehrsamkeit in China und dem Fernen Osten gewesen sei. Seine *I Ging*-Tafel, die er der Welt hinterlassen habe, sei das älteste Zeugnis der Gelehrsamkeit.

Als er die Hexagramme des *I Ging* betrachtete, erkannte Leibniz sein eigenes System der binären Mathematik in den Symbolen wieder, indem er Yin 陰 (die durchbrochene Linie - -) mit Null und Yang 陽 (die durchgehende Linie —) mit Eins gleichsetzte. Demzufolge entspräche ein Hexagramm ䷪ mit einer durchbrochenen Linie (Yin) und fünf durchgehenden Linien (Yang) der Nummernfolge 011111; wohingegen ein Hexagramm ䷖ mit einer durchgehenden Linie (Yang) und fünf durchbrochenen Linien (Yin) die Zahl 100000 hervorbringen würde. Einige Gelehrte vertreten die These, dass Leibniz von Shao Yongs Darstellung überhaupt erst dazu inspiriert wurde, die binäre Mathematik zu erfinden.

In unserer heutigen Zeit greifen sowohl das Zahlensystem der Computerwissenschaft als auch Larry Fullertons kürzlich patentierte Technologie der digitalen Impulse bei der Durchführung ihrer Funktionen auf Leibniz' binäre Mathematik zurück. Wie der Computer wurde auch das *I Ging* von »weisen Männern« als Hilfsmittel entwickelt, das menschliches Denken erleichtern soll, indem es Informationen verarbeitet. Entsprechend ist das *I Ging* auch scherzhaft als »Computer des armen Mannes« bezeichnet worden, als »archetypischer Computer« oder »ältestes aller Computermodelle«.

C. G. Jung begann sich im ausgehenden 19. Jahrhundert intensiv mit dem *I Ging* zu befassen und wurde nicht müde, es bis zu seinem Tod im Jahre 1961 immer wieder zu befragen. Er vertrat die Ansicht, dass Bewusstes und

Unbewusstes im Verhalten einer Person miteinander in Beziehung stünden, wobei dem Unbewussten für gewöhnlich die Rolle zufalle, das Bewusstsein zu ergänzen. Gelegentlich sei dies allerdings unmöglich, und dann agiere das Unbewusste notgedrungen *gegen* das Bewusstsein, wodurch es zu einem inneren Konflikt komme.

Unzweifelhaft gibt es Momente im Leben, in denen wir bemerken, dass wir psychisch in einer Sackgasse feststecken. Wir sind innerlich aufgewühlt, aber nicht willens, uns selbst das Problem einzugestehen, geschweige denn, es mit jemand anderem zu besprechen.

In solchen Zeiten können Bewusstes und Unbewusstes möglicherweise durch eine Psychotherapie erfolgreich wieder miteinander in Einklang gebracht werden. Dabei ist es jedoch wichtig, dass der Patient auf seiner Suche nach innerem Frieden als ganze Person geheilt und nicht nur wegen eines speziellen Symptoms behandelt wird. C. G. Jung stimmte mit dem *I Ging* darin überein, dass es in jedem männlichen Wesen einen kleinen Anteil Yin- oder weibliche Energie gibt und in jedem weiblichen Wesen ein wenig Yang- oder männliche Energie. Er empfahl bei der Behandlung von Patienten einen ganzheitlichen Ansatz, den er als Prozess der Individuation bezeichnete – ein Prozess, der sich seiner Vorstellung nach durch eine kreative Integration gegensätzlicher Polaritäten vollzieht. Der Schlüssel zum Erfolg liegt nach Jung darin, die Aufmerksamkeit des Patienten für sein Unbewusstes zu schulen, während er sein bewusstes tägliches Leben lebt.

Die Psychotherapie nach C. G. Jung hat zum Ziel, bestimmte vage und gestaltlose Urbilder, die sich möglicherweise in den Träumen und Phantasien des Patienten manifestiert haben, für diesen sichtbar zu machen. Die vierundsechzig Hexagramme des *I Ging* sind von einigen Leuten als die Vereinigung psychischer Gegensätze betrachtet worden. Jedes Hexagramm setzt sich aus zwei Trigrammen zusammen. Diese Kombination kann man als symbolische Verschmelzung des Unbewussten (inneres Trigramm) und des Bewussten (äußeres Trigramm) ansehen.

Von Zeit zu Zeit geraten wir alle in schwierige Situationen und können weder vor noch zurück. Die Chinesen erkannten bereits vor vielen Jahrhunderten, dass der menschliche Geist häufig überlastet und verwirrt ist. In diesen Momenten mag das *I Ging* einen Ausweg bieten, indem es eine Methode der Selbstprüfung liefert. Seine Hexagramme sind Symbole, die uns Botschaften über die Sinnhaftigkeit unseres menschlichen Daseins übermitteln. Diese Hexagramme können zu jedem beliebigen Zeitpunkt zufällig ausgewählt werden. Jedes von ihnen repräsentiert einen spezifischen Augenblick in einem Zyklus fortwährenden Wandels. Sie erläutern und verdeutlichen bestimmte innere Wahrheiten im Zusammenhang mit Themen, die viele von uns bei gewissen Anlässen nur höchst widerwillig zulassen oder an die sie nicht einmal denken mögen: Trennung, Scheidung oder ein Todesfall sowie den damit einhergehenden Letzten Willen oder das Erbe. Mein Großvater erzählte mir einmal, dass zahlreiche ältere Männer aus der Generation seines Vaters das *I Ging* zu befragen pflegten, bevor sie ihr Testament verfassten.

Um das *I Ging* in der rechten Weise und mit klaren Sinnen zu konsultieren, dabei aber auch einen möglichen Einfluss von okkulten Mächten oder dem Göttlichen zu vermeiden, sollte man ein paar einfache Regeln beachten:

Suchen Sie sich einen ruhigen, sauberen Raum. Baden Sie, und ziehen Sie sich bequeme Kleidung an. Sorgen Sie dafür, dass Sie allein sind. Schließen Sie die Türe ab. Hängen Sie das Telefon aus.

Formulieren Sie Ihre Frage an das *I Ging* mit Bedacht. Beschreiben Sie Ihr Problem oder Symptom. Nehmen Sie sich Zeit, darüber nachzudenken. Halten Sie das Ganze so knapp und so genau wie möglich schriftlich fest.

Die Nummer des Hexagramms, das eine »Antwort« auf Ihre Frage liefert, ermitteln Sie entweder durch das Werfen einer Münze oder indem Sie Schafgarbenstängel nach einem bestimmten System aufteilen. Ich empfehle Letzteres – nicht weil ich an »schwarze Magie« glaube, sondern weil das Ritual des Stöckchen-Auslegens der Zeremonie einen feierlichen Anstrich verleiht. Auch dauert es länger. Das Münzenwerfen braucht zwei Minuten, wohingegen das Aufteilen der Stäbe zwanzig bis sechzig Minuten in Anspruch nehmen kann. Während dieser Zeit sollten Sie sich ganz auf die anstehende Frage konzentrieren. Manche Menschen verbrennen Weihrauch, um sich selbst in Stimmung zu bringen. Das Ganze sollte nicht auf die leichte Schulter genommen, sondern ehrfürchtig und ernst durchgeführt werden. Es tritt eine Phase der Selbstprüfung und der Meditation ein, die vergleichbar ist mit einem Messebesuch oder dem Ablegen der Beichte.

Bedauerlicherweise ist das Chinesische eine sehr ungenaue Sprache, in der es weder ein grammatisches Geschlecht noch Tempora oder die Unterscheidung zwischen Singular und Plural gibt (siehe dazu auch Seite 183 f.). Und das klassische Chinesisch, wie es in alten Zeiten geschrieben wurde, ist besonders schwer zu verstehen. Was Sie aus dem *I Ging* herausziehen, hängt sehr stark von Ihrer persönlichen Auslegung der Erklärungen und Anmerkungen des jeweiligen Übersetzers zu den Hexagrammen ab, die Sie zur Beantwortung Ihrer Frage ermittelt haben. Der ganze Vorgang ähnelt der Betrachtung eines Tintenkleckses beim Rorschach-Test. Was Sie am Ende sehen, ist eine Projektion Ihrer eigenen verborgenen Gedanken.

Betrachten Sie das Hexagramm, auf das Sie gestoßen sind, in Ruhe, und denken Sie darüber ebenso wie über seine Interpretation nach. Die Befragung des *I Ging* ist wirklich ein Anlass zu innerer Prüfung und Selbstanalyse. Für Gläubige ist dies der geeignete Zeitpunkt für einen persönlichen Dialog mit Gott. Für Skeptiker ist es eine gute Gelegenheit, den offenen Dialog mit sich selbst zu führen, dem Sie bis dahin vielleicht aus dem Weg gegangen sind. Nutzen Sie die Chance, Klarheit in Ihr Leben zu bringen und Ihre verborgenen Motive zu Tage zu fördern. Ich rate Ihnen, die Urteile und Empfehlungen auf demselben Blatt Papier zu notieren wie Ihre Frage. Selbst wenn es nie ein anderer als Sie selbst liest, werden Sie feststellen, dass der gesamte Schreibprozess enorm befriedigend und kathartisch wirkt. Für diejenigen, die eine Kränkung erlitten haben oder spirituellen Trost benötigen, können Kontemplation und Reflexion eine ausgezeichnete Ergänzung oder sogar eine Alternative zu Antidepressiva, Schlaftabletten oder einer Therapie darstellen. (Und mit Sicherheit ist das Ganze weniger kostspielig.) In der Tat ist dies möglicherweise die älteste Methode des selbst gespendeten Biofeedbacks, bei dem die alte chinesische Weisheit als Leitstern dient.

3

TAO – DER VERBORGENE UND NAMENLOSE WEG

道隱無名

Dao Yin Wu Ming

Nachdem ich mein Studium an der London Hospital Medical School abgeschlossen hatte, besaß ich das große Glück, von dem renommierten Neurologen Sir Russell Brain als Allgemeinärztin für sein Haus auserkoren zu werden. Einer der Vorteile, die die Arbeit unter Sir Russell ganz nebenbei mit sich brachte, war, dass ich die Gelegenheit hatte, seine Riege berühmter Privatpatienten zu behandeln, von denen viele an ungewöhnlichen, schwer zu diagnostizierenden Krankheiten litten. Unter ihnen befand sich auch der große englische Dichter Philip Larkin.

Er war damals knappe Vierzig, ein Mann mit schütterem Haar, der sich um alles und jedes Sorgen machte, mit intelligenten, hinter dicken Brillengläsern verborgenen Augen. Er lag in einem Privatzimmer und litt an einer Reihe vager Symptome: Schlaflosigkeit, Taubheit, Konzentrationsmangel sowie Ohnmachtsanfällen. Ich erhielt die Anweisung, eine Fülle von schmerzhaften Untersuchungen an ihm durchzuführen, die er klaglos über sich ergehen ließ. Nach jeder der qualvollen Prozeduren fragte er mich eingehend nach der Bedeutung und den Gründen, weshalb sie vorgenommen wurde. Danach zitierte er zahlreiche Male die Krankenschwester herbei, damit sie mich »umgehend« ausriefe. Wenn ich daraufhin seiner Aufforderung nachkam und wieder zu ihm zurückeilte, fand ich ihn, wie er Radio hörte oder im Bett lag und las – dass er nach mir geschickt hatte, hatte er schon wieder vergessen.

Dennoch hatten wir so manches wundervolle Gespräch: über Literatur, Philosophie, Dichtung und die Kunst des Schreibens. Ich empfand große Ehrfurcht vor seinem Talent und fühlte mich geschmeichelt, dass er mit einer Person wie mir, einer einfachen Assistenzärztin mit literarischen Ambitionen, die dazu abgestellt war, sich um seine Gesundheit zu kümmern, überhaupt redete. Einmal beklagte er sich, dass ihm langweilig sei, und fragte mich, ob ich mir vorstellen könnte, an meinem freien Tag mit ihm zum Abendessen auszugehen. Ich lehnte ab und erklärte ihm, dass es gegen die Regeln für Anstaltsärzte verstieße, privaten Umgang mit ihren Patienten zu pflegen. »Der wahre Grund ist, dass es jemand Besonderen in Ihrem Leben gibt, habe ich Recht?«, forschte er. Doch ich fand seine Frage schwer zu beantworten (ich traf mich immer noch ab und an mit Karl) und ging wortlos aus dem Zimmer.

Wir diskutierten über Musik, und ich erzählte ihm, dass Johann Sebastian Bach mein Lieblingskomponist sei. Er erwähnte einen holländischen Künstler namens Escher, dessen Bilder aus zyklisch wiederkehrenden Themen bestanden, die ihn an Bachs Fugen und Präludien erinnerten. Dann fragte er mich: »Welches ist das beste Buch, das Sie je gelesen haben?«

»Shakespeares ›König Lear‹«, erwiderte ich, ohne zu zögern. »Und für Sie?«

Er fing an zu lachen. »Das ist ja fast paradox. Da stellen Sie – eine Chinesin – sich hin und erklären, das beste Buch auf der Welt, das je geschrieben wurde, sei Shakespeares ›König Lear‹. Und dann komme ich, ein Engländer, und erzähle Ihnen, dass es das *Tao Te King** von Laozi 老子 ist. Jedes Wort in diesem Buch ist bedeutsam. Nichts ist überflüssig. Es ist ein absolut geniales Werk! Haben Sie sich einmal näher damit befasst? Nein?! Ich habe das Gefühl, ich sollte Chinesisch lernen, einfach

* Gesprochen *Dao De Dsching*

nur, um es Ihnen im Original vorlesen zu können. Laozi hatte große Freude daran, sich beim Schreiben im Kreis zu drehen und Paradoxa zu verwenden. Sie sollten es lesen, während Sie Bach hören und Eschers Kunstwerke betrachten. Dem Werk aller drei Künstler ist ein leitmotivisch wiederkehrendes Thema gemeinsam, das einen engen Bezug zwischen ihnen schafft!«

Philip Larkin wurde ohne eindeutige Diagnose aus dem Krankenhaus entlassen. Wir verabschiedeten uns, und er schenkte mir eine Ausgabe seines zweiten Gedichtbandes ›The Less Deceived‹, den er mit einer Widmung für »Dr. Yen« versah – »mit freundlichen Grüßen von Philip Larkin«. Einige Monate, nachdem meine Ausbildungszeit in Allgemeinmedizin abgelaufen war, verlegte ich, wie schon erwähnt, meinen Wohnsitz nach Edinburgh und trat dort eine Stelle an. Das Buch nahm ich mit, als ich die Mansarde bei Dennis und Helen Katz bezog, die Kollegen und enge Freunde von Karl waren. Karl fuhr fort, mir zu schreiben, und seine gelegentlichen Besuche waren für mich zutiefst verstörend. Bisweilen dachte ich, ich würde auch noch den Verstand verlieren. Nach zwei Jahren vollzog ich endlich eine richtige Trennung von Karl und kehrte »nach Hause«, zu meiner Familie in Hongkong, zurück; Larkins Buch ließ ich bei den Katzens. Als ich dreißig Jahre später anlässlich der Veröffentlichung meines Buchs ›Fallende Blätter‹ eine Lesung auf dem Edinburgh Festival hielt, standen auf einmal Dennis und Helen in der Tür. In den Händen hielten sie ein Geschenk: Sie gaben mir Larkins Buch zurück.

Ich arbeite gern in öffentlichen Bibliotheken. Während ich dieses Kapitel schrieb, wollte es der Zufall, dass ich in der Bücherei in der Brompton Road im Londoner Stadtteil Earl's Court saß. Als ich eines Morgens nach einem Wort suchte und dabei von meinem Manuskript aufsah, erblickte ich eine von Anthony Thwaites herausgegebene Sammlung ausgewählter Briefe von Philip Larkin aus der Zeit von 1940 bis 1985, die auf einem Bord direkt über meinem Arbeitsplatz standen. Einem spontanen Impuls folgend, nahm ich den Band herunter und blätterte darin herum, gespannt, ob mein ehemaliger Patient irgendwelche seiner Erfahrungen am London

Hospital festgehalten hatte. Zu meiner freudigen Überraschung fand ich meinen Namen in zweien seiner Briefe an seine Kollegin Maeve Brennan erwähnt.

10. April 1961

... Hier sind alle sehr nett (meine Ärztin, oder eher die Allgemeinärztin hier im Hause, ist Chinesin, eine gewisse Miss Yen) ... Inzwischen ist es 21.45 Uhr und damit beinahe schon Zeit für mich, mich schlafen zu legen. Miss Yen kam herein und sagte, bei der Ohruntersuchung sei nichts herausgekommen, es besteht also in diesem Punkt kein Anlass zu Sorge. Doch es gibt ja noch eine Menge anderer Dinge, nicht wahr? ... Sie fragt mich immer wieder, wie man Gedichte schreibt, wie man Rhythmus und Reim hinbekommt. Ich sage, dass dies der einfachste Part ist. Das Schwierigste ist es, ein Thema zu finden, über welches man schreiben kann und das einem Worte aus dem Innersten zu entlocken vermag – dies ist sehr wichtig, da einem zwar stets Themen in den Sinn kommen, doch sie müssen in dieser eigentümlichen Weise bedeutsam sein, die Worte hervorbringt und irgendeine Art gedankliche oder thematische Entwicklung – andernfalls entsteht kein Gedicht, weder in Gedanken noch Worten.

Philip Larkin starb 1985 im Alter von dreiundsechzig Jahren. Unsere Begegnung war nur kurz, und nachdem er aus dem Krankenhaus entlassen wurde, habe ich ihn nie wieder gesehen. Rückblickend denke ich, dass seine Ansicht, dass das *Tao Te King* das bedeutendste Buch aller Zeiten sei, mich wohl unterschwellig über die Jahre beeinflusst hat. Vielleicht hat es mich sogar dazu inspiriert, den ›Ursprung der zehntausend Dinge‹ auf genau diesem Thema aufzubauen.

Von all den alten chinesischen Klassikern ist der am häufigsten in andere Sprachen übersetzte Text ein schmales Bändchen, das vor zweieinhalbtausend Jahren entstanden ist: das *Tao Te King* (›Das Buch des Alten vom Sinn und Leben‹). Allein auf Englisch gibt es vierzig gedruckte Übertragungen.

Nach zahlreichen Quellen war der Autor ein Mann namens Laozi 老子 (»der alte Meister«), ein Zeitgenosse des Konfuzius.*

Laozi, der Begründer des Taoismus, wurde den Quellen zufolge 571 v. Chr. in Ku Xian (dem heutigen Lu Yi) in der Provinz Henan (vierhundert Meilen südlich von Peking) geboren. Sein eigentlicher Name war Li Er. Er entstammte einer vornehmen, kultivierten Familie und war zur Zeit der Zhou-Dynastie als Kurator der kaiserlichen Archive und historischen Dokumente am Hofe des Herrschers in der Hauptstadt Luoyang angestellt. Konfuzius bewunderte ihn und suchte angeblich um 517 v. Chr. seinen Rat.

Laozi war verheiratet und hatte einen Sohn, der später General im Staate Wei wurde. Der Legende nach trat Laozi in späten Jahren von seinem Posten zurück und reiste in Richtung Westen, nach Indien. Seine Schriften ließ er in den Händen eines Grenzwächters am Hanku-Pass zurück.

Sein Buch, das *Tao Te King*, ist sehr kurz. Es enthält lediglich gute fünftausend chinesische Schriftzeichen, und der gesamte Text würde auf eine einzige Zeitungsseite passen. Es ist in einundachtzig eigenständige, knapp formulierte und gereimte Kapitel unterteilt. Die darin enthaltenen Ideen sind scharfsinnig und tiefgründig, doch die kryptische Sprache lässt viele unterschiedliche Interpretationen zu.

Das zentrale Thema, um das alles kreist, ist das Tao, *dao* 道, was so viel bedeutet wie »der Weg« oder »die Straße«; der Begriff wird jedoch auch oft verwendet, um die Ordnung der Natur zu bezeichnen. Als philosophische Strömung befasst sich der Taoismus mit dem Unwandelbaren, allgegenwärtigen Ewig-Einen im Kosmos: mit Zyklen und der Relativität aller Normen und schließlich mit der Rückwendung zur göttlichen Intelligenz des Nichtseins, aus der alles Sein entstanden ist.

Das Buch beginnt rätselhaft:

* Einige Leute zweifeln daran, dass es Laozi wirklich gegeben hat, und vertreten die Auffassung, dass das Buch im vierten Jahrhundert v. Chr. von unbekannten Autoren geschrieben wurde.

Der SINN [das Tao], der sich aussprechen lässt, ist nicht der ewige SINN.
Der Name, der sich nennen lässt, ist nicht der ewige Name.

Das Tao ist der Ursprung aller Dinge. Es ist machtvoll, aber zugleich unsichtbar und unhörbar. Es ist verborgen und namenlos, *dao yin wu ming* 道隱無名, und es wirkt durch Nichthandeln (無爲 *wu wei*), was so viel bedeutet wie Nichteinmischen oder die Dinge ihren eigenen, spontanen Lauf nehmen lassen: Das Tao wird nicht aktiv, aber es bleibt nichts ungetan.

Laozis metaphysisches Konzept weist eine fast schon unheimliche Ähnlichkeit zu den Lehren des holländischen Philosophen Baruch de Spinoza (1632 bis 1677) auf. Wie Laozi findet auch Spinoza seinen Gott in der Vollkommenheit des Kosmos, der die gesamte Realität in sich birgt. Sein Pantheismus enthält die gleichen Ideen wie das *Tao Te King*, nur neu formuliert. Wenn Spinoza die Vorstellung eines persönlichen und mitfühlenden Gottes oder eines Gottes mit menschlichen Zügen, der sich in die menschlichen Angelegenheiten einmischt, verwarf, stellte er sich ein höheres Wesen vor, das gemäß der Notwendigkeit Seiner eigenen Natur handelt und nicht in das tägliche Leben der Menschen eingreift. Laozi hat dies folgendermaßen ausgedrückt:

Also auch der Berufene:
Er verweilt im Wirken ohne Handeln.
Er übt Belehrung ohne Reden.
Alle Wesen treten hervor,
und er verweigert sich ihnen nicht.
Er erzeugt und besitzt nicht.
Er wirkt und behält nicht.
Ist das Werk vollbracht,
so verharrt er nicht dabei.
Und eben weil er nicht verharrt,
bleibt er nicht verlassen.

Im *Tao Te King* wird das Tao mit dem Wasser verglichen, das viel vermag, auch wenn es duldsam und empfangend ist. In seiner Bescheidenheit ist es allmächtig. Von einigen als Meister der Camouflage tituliert, lehrte Laozi, dass sich hinter vermeintlicher Schwäche Stärke verbergen kann und Gewaltlosigkeit den Sieg über rohe Gewalt davontragen wird.

Auf der ganzen Welt
gibt es nichts Weicheres und Schwächeres als das Wasser.
Und doch in der Art, wie es dem Harten zusetzt,
kommt nichts ihm gleich.
Es kann durch nichts verändert werden.

Wie das Wasser beeinflusst das Tao das Universum durch *wu wei*: eine Liebe oder Güte, die nicht eingreift und auf Überzeugung des Gegenübers aus ist und deren Stärken ihre Tugendhaftigkeit und Demut sind. Laozi schrieb:

Höchste Güte ist wie das Wasser.
Des Wassers Güte ist es,
allen Wesen zu nützen ohne Streit.
Es weilt an Orten, die alle Menschen verachten.
Drum steht es nahe dem SINN [Tao].
Beim Wohnen zeigt sich die Güte an dem Platze.
Beim Denken zeigt sich die Güte in der Tiefe.
Beim Schenken zeigt sich die Güte in der Liebe.
Beim Reden zeigt sich die Güte in der Wahrheit.
Beim Walten zeigt sich die Güte in der Ordnung.
Beim Wirken zeigt sich die Güte im Können.
Beim Bewegen zeigt sich die Güte in der rechten Zeit.
Wer sich nicht selbst behauptet,
bleibt eben dadurch frei von Tadel.

Obschon viele der Vorstellungen im *Tao Te King* Schwindel erregende geistige und mystische Höhen erreichen, kann ihre Wirkung nur in der persönlichen Anverwandlung erfahren und geschätzt werden. Laozi nahm dieses Problem bereits vorweg:

Wenn ein Weiser höchster Art vom SINN [Tao] hört,
so ist er eifrig und tut danach.
Wenn ein Weiser mittlerer Art vom SINN hört,
so glaubt er halb, halb zweifelt er.
Wenn ein Weiser niedriger Art vom SINN hört,
so lacht er laut darüber.
Wenn er nicht laut lacht,
so war es noch nicht der eigentliche SINN.

Er schrieb vom Sinn des verborgenen göttlichen Einflusses auf das Universum und fasste das Mysterium und die Schönheit des Tao in poetische Worte:

Man schaut nach ihm und sieht es nicht:
Sein Name ist Keim.
Man horcht nach ihm und hört es nicht:
Sein Name ist Fein.
Man fasst nach ihm und fühlt es nicht:
Sein Name ist Klein.
Diese drei kann man nicht trennen,
darum bilden sie vermischt Eines.

Zu Beginn des 20. Jahrhunderts wurde das traditionelle westliche Denken, das auf der aristotelischen Logik der Entweder-Oder-Klassifikation basierte, durch Einsteins Relativitätstheorie von immer mehr Gelehrten infrage gestellt. Interessanterweise hatte bereits 2500 Jahre zuvor Laozi in seinem Buch über die Entstehung relativer Gegensätze geschrieben:

Sein und Nichtsein erzeugen einander.
Schwer und Leicht vollenden einander.
Lang und Kurz gestalten einander.
Hoch und Tief verkehren einander.
Stimme und Ton sich vermählen einander.
Vorher und Nachher folgen einander.

1927 legte Werner Heisenberg sein Prinzip der Unschärferelation für subatomare Teilchen dar. Im subatomaren Bereich, so schreibt er, bringt die Wirkung, die der Beobachter zum Zwecke der Beobachtung herbeiführt, eine gewisse Unschärfe bei dem beobachteten Phänomen mit in die Betrachtung hinein. Laozi fasste eine ähnliche Ansicht in folgende Worte:

Der Wissende redet nicht.
Der Redende weiß nicht.

Und das dualistische Denken in Kategorien, die Gegensätze in sich vereinen, drückte er folgendermaßen aus:

Dreißig Speichen umgeben eine Nabe:
In ihrem Nichts besteht des Wagens Werk.
Man höhlet Ton und bildet ihn zu Töpfen:
In ihrem Nichts besteht der Töpfe Werk.
Man gräbt Türen und Fenster, damit die Kammer werde:
In ihrem Nichts besteht der Kammer Werk.
Darum: Was ist, dient zum Besitz.
Was nicht ist, dient zum Werk.

Laozis Intuition hinsichtlich der verborgenen Macht des Tao wird in ein paar kurzen Zeilen knapp und treffend eingefangen. Ohne den Hohlraum der Nabe, in der sich das Rad dreht, kann sich der Wagen nicht fortbewegen. Ohne die Höhlung des Gefäßes ist dieses nutzlos. Ohne den leeren Raum hinter Fenstern und Türen gibt es weder Haus noch Wohnung.

Die Entwicklung des Taoismus kann grob in drei Abschnitte eingeteilt werden:

- die frühe Periode (von 571 bis 221 v. Chr., als China von Qin Shi Huangdi, dem ersten chinesischen Kaiser, geeint wurde;
- die mittlere Periode (von 221 v. Chr. bis 906 n. Chr.);
- die dritte Periode (von 906 n. Chr. bis heute).

Die Weisheitslehre des Laozi wurde zwei Jahrhunderte nach ihrer Entstehung von Zhuangzi (Meister Zhuang) ergänzt und erweitert, der das Buch schrieb, das auch unter dem Titel ›Zhuangzi‹ (gesprochen Dschuang dse) bekannt ist und als eines der wichtigsten Werke des Taoismus gilt.

Zhuangzi kam zweihundert Jahre nach Laozi auf die Welt und starb im Jahre 286 v. Chr. Er stammte aus Mengxian in der Provinz Henan (derselben Provinz also wie Laozi) und hatte einen untergeordneten Posten als Verwaltungsbeamter inne. In seinem Buch erzählt er uns, dass eines Tages, während er gerade fischen war, zwei Botschafter des Staates Chu zu Besuch gekommen seien, die kostbare Geschenke ihres Herrschers mitbrachten. Sie versuchten ihn dazu zu überreden, den Posten eines Ministerpräsidenten anzunehmen, aber Zhuangzi lehnte ab, ohne überhaupt den Blick von seiner Angelrute abzuwenden.

Er war verheiratet, hatte jedoch keine Kinder. Als seine Frau starb, fanden ihn seine Schüler auf dem Boden sitzend, mit einer umgedrehten Schale auf den Knien. Anstatt um die Verstorbene zu trauern, sang er ein Lied und schlug auf der Schale den Takt, während ihr Sarg für die Zeit bis zum Begräbnis in einer Ecke stand. Schockiert von seinem Verhalten drangen seine Schüler mit Fragen auf ihn ein. Und dies war Zhuangzis Antwort:

Als sie eben gestorben war, (denkst du), dass mich da der Schmerz nicht auch übermannt habe? Aber als ich mich darüber besann, von wannen sie gekommen war, da erkannte ich, dass ihr Ursprung jenseits der Geburt liegt; ja nicht nur jenseits der Geburt, sondern jenseits der Leiblichkeit; ja nicht nur jenseits der Leiblichkeit, sondern jenseits der Wirkungskraft. Da entstand eine Mischung im Unfassbaren und Unsichtbaren, und es wandelte sich und hatte Wirkungskraft; die Wirkungskraft verwandelte sich und hatte Leiblichkeit; die Leiblichkeit verwandelte sich und kam zur Geburt. Nun trat abermals eine Verwandlung ein, und es kam zum Tod. Diese Vorgänge folgen einander wie Frühling, Sommer, Herbst und Winter, als der Kreislauf der vier Jahreszeiten. Und nun sie da liegt und schlummert in der großen Kammer, wie sollte ich da mit Seufzen und Klagen sie beweinen? Das hieße das Schicksal nicht verstehen. Darum lasse ich davon ab.

In einer anderen Passage, die ich hier in meinen eigenen Worten wiedergebe, sinniert Zhuangzi noch weiter über den Tod:

Woher weiß ich denn, ob der Wunsch zu leben nicht ein großer Irrtum ist? Woher weiß ich, ob die Abneigung gegen den Tod nicht dem Glauben gleichkommt, man habe sich verlaufen, während man sich all die Zeit auf dem richtigen, nämlich dem Nachhauseweg befindet? … Wenn ein Mensch träumt, weiß er nicht, dass er träumt; noch kann er den Traum deuten, bis dieser vorüber ist. Erst wenn er aufwacht, weiß er, es war ein Traum. Und bis zum großen Erwachen kann er nicht wissen, dass alles hier ein einziger großer Traum war …

Eines Tages hatte Zhuangzi einen lebhaften Traum, in dem er ein Schmetterling war, der von Blume zu Blume flatterte. Während des Traums war er zutiefst davon überzeugt, dass er ein Schmetterling sei. Als er erwachte, sagte er sich: »Nun weiß ich nicht: war ich da ein Mensch, der träumt, er sei ein Schmetterling, oder bin ich jetzt ein Schmetterling, der träumt, er sei ein Mensch?«

Zhuangzi entwickelte und verfeinerte die Grundgedanken des *Tao Te King* weiter und lehrte, dass der Pfad des Tao der Lauf der Natur ist. Es schließt die Materie ebenso ein wie die Art und Weise, in der der Kosmos besteht und wirkt. Über zweitausend Jahre vor der Geburt Albert Einsteins, der darlegte, dass Materie und Energie gegeneinander austauschbar sind, haben dieser weise alte Chinese und seine Schüler bereits die These aufgebracht, dass die Balance im Universum auf ewig bestehen bleibt. Zhuangzi stellte sich den Kosmos als Strom vor, in dem in einer endlosen Abfolge ein Zustand den nächsten ablöst. Die einzige Konstante ist die Veränderung. Die Zeit steht nie still, und kein Zustand kann festgehalten werden. Alles ist unaufhörlich im Wandel begriffen. Und doch erfolgt, während sich alles wandelt, auf jede Aktion eine Reaktion, so dass die kosmische Balance stets erhalten bleibt.

Ganz am Anfang, als ich mich ernsthaft daranmachte, Englisch zu lernen, war eine der englischen Vokabeln, die mich stets verwirrten, das Wort »universe« (Universum, Kosmos). Das englisch-chinesische Lexikon übersetzte »universe« mit *yu zhou*. Der chinesische Begriff *yu* 宇 bedeutet so viel wie »Raum«; doch »zhou« 宙 bedeutet »zeitliche Unendlichkeit« oder »Zeit ohne Anfang und Ende«. Als Teenager zerbrachen mein drittältester Bruder James und ich uns den Kopf darüber, wie bei der Übersetzung von »universe« mit *»yu zhou«* die Zeit zu dem Begriff des Raumes hinzugekommen war. Einige Jahre später, nachdem James zum Studium an der Cambridge University in England zugelassen worden war, schickte er mir einen kurzen Brief. »Gemäß Einsteins Relativitätstheorie«, schrieb er, »lagen unsere Vorfahren zu allen Zeiten richtig. Unser Universum besteht aus Raumzeit und nicht aus Raum allein. Die Übersetzung *yu zhou* trifft den Nagel also doch auf den Kopf.«

Während meiner Recherchen zu diesem Buch bin ich tatsächlich in zahlreichen alten chinesischen Quellen auf die Zeichen *yu zhou* gestoßen. Ich fand es höchst spannend zu bemerken, wie sehr die Vorstellung vom Universum, die sich meine Vorfahren in grauer Vorzeit machten, der Vorstellung unserer führenden modernen Physiker ähnelt.

. . .

Zhuangzi sagt, das Tao sei wirklich, es sei wahr, und doch sei es nicht aktiv und besitze keine Gestalt. Es könne weitergereicht werden, und doch könne es nicht von Hand zu Hand weitergegeben werden. Es könne erworben, aber nicht gesehen werden. Es sei sein eigener Stamm, seine eigene Wurzel. Noch bevor es Himmel und Erde gab, sei das Tao schon da gewesen.

Im Taoismus ist das Ziel geistige Freiheit, die im Bereich der Natur zu erreichen ist. Der Natur zu folgen bedeutet *wu wei* (Nicht-Tun), durch das man zu Erfüllung, Erleuchtung und Frieden finden wird. Der Mensch soll seinen Lebenszyklus aus Geburt, Heranwachsen, Altern und Tod als Teil der Natur sehen und akzeptieren, dass der Wandel das Tao aller Dinge im Universum ist.

Während der mittleren Periode (221 v. bis 906 n. Chr.) entwickelte sich der Taoismus eher zu einer Religion als zu einer Philosophie. Die Schriften der taoistischen Philosophen wie Laozi oder Zhuangzi wurden von Magierpriestern sorgsam gesammelt, um vom Aberglauben gespeiste Praktiken, wie etwa das Streben nach Unsterblichkeit und die Alchemie, zu verfeinern und zu untermauern. Huai Nanzi 淮南子 (178 bis 122 v. Chr.) war der Erste, der Philosophie und mystische Vorstellungen wie die von Geistwesen und fernen Phantasiereichen vermischte. Einige Elemente wurden von religiösen Führern zusammengeworfen und ihren Glaubensvorstellungen gemäß interpretiert. Sie nahmen Anleihen aus dem *I Ging* und lehrten, dass alle Dinge das Produkt negativer oder positiver kosmischer Kräfte seien (Yin und Yang), die mit der Lebenskraft (氣 *qi*) des Universums in Einklang gebracht würden und im menschlichen Körper konzentriert werden könnten, um die Gesundheit zu fördern und das Leben zu verlängern. Sie entwickelten Atemtechniken (氣功 *qigong*), in dem Bemühen, den Fluss des Qi zu regulieren, und damit einhergehend auch spezielle sexuelle Praktiken, die den Männern erlaubten, ihren Samenfluss zu steuern und den Samenerguss zurückzuhalten, von dem man annahm, dass er mit dem männlichen (Yang-)Qi in Verbindung stünde. Verschiedene »Schriften« wurden verfasst, die darauf abzielten, den Taoismus mit einer Theorie sowie einem ausgefeilten System von Übungen zu versehen. Zeremonien wurden beschrieben und eine Vielzahl von »Göttern« der unterschiedlichen Zuständigkeitsbereiche benannt: Küche, Sterne, Vorfahren, berühmte historische Persönlichkeiten, Literatur, Medizin, Gesundheit, Unsterbliche, Ideale und zahllose andere. Die Taoisten hatten ihre eigenen Priester, Tempel und Bilder. Das geistliche Oberhaupt wurde Himmlischer Vater genannt, ein Titel, der von seinen unmittelbaren Nachkommen weitergeführt wurde. Der Taoismus wurde gleichermaßen zu einer organisierten Religion wie zu einem staatlichen Kult und erreichte den Zenit seiner Macht und seines Einflusses während der Tang-Dynastie (618 bis 906 n. Chr.); einer der Gründe dafür lag darin, dass der Tang-Kaiser den gleichen Beinamen wie Laozi (nämlich 李 Li) trug.

Über die Jahre nahmen Taoismus, Konfuzianismus und Buddhismus wechselseitige Anleihen, beeinflussten sich gegenseitig und vermischten sich weit gehend miteinander. Eine der populärsten taoistischen Gottheiten, Guan Yin (觀音 Göttin der Barmherzigkeit) war aus dem Buddhismus entlehnt. Eine weitere war ein mutiger und rotgesichtiger Kriegsheld namens Guan Yu 關羽, der während der Epoche der Drei Reiche (220 bis 265 n. Chr.), die zahlreiche Kriege gegeneinander führten, kämpfte und starb. Der Taoismus war allerdings weniger straff organisiert als der Buddhismus, und ihm fehlte eine Führung; er weitete sich inhaltlich immer mehr aus und verlor seine klare Ausrichtung. Hauptziele wurden irdische Segnungen wie Wohlstand, Glück, Gesundheit, Kinder, ein langes Leben und die Erfüllung persönlicher Wünsche. Diese konnte man erlangen durch Zauberei, Magie, Aphrodisiaka und Beschwörungsformeln. Anstatt auf der Grundlage des *Tao Te King* eine umfassende Philosophie zu entwickeln, richteten die Taoisten ihr Augenmerk auf die Ausübung von Praktiken wie das bewusste Steuern des Atems (Qigong), regelmäßiges Fasten, Meditation, Schattenboxen (太極 *taiji* – dessen Bewegungen denen von Tieren wie Vögeln und Panthern nachempfunden waren) und auf Versuche, Quecksilber in Gold zu verwandeln. Die Geomantik (*feng shui* 風水), Kartenlegen, Wahrsagerei und der Gebrauch von Talismanen waren einige der Randerscheinungen des religiösen Taoismus. Rituelle Feiern bekamen einen zunehmend »praktischen« Anstrich. So wurden etwa verstorbenen Vorfahren Speisen dargebracht, die nach der Zeremonie von den lebenden Verwandten verzehrt wurden. Ein Mann aus dem Westen fasste dies alles zusammen, indem er bemerkte, in China würden die Intellektuellen alles hinterfragen und an nichts glauben, wohingegen die Ungebildeten nichts hinterfragen und alles glauben würden.

Als nach dem Opiumkrieg im 19. Jahrhundert das Christentum und die westlichen Missionare ins Land kamen, erlebte der Taoismus als organisierte Religion einen Niedergang und verschwand nach und nach. Und doch ist sein Einfluss tief in der chinesischen Seele eingegraben. Zahlreiche taoistische Tempel, Gottheiten, Legenden, Märchen, Zeremonien, Festivitäten und Traditionen haben nicht nur überlebt, sondern werden nach wie vor in China wie auch in den Chinesenvierteln in aller Welt gefeiert. Darüber hinaus haben die Lehren Laozis und Zhuangzis dem chinesischen Denken ein dauerhaftes Vermächtnis beschert: Agnostizismus, Skeptizismus, Toleranz und innere Unabhängigkeit.

4

KONFUZIUS UND SEINE LEHRE

儒帽

Ru Mao

An dem frühesten Akt der Kindesliebe, den ich je miterlebt habe, war mein Vater beteiligt. Meine Großmutter Nai Nai war damals noch am Leben, und ich selbst muss um die vier Jahre alt gewesen sein. Eine französische Verwandte meiner Stiefmutter, Niang, hatte ihr eine schöne rot-goldene Dose mit teurem importiertem Konfekt geschenkt. Jede Praline war in Silberfolie eingewickelt und mit knusprigen Nusssplittern gefüllt. Nach dem Abendessen öffnete Niang ihr Mitbringsel und zeigte stolz die verlockenden Süßigkeiten herum. Doch sie bot lediglich jedem der Erwachsenen ein Stück Konfekt an.

Während uns fünf Stiefkindern das Wasser im Munde zusammenlief, schloss sie den Deckel mit einer energischen Handbewegung. »Ich fürchte, es reicht nicht für alle«, verkündete sie. »Diese Pralinen hier sind etwas ganz Besonderes, sie stammen aus Belgien. Zu ihrer Herstellung werden nur die besten Zutaten verwendet: erstklassige Eier, Butter, Zucker, Schokolade und Nüsse. Mein Schwager musste dafür zwanzig Minuten anstehen. Mittlerweile sind sie schon nicht mehr zu bekommen, und ich muss den Rest für wichtige Gäste eures Vaters aufheben. Ihr Kinder rührt sie nicht an, habt ihr gehört? Sonst werden euer Vater und ich sehr böse.«

Wir nickten, doch unsere Blicke ruhten verlangend auf der funkelnden Dose. Mein großer Bruder Gregory, der Nai Nais Liebling war, rannte zu ihr hinüber und bettelte flüsternd darum, ein winzig kleines Stückchen von ihrer Praline kosten zu dürfen. Ihm vermochte meine Großmutter nichts auszuschlagen, und obwohl die Praline schon halb in ihrem Mund verschwunden war, biss sie ein Stückchen ab und reichte es ihm. Dann hob mein großer Bruder das Einwickelpapier auf und leckte es säuberlich ab.

In jener Nacht wurde ich von lauten Stimmen im unteren Stock aus dem Tiefschlaf gerissen. Ich kroch aus dem Bett und stellte mich ans Geländer, um zu sehen, was da vor sich ging. Mein zweitältester Bruder, Edgar, kauerte zwischen Nai Nai und Vater auf dem unteren Treppenabsatz und schluchzte hemmungslos. Er war im Pyjama, und über sein Gesicht rann Blut. Der Unterhaltung entnahm ich, dass Edgar mitten in der Nacht aufgestanden war, um sich selbst an dem verbotenen Konfekt zu bedienen. Niang hatte ihn auf frischer Tat ertappt und Vater herbeigerufen, der nach unten geeilt kam und seinen Sohn einfing, als er versuchte davonzulaufen. In seinem Ärger schlug Vater meinen Bruder so fest, dass er ihm mit seinem Ring die Kopfhaut aufriss.

Als sie das Weinen meines Bruders hörte, kam Nai Nai mit ihren kleinen, gebundenen Füßen heruntergetapst, um ihn zu beschützen. »Halt ein! So halt doch ein!«, hörte ich Großmutter mit zitternder Stimme rufen. »Wie kannst du es wagen, ihn weiter zu schlagen, nachdem ich dir befohlen habe, damit aufzuhören?! Nur weil er sich eine Praline genommen hat! Sieh dir all das Blut an! Willst du ihn umbringen? Warum bringst du dann nicht zuerst einmal mich um?«

Einen Moment lang war alles still. Vater senkte beschämt den Kopf.

»Erinnerst du dich nicht mehr an Konfuzius' Worte?«, fuhr Nai Nai fort. »Körper, Haar und Haut hast du von deinen Eltern erhalten, und sie dürfen nicht versehrt werden. Und da kommst du her und prügelst deinen eigenen Sohn wegen ein paar Pralinen beinahe zu Tode. Wenn du nicht willst, dass er in Versuchung gerät, warum zeigt man ihm dann das Konfekt überhaupt? Hat man dich jemals derart verprügelt in deiner Jugend?

Du hast gehört, dass ich dir befohlen habe einzuhalten, als ich die Treppe herunterkam, und hast trotzdem weitergemacht! Wie kannst du das wagen! Du bist ein respektloser Sohn, mir nicht zu gehorchen! Auf die Knie! Knie dich hin und entschuldige dich! Denk an Konfuzius' Worte! Respektlosigkeit gegenüber den Eltern ist das schlimmste Vergehen!«

Daraufhin sah ich meinen Vater langsam und voller Demut vor meiner Großmutter auf die Knie sinken.

Mehr als zweitausend Jahre lang hatte Konfuzius in China einen größeren Einfluss als jeder andere. Er war Philosoph, kein Prophet, und der Konfuzianismus war eine Lebenshaltung, keine Religion. Sein Wort war Gesetz, und ein Konfuzius-Zitat bereitete allen Auseinandersetzungen ein Ende. Er lehrte, dass *xiao* 孝 (zumeist übersetzt als »Kindesliebe«) die Wurzel der Tugendhaftigkeit und der Ursprung der Kultur sei. Eine präzisere Beschreibung des *xiao* ist »Ergebenheit gegenüber den Eltern« oder »die Überlegenheit der Älteren in der Beziehung zwischen Eltern und Kindern«. In China basierte die ganze Ethik auf diesem einzigartigen konfuzianischen Begriff.

Konfuzius wurde im Jahre 551 v. Chr. im Staate Lu geboren, der der heutigen Provinz Shandong im Nordosten Chinas entspricht. Sein Beiname war Kong 孔. Der Name Konfuzius ist eine latinisierte Form von »Großer Meister Kong« (孔夫子 Kong Fu Zi). Konfuzius' Vater starb drei Jahre nach seiner Geburt, und Konfuzius wurde von seiner verarmten Mutter aufgezogen. Obschon er aus einer adligen und gebildeten Familie stammte, hatte er keine besondere gesellschaftliche Stellung inne und fristete sein Leben als Buchhalter im Dienste der Regierung. Er war verheiratet und hatte Kinder. Die ›Gespräche‹ (Lunyü), ein von seinen Schülern zusammengestelltes Buch mit seinen Sprüchen, enthüllen den Menschen Konfuzius als einen pingeligen und fordernden Mann. Wenn das Essen zu weich gekocht oder nicht nach seinem Geschmack zubereitet war, weigerte er sich, es anzurühren. Wenn Ingwer zur Aromatisierung seines Essens verwendet worden war, weigerte er sich, es anzurühren. Wenn Reis durch Hitze oder

Feuchtigkeit verdorben war, weigerte er sich, ihn anzurühren. Wenn Gemüse außerhalb der eigentlichen Saison auf den Tisch kam, weigerte er sich, es anzurühren. Wenn das Fleisch nicht richtig geschnitten oder ein Gericht ohne die passende Sauce serviert wurde, weigerte er sich, sie anzurühren. Wenn Wein oder geschnitzeltes Fleisch fertig auf dem Markt gekauft worden waren, weigerte er sich, sie anzurühren. Der Reis konnte nie weiß genug sein, und das Hackfleisch konnte nie fein genug zerkleinert sein. Folglich nahm er nach Aussage seiner Schüler nicht viel zu sich, und nach wenigen Jahren verließ ihn seine Frau.

Nach allem, was man weiß, war er ein athletischer Typ und besaß ein Talent für alle möglichen Sportarten wie Bogenschießen, Jagen, Fischen, Wagenlenken und Reiten. Er war eine leidenschaftliche Natur und beschrieb sich selbst als jemanden, der zu essen vergisst, wenn er von einem Projekt begeistert ist; als einen, der nicht mehr an seine Sorgen denkt oder an das bevorstehende Greisenalter, wenn er glücklich ist. Einmal war er nach dem Hören eines Musikstücks derart überwältigt, dass er drei Monate lang kein Fleisch mehr essen konnte, und bemerkte, er hätte nie gedacht, dass Musik so schön sein könne.

Zu seinen Lebzeiten war China rein nominell unter dem Herrscherhaus der Zhou (1122 bis 256 v. Chr.) geeint. In der Realität waren die verschiedenen Staaten winzige Königreiche, von denen jedes seinen eigenen Herrscher, Verwaltungsapparat und seine eigene Armee besaß. Für die Könige war es beinahe schon ein Zeitvertreib, sich gegenseitig zu bekämpfen, während sie ihre Untertanen unterdrückten und gnadenlos Steuern von ihnen eintrieben, um ihre Kriege zu finanzieren.

Erschüttert von dem Elend und Chaos trat Konfuzius von seinem Posten zurück und verbrachte die darauf folgenden 15 Jahre mit Lehren. Nach und nach scharte sich eine Gruppe junger Männer um ihn, die zu seinen Schülern wurden. Er befasste sich eingehend mit dem Charakter jedes Einzelnen und war bestrebt, der ganzen Person zur Entfaltung zu verhelfen, indem er jeden von ihnen lehrte, richtig zu denken und seine eigenen Antworten zu finden. Die Gespräche mit seinen Schülern wurden in den

›Gesprächen‹ festgehalten. Über die Hälfte seiner Jünger hatte schließlich Erfolg und erhielt Regierungsämter in verschiedenen Staaten.

Wann immer Konfuzius in seinen Dialogen das Wort »Welt« verwendete, meinte er damit die chinesische Welt. Wenn er den Begriff *jun zi* 君子 (Edler) gebrauchte, meinte er Männer, nicht Frauen. Er war ein Frauenfeind und behandelte Frauen als Menschen zweiter Klasse, die zu Hause bleiben und ihren häuslichen Pflichten nachkommen sollten. Er erklärte einmal, dass einzig ungebildete Frauen tugendhaft seien. Bei einer anderen Gelegenheit setzte er weibliche Wesen mit dem »einfachen Volk« gleich (小人 *xiao ren*) und unterstellte, dass beides in etwa das Gleiche sei.

Im Alter von fünfzig Jahren erhielt Konfuzius einen hohen Posten innerhalb der Regierung seines Geburtsstaates Lu, vermutlich als Justizminister und stellvertretender Minister für öffentliche Aufgaben. Dies war jedoch eher ein Ehrenposten ohne große Befugnisse, und es gelang ihm nicht, auch nur eine seiner Ideen in die Praxis umzusetzen. Nach vier Jahren trat er voller Überdruss zurück und verbrachte die dreizehn darauf folgenden Jahre damit, auf der Suche nach einem erleuchteten Herrscher, der ihn zum Verwaltungsoberhaupt ernennen würde, von Staat zu Staat zu reisen. Er war beseelt von dem Glauben, dass er einen »himmlischen Auftrag« habe und politische und gesellschaftliche Reformen durchführen müsse. Doch kein Herrscher wollte ihn in seine Dienste nehmen, und er brachte die letzten fünf Jahre seines Lebens damit zu, in seinem Heimatstaat Lu zu lehren, bis er schließlich 479 v. Chr. im Alter von dreiundsiebzig Jahren starb.

. . .

Konfuzius sprach selten vom Übernatürlichen; auch schien er sich wenig um die Unsterblichkeit seiner Seele zu bekümmern. Und doch leugnete er keineswegs die Existenz von höheren Mächten oder die Möglichkeit eines Lebens nach dem Tode. Wurde er direkt danach gefragt, so antwortete er: »Wenn man schon das Leben nicht begreift, wie soll man dann erst den Tod begreifen?« An anderer Stelle bemerkt er: »Bringt den Geistern Opfergaben dar, als seien sie zugegen ... Achtet die Geistwesen, aber haltet sie auf Distanz.«

Konfuzius redete einer von praktisch ausgerichtetem gesundem Menschenverstand getragenen Lehre das Wort, deren Bestreben es war, Ordnung und Harmonie in der Gesellschaft seiner Epoche zu schaffen. Seine Sprüche speisten sich aus seinem unmittelbaren Lebensumfeld und spiegelten sein Ringen mit dem menschlichen Dasein und menschlichen Problemen wider. Wie gesagt, er war kein Prophet, sondern Chinas erster Volkserzieher und Soziologe.

Der Konfuzianismus wurde durch Chinas lange Geschichte hindurch von den Herrschern geschätzt, da er den Staat als große Familie betrachtete, deren Oberhaupt der Kaiser bildete – ein gütiger, allzeit aufopfernd um das Wohl seines Volkes besorgter Vater. Konfuzius lehrte, dass jegliches Land sowie sämtliche Bürger dem Souverän unterstünden, dem vom Himmel das Recht zu herrschen erteilt worden sei. Obgleich die Macht des Kaisers eine absolute war, hatte er durch beispielhaftes moralisches Verhalten und nicht mittels Gewalt zu regieren. Ein Herrscher, dem es aufgrund fehlender persönlicher Moral oder Korruptheit nicht gelang, dem himmlischen Auftrag gerecht zu werden, sollte zu Gunsten eines tugendhaften Mannes zurücktreten; und falls nötig, sollte er durch eine Revolution gestürzt werden.

Konfuzius führte fünf Hauptbeziehungen in der Gesellschaft auf. Die zwischen Herrscher und Minister, zwischen Vater und Sohn, Ehemann und Ehefrau, älterem und jüngerem Bruder und die zwischen Freunden. Von diesen beruht allein die Beziehung unter Freunden auf Gleichberechtigung.

Als logische Folge des Modells von den fünf wesentlichen menschlichen Beziehungen entfaltete er die Lehre vom sozialen Status, die jeder Person ihren »angemessenen Platz« in der Gesellschaft zuwies. Der Begriff *li* 禮 lässt sich als eine Kombination aus Etikette, Anstand und korrekter Benennung definieren. Name und Titel einer Person bildeten einen sozialen Code, standen für eine Lebenshaltung und einen geistigen Hintergrund.

Ein Kaiser muss ein wahrer Kaiser sein. Kein Kaiser verdient es, als solcher bezeichnet zu werden, wenn er seinen Pflichten nicht nachkommt. Kein Vater soll Vater genannt werden, wenn er nicht wie ein solcher handelt. Wirklichkeit und Funktion, Benennung und tatsächliche Gegebenheiten müssen sich decken. Ebenso wie Taten und Worte. Der Minister muss sich vor seinem Herrscher verneigen. Ein Sohn muss Respekt und Dankbarkeit gegenüber seinem Vater zeigen. In China erfordern gesellschaftliche Verpflichtungen zwischen Menschen gewisse Verhaltensregeln, die im Gegenzug für Ordnung und Stabilität sorgen.

In den 1940er Jahren, zu Zeiten meiner frühen Kindheit, wurde Tianjin von den Japanern und Franzosen regiert. Und obwohl mein Großvater diese Fremden aus tiefstem Herzen hasste, zeigte er sich ihnen gegenüber stets respektvoll und gesetzestreu. Einmal hielt er einen jugendlichen Angestellten davon ab, Nägel in den Autoreifen eines japanischen Offiziers zu stecken. »Wenn es der Wille des Himmels ist, dass wir von diesen abscheulichen Kreaturen regiert werden«, so seine Worte, »dann müssen wir unser Schicksal annehmen und uns darein fügen.« Diese Art konfuzianischer Logik erklärt vermutlich, weshalb in einem riesigen Land wie China mehr als hundert Jahre lang eine Hand voll Männer aus dem Westen das Sagen haben konnten. Nach der Niederlage Japans im Zweiten Weltkrieg begegnete mein Großvater den Beamten der Chiang-Kai-shek-Regierung mit derselben Unterwürfigkeit. Und auch später, in Hongkong, zeigte er sich unvermindert respektvoll gegenüber den britischen Kolonialherren.

. . .

Ein weiterer bedeutender chinesischer Begriff ist *ming fen* 名份 oder »die mit dem Namen verbundene Pflicht«. In chinesischen Familien werden Kinder (oder andere Verwandte) nicht bei dem Namen gerufen, auf den sie getauft sind, sondern mit Bezeichnungen, die ihrem Platz in der Familie entsprechen. Der älteste Sohn wird Großer Bruder genannt, der nächstälteste Zweiter Bruder und so weiter. Es gibt verschiedene chinesische Wörter für »älteren Bruder« (哥 *ge*) wie auch für »jüngeren Bruder« (弟 *di*), für »ältere Schwester« (姐 *jie*) und »jüngere Schwester« (妹 *mei*). Von dem jüngeren Bruder oder der jüngeren Schwester wird erwartet, dass sie auf den Älteren (die Ältere) hören und ihm (oder ihr) gehorchen, so dass die Ordnung in der Familie gewahrt bleibt. Zu Hause nannten wir Kleineren unseren ältesten Bruder »Großer Bruder« (大哥 Da Ge). Meine älteste Schwester, die ein Jahr älter war als dieser Bruder, nannte ihn Da Di 大弟 (Großer Jüngerer Bruder). Wenn jedoch ein Mitglied der älteren Generation wie unsere Eltern, Großeltern, Onkel und Tanten ihn Da Di riefen, nahmen die Worte die Bedeutung »ältester Sohn« an. Diese Art Namenssystem sorgte für eine klare und eindeutige gesellschaftliche Rangordnung, durch die der Status einer Person innerhalb ihrer Familie festgeschrieben war.

Für meine Schwester Lydia empfand ich nie Zuneigung. Als ältestes von sieben Kindern in unserer Familie war sie für uns die Da Jie 大姐 (Große Schwester). Sie bekam häufig die Verantwortung für uns übertragen und ließ uns ihre Autorität deutlich spüren. Als ich klein war, tyrannisierte sie mich gnadenlos, und oft schlug sie mich.

Nachdem wir lange getrennt gewesen waren, begegneten wir uns wieder. Mittlerweile hatte sich das Blatt gewendet. Ich war nicht mehr länger die verachtete kleine Schwester, die sie nach Belieben schikanieren konnte, sondern eine erfolgreiche Ärztin, die in Amerika ihrem Beruf nachging. Lydia war in der Zwischenzeit dreißig Jahre lang in einer lieblosen Ehe im kommunistischen China gefangen gewesen. Doch obschon ich von ihrer heruntergekommenen Erscheinung und ihrem demütigen Auftreten schockiert war, stiegen all die altvertrauten Gefühle von Respekt und Furcht wieder in mir auf, sobald sie meinen Kindernamen Wu Mei 五妹 (Fünfte Jüngere Schwester) ausgesprochen hatte. Plötzlich fiel ich in meinen früheren Status zurück. Ich nannte sie ehrerbietig Da Jie und erklärte mich pflichtschuldig bereit, alles zu tun, was sie verlangte. Ich traute ihr nicht über den Weg, war aber eifrig darum bemüht, ihr zu gefallen, und fühlte mich verpflichtet, ihr unter die Arme zu greifen, auch wenn ich nicht verstehen konnte, warum. Ich wusste, dass meine Schwester ein rücksichtsloses Geschöpf war, doch ich zog es gar nicht erst in Erwägung, ihr etwas auszuschlagen. Möglicherweise waren die konfuzianischen Vorstellungen über *ming fen* so tief in meinem Gehirn verankert, dass ich nicht mehr fähig war, eigenständig zu denken.

Das Wort *xiao* hat keine wirkliche Entsprechung in der englischen oder deutschen Sprache. Konfuzius hielt *xiao* oder »Kindesliebe« für die wichtigste Tugend im Leben und für die Wurzel der chinesischen Kultur. In seinem ›Klassischen Buch der Kindesliebe‹ *(Xiaojing)* sagte er, der *jun zi* (Edle) lehre die Kindesliebe, auf dass ein Mensch alle Väter der Welt achten möge. Er lehre Brüderlichkeit, auf dass jüngere Brüder die älteren Brüder in aller Welt achten mögen. Er lehre die Untertanen Pflichtbewusstsein, auf dass die Untertanen sämtliche Herrscher der Welt achten mögen. Er hoffte, dass Tugendhaftigkeit und *li* (Etikette) innerhalb der Familie sich auch außerhalb der Familie verbreiten und die Grundlage für Tugendhaftigkeit und *li* allgemein werden würden, so dass die Menschen friedlich und harmonisch zusammenleben mögen. Der Friede im Staat beginne mit der Ordnung in der Familie ... Die Menschen, die ihre Eltern liebten und respektierten, würden es nie wagen, Hass und Respektlosigkeit gegenüber anderen an den Tag zu legen.

Ganz wie meine Großmutter es meinem Vater in jener Nacht in Tianjin erklärte:

Körper, Haar und Haut erhalten wir von den Eltern, und sie dürfen nicht verletzt werden: Dies ist der Anfang der Kindesliebe. Das Richtige zu tun und seinen Lebenswandel an den rechten sittlichen Grundsätzen auszurichten, auf diese Weise einen guten Ruf bei der Nachwelt zu hinterlassen und so zugleich den eigenen Vorfahren Ehre zu machen, das ist der Inbegriff der Kindesliebe. Diese beginnt damit, dass wir uns unseren Eltern gegenüber dienstbar erweisen, findet ihre Fortsetzung im Dienst für unseren König und festigt schließlich und endlich unseren Charakter.

Ein Mensch konnte nicht gut gegen irgendjemanden sein, wenn er nicht zuerst einmal gut gegen seine Eltern war. Die Familie war das Bindeglied zwischen Individuum und Gesellschaft. Dabei sollte eine Familie nicht nur durch Blutsbande, Besitz und gemeinsam getragene Verantwortung zusammengehalten werden, sondern auch durch gemeinsame Ideale wie die Liebe zu Tugend und Ehre sowie irdische Ziele wie Wohlstand, Erfolg, ein langes Leben, viele Söhne und Glück.

Mein Großvater zeigte mir einst ein Schulbuch aus seiner Jugendzeit in den 1880er Jahren. Er erzählte mir, dass es zur Zeit der Song-Dynastie (960 bis 1271 n. Chr.) geschrieben worden sei; über 750 Jahre lang hatten sich chinesische Kinder im Unterricht mit ein und demselben Text befasst. Der Autor hatte die Lehrsätze des Konfuzius speziell für Kinder aufbereitet und einen Lebensplan für sie skizziert, der auf der Kindesliebe basierte.

Zu der Zeit, da meine Geschwister und ich in China aufwuchsen, begegneten wir als jüngere Generation den Älteren nach wie vor mit Respekt. Die Ehrfurcht vor dem Alter war so enorm, dass mein Großvater und seine Altersgenossen nicht selten ein paar Jahre auf ihr echtes Alter draufschlugen, wenn sie danach gefragt wurden. Zum chinesischen Neujahrsfest pflegten meine Geschwister und ich vor unseren Eltern niederzuknien, um ihnen Glück und ein langes Leben zu wünschen. Und wir taten dies auch noch, als wir bereits unseren Abschluss an diversen englischen Universitäten bestanden hatten. Dieser Brauch war als *bai nian* 拜年 bekannt: *bai* bedeutet »verehren oder Reverenz erweisen«; *nian* bedeutet »Jahr«.

Diese Riten und Rituale stärkten das Konzept der Kindesliebe äußerst wirkungsvoll; ich kann mich nicht entsinnen, dass einer von uns unseren

Eltern gegenüber je eine respektlose Bemerkung gewagt hätte. Wir waren vielmehr ängstlich und gehorsam, und unser aller Leben war darauf ausgerichtet, unseren lieblosen Eltern zu gefallen. Wir wagten es nie, uns zu beklagen, selbst wenn wir zu Unrecht bestraft wurden. Auch die Entscheidungen, die unsere Eltern für uns trafen, akzeptierten wir blind.

Die Kindesliebe gebot meiner ältesten Schwester Lydia zu schweigen, als sie ihr als Siebzehnjähriger befahlen, die Schule abzubrechen und eine arrangierte Ehe einzugehen. Mein Bruder Jack wurde nach seinem Abschluss an der Cambridge University nach Hongkong zurückbeordert, um an der Seite meines Vaters zu arbeiten, und tat dies für einen kläglichen Lohn, obwohl er überschüttet wurde mit Angeboten anderer Firmen. Louise Lam wurde ihm von unserer Stiefmutter als seine künftige Braut präsentiert, und er nahm sie gehorsam zur Frau. Ich selbst lehnte eine Stelle als Assistentin an der medizinischen Fakultät in Hongkong ab, um eine Assistenzarztstelle in einem staatlichen Krankenhaus anzutreten und so meinen Eltern zu Gefallen zu sein.

Konfuzius lehrte, dass die Religion der Erziehung und der moralischen Entwicklung dienen sollte. Er glaubte nicht an Prophetie, Weissagung oder Mutmaßungen, die Himmel und Hölle betrafen; sein Ansatz war weitaus pragmatischer und rationaler. Für ihn standen das Tao oder der Himmel für eine positive, gerechte Kraft im Universum. Sie war die Quelle von Wahrheit, Güte und sittlichem Recht. Gute und böse Taten würden von selbst Konsequenzen nach sich ziehen.

Er riet den Menschen, ihr Schicksal lieber selbst in die Hand zu nehmen, als fatalistisch in höhere Mächte zu vertrauen. Er setzte sich für Zeremonien und Riten ein, bei denen die Beteiligten zum Himmel beteten, die Ahnen ehrten und bedeutender Persönlichkeiten gedachten. Respektsbekundungen gegenüber den Ahnen und bedeutenden Persönlichkeiten sollten nicht mit deren Tod enden: Der Ahnenkult war lediglich die Fortsetzung einer zwischenmenschlichen Beziehung zu Lebzeiten. Unsterblichkeit konnte der Einzelne kraft seiner eigenen Bemühungen erlangen, durch Tugendhaftigkeit und Weisheit.

Im konfuzianischen (ebenso wie im chinesischen) Denken bedeutet das Wort *tian* 天, gemeinhin übersetzt als »Himmel«, weit mehr als den Himmel über unserem Kopf. Da das Wort Gott in der chinesischen Sprache nicht existiert, umfasst der Begriff *tian* all die nachstehenden Begriffe in Zusammenhang mit Gott: höchstes Wesen, treibende Kraft, göttliches Licht, das Tao, letzte Wahrheit und zahlreiche weitere Synonyme. Genau wie bei anderen Ausdrücken, die die Religion betreffen, hängt die Interpretation von *tian* von der persönlichen Gesinnung des Einzelnen ab. Die exakte Definition des chinesischen Wortes *tian* stand auch im Brennpunkt des chinesischen Ritenstreits, einer erbitterten Kontroverse zwischen Jesuiten und anderen Orden der katholischen Kirche, der seinen Ausgang im China des siebzehnten Jahrhunderts nahm und sich über beinahe zweihundert Jahre hinzog. Es war ein metaphysischer Disput, der die didaktische Frage mit einschloss, ob der Gottes- und Himmelsbegriff sich auf das beschränkte, was die katholische Kirche lehrte. Waren chinesische Rituale des Ahnenkultes und die Praktiken des Konfuzius Götzenverehrung, oder waren sie gesellschaftliche Ereignisse, bei denen den Älteren Respekt gezollt wurde? War der chinesische Himmel *(tian)* übersinnlicher oder stofflicher Natur? Bedeutete der Begriff *tian* gleichermaßen »Himmelsbewohner« wie »Himmel«?

. . .

Mein Großvater war außerordentlich aufgeschlossen in religiösen Dingen. Er selbst war bekennender Buddhist, las aber häufig in der chinesischen Bibelausgabe meines Vaters. Einmal erklärte er mir, es bestünde kein Widerspruch zwischen Konfuzianismus, Buddhismus und Christentum. Alle drei würden ähnliche Vorstellungen predigen.

»Es ist alles eine Frage der Perspektive«, sagte er. »Die Christen glauben an Jesus, während Konfuzius an den *jun zi* (den Edlen) glaubte. Die Priester sprechen von einem himmlischen Lohn nach dem Tod. Konfuzius lehrte uns, uns darauf zu konzentrieren, ein guter Mensch auf Erden zu sein. Warum kann jemand nicht Konfuzianist, Buddhist, Katholik und Protestant zugleich sein? Warum muss ein Glaube den anderen ausschließen? Letztlich lehren sie doch alle die gleichen Grundsätze.«

Er ging in seinem Vergleich von Jesus' und Konfuzius' Lehren noch weiter und fuhr fort: »Die christliche Idee der Nächstenliebe ist identisch mit dem konfuzianischen Konzept des *ren* 仁 (wohlwollende Sorge für die Mitmenschen). Christliche Nächstenliebe bedeutet Liebe und Gerechtigkeit. Das ist genau das, was Konfuzius meinte, als er sagte, Tugendhaftigkeit bestünde darin, den Menschen zu lieben, und Weisheit hieße, den Menschen zu verstehen. Beide lehrten das Prinzip der Gegenseitigkeit: *Ji suo bu yu, wu shi yu ren.* Was du nicht willst, dass man dir tut, das füg auch keinem andern zu. Beide verdammten eine auf Gewalt ausgerichtete Lebensweise und missbilligten Profitgier und das Bedachtsein auf den eigenen Vorteil als einzig maßgebliche Werte.

Wir Chinesen haben keine Zehn Gebote, sondern sind darum bemüht, gemäß den ethischen Gesetzen des Tao zu leben, und wir streben danach, ein idealer Mensch von edlem Charakter zu werden, der sich ehrenhaft und integer verhält.

Die Christen glauben an ein Leben nach dem Tod, während die Buddhisten an die Reinkarnation glauben. Das wesentliche Unterscheidungsmerkmal scheinen unsere Idee des *xiao* (der Kindesliebe) sowie unsere Überzeugung zu sein, dass der Geist unserer Vorfahren lebendig bleibt und in unserem Interesse einen günstigen Einfluss ausübt.«

Die konfuzianischen Glaubensvorstellungen waren zunächst einmal revolutionär, als sie dargelegt wurden, da *jun zi* ursprünglich ein Mitglied der gesellschaftlichen Elite bezeichnete – jemanden, der in die Aristokratie hineingeboren worden war. Nach Konfuzius dagegen vermochte jeder Mann, dessen Benehmen und Charakter es rechtfertigten, zu einem *jun zi* zu werden, ungeachtet seiner Herkunft. Er stellte eher die Pflichten als die Rechte einzelner Personen in den Vordergrund. Der politische Einfluss der konfuzianischen Lehrsätze während der Han-Dynastie (202 v. bis 221 n. Chr.) führte letztendlich zum Niedergang des Feudalismus in China und sorgte für eine allmähliche Auflösung der Klassenschranken. Jeder Mensch erhielt die Gelegenheit, es durch Bildung in der Welt zu etwas zu bringen. Titel und Ränge wurden nun aufgrund von Befähigung vergeben und nicht einfach weitervererbt. Konfuzius strich den individuellen Wert heraus; er vertrat die Ansicht, dass jeder die Möglichkeit haben sollte, ein Weiser zu werden. »Adel« basiert ihm zufolge auf Verdienst und fällt einem nicht per Geburt zu. Beim Lernen sollte es nach Konfuzius' Vorstellung keine Klassenunterschiede geben.

Königen empfahl er, ihren Ministern Autorität zu übertragen: »Könige sollten regieren, aber nicht herrschen.« Die Regierung sollte in den Händen der talentiertesten und fähigsten Männer des Landes liegen, welche sorgfältig auf Grund ihres Charakters, ihrer Bildung und ihrer Befähigung ausgewählt wurden. Minister sollten lauter und unbestechlich sein und bei der Ausübung ihres Amtes durch ihr gutes moralisches Beispiel vorangehen. Die ideale Regierung sollte sich zum Ziel setzen, Wohlergehen und Glück über das Volk zu bringen, denn alle Menschen wünschten sich, glücklich zu sein. Dabei könnte die Menschheit nur glücklich werden, wenn der Staat eine Gemeinschaft freier, kooperativer Individuen sei.

Konfuzius war der Meinung, dass Gewalt der Macht der Gerechtigkeit untergeordnet werden müsse und nur als letzter Ausweg zur Anwendung gelangen dürfe. Soldaten könnten nur erfolgreich kämpfen, wenn sie von der Gerechtigkeit der Sache überzeugt seien, für die sie ins Feld zögen. Die Moral eines Soldaten hinge von seiner moralischen Überzeugung ab, und Konfuzius riet seinen Schülern, nicht Männer des Schwertes zu werden, sondern Männer von sittlichem Adel; nicht Kämpfer, sondern gelehrte Edelleute. Dies steht in auffallendem Kontrast zu dem japanischen Ideal des *bushido,* »Weg des Kriegers«, sowie zu den Zielen der Samurai, bis auf den Tod zu kämpfen, die Hand in Hand gehen mit einer fanatischen Loyalität gegenüber dem Kaiser.

Matteo Ricci, der italienische Jesuitenpriester, der zwanzig Jahre lang als Missionar in China tätig war und 1610 in Peking starb, empfand größte Ehrfurcht vor den philosophisch bewanderten Beamtengelehrten, die während der Ming-Dynastie in China die Macht inne hatten.

Das gesamte Reich wird von der Schicht der Gebildeten verwaltet, die gemeinhin als Philosophen bekannt sind. Die Verantwortung für die geordnete Führung des gesamten Reiches liegt ganz und gar in ihren Händen. Die Armee, und zwar sowohl die Offiziere wie auch die einfachen Soldaten, hat große Hochachtung vor ihnen und zeigt ihnen gegenüber prompten Gehorsam und Respekt; und nicht selten wird das Militär von ihnen bestraft wie ein Schuljunge von seinem Lehrer … Die Bevölkerung bringt den Philosophen bei weitem mehr guten Willen und Respekt entgegen als den Heerführern, und sie haben weit mehr Gelegenheit, Wohlstand zu erlangen. Doch was einen als Ausländer noch stärker überrascht, ist der Umstand, dass ebendiese Philosophen, wie sie genannt werden, in Bezug auf die Erhabenheit der Gefühle und die Unerschrockenheit angesichts Tod und Gefahr, wo es um die Treue zum König und dem eigenen Land geht, selbst jene überbieten, deren besonderer Beruf die Verteidigung des Vaterlandes ist.

Neben der Förderung des Intellekts und der Vermittlung von Wissen war der Zweck der Bildung auch, die Moralvorstellungen und Gefühle eines Schülers unter Kontrolle zu halten sowie zur Reifung seines Charakters beizutragen und seinem Führungspotenzial zur Entfaltung zu verhelfen. Konfuzius zeigte den Weg auf und stellte Fragen, in der Erwartung, dass seine Schüler ihre eigenen Antworten finden würden. Er lehrte mit unermüdlichem Eifer (誨人不倦 *hui ren bu juan*) und träumte von einer erleuchteten Bürgerschaft sowie allgemein verbreiteter Bildung, die auf einer Demokratie im intellektuellen Bereich beruhte.

Er besaß einen stark ausgeprägten Sinn für Geschichte und nahm sich die Weisen alter Zeiten als Vorbild. Bei Diskussionen mit seinen Schülern bezog er sich häufig auf die Vergangenheit: Das Studium der Geschichte würde ihnen, so dachte er, vor Augen führen, wie aus historischen Ereignissen auf moralische Prinzipien geschlossen werden konnte. Güte würde zu Glück, Wohlstand und Friede führen, wohingegen Bosheit Leiden und Chaos Tür und Tor öffnen würde.

Dem Einfluss des Konfuzianismus ist es möglicherweise zu verdanken, dass historische Fragen in den letzten 2000 Jahren in China sehr ernst genommen worden sind. Bedeutende Figuren und Ereignisse aus der Vergangenheit haben die Gelehrten, Geschichtenerzähler, Romanciers, Dramatiker, Dichter und Maler späterer Epochen unendlich fasziniert und ihnen eine Fülle von Quellenmaterial geliefert. Seit den Lebzeiten des großen Historikers Si Ma Qian 司馬遷 (145 bis 90 v. Chr.), der sein aufschlussreiches Werk Shi Ji 史記 (›Aufzeichnungen des Historikers‹) verfasste, während er in einer Gefängniszelle eingekerkert war, haben die Herrscher fest angestellte Beamte beschäftigt, die täglich die Geschehnisse ihrer Regentschaft festhalten sollten. Diese Schreiber wurden für die Erfüllung einer bestimmten Funktion bezahlt, und ihre Schriften spiegelten dies wider. Sie verschleierten häufig Schandtaten und beschönigten Niederlagen.

Ihre Aufzeichnungen wurden dann in zwei Versionen herausgegeben: einer staatlichen Geschichte der gerade herrschenden Dynastie, die unweigerlich in einer Aneinanderreihung lobender Bemerkungen bestand, die mit Platitüden und klischeestrotzenden Schmeicheleien angereichert waren; und einer allgemein gehaltenen Geschichte der vorangehenden Dynastie, die objektiver und genauer war. Die chinesischen Kaiser waren der Meinung, dass die historischen Daten und Ereignisse einer Dynastie zunächst einmal vollständig zusammengetragen und erst von der darauf folgenden Dynastie der Öffentlichkeit zugänglich gemacht werden sollten. Lu Qi, ein Autor und Kritiker aus dem dritten Jahrhundert, beschrieb diese Art der Geschichtserfassung als »die Einfriedung grenzenlosen Raums auf ein paar Quadratzentimetern Papier«.

Während der Song-Dynastie wählte der berühmte Gelehrte und Philosoph Zhu Xi 朱熹 (1130 bis 1200 n. Chr.) vier der konfuzianischen Klassiker als Grundlagentexte für die Prüfungen der angehenden kaiserlichen

Beamten aus. Diese vier Werke (*si shu* 四書) übten in China einen enormen Einfluss aus, bis die Prüfungen im Jahre 1905 abgeschafft wurden.

Dank dieses Prüfungssystems gelangte die Bücherweisheit zu unerhörtem Ansehen. Jeder Fetzen Papier, auf dem Worte standen, wurde mit Ehrfurcht behandelt.

Mein Großvater erzählte mir, dass zu seiner Jugendzeit große, rot angemalte Kästen an den Straßenecken aufgestellt waren, in die man gebrauchte Papierschnipsel hineinwerfen konnte, die etwas – wie auch immer geartetes – Geschriebenes zierte. Auf die Kästen waren vier vergoldete Schriftzeichen gemalt (*jing xi zi zhi* 敬惜字紙 – »du sollst das geschriebene Wort achten und ehren«). Männer mit Bambusstäben und Körben patrouillierten in den Straßen, um jedes beschriebene Stückchen Papier, das irgendwo herumlag, aufzusammeln. Der Inhalt der Behälter wurde von erfolgreichen Prüflingen in regelmäßigen Abständen zusammengetragen und in einem speziellen Schrein im Tempel des Konfuzius verbrannt. Während dieser Zeremonie erklang Musik, und die Gelehrten warfen sich ehrfürchtig auf den Boden.

Die konfuzianischen Ideale und die große Bedeutung der Bildung waren schließlich tief in den Köpfen der Bevölkerung verwurzelt. Einzig durch Gelehrtheit konnte ein Mensch Zugang zu Macht und Reichtum erlangen. Und selbst heute, ein knappes Jahrhundert nach der Abschaffung der kaiserlichen Prüfungen, leben ihr Erbe und ihr Einfluss in den Vorstellungen der vom Konfuzianismus geprägten Menschen (Chinesen, Japaner, Koreaner und anderer) weiter, ganz egal, in welchem Land der Welt sie wohnen. Vielen Chinesen nötigt eine gebildete Person, gleichgültig wie arm sie auch sein mag, nach wie vor mehr Achtung ab als jemand, der reich und unwissend ist.

Die glücklichsten Erinnerungen an meine elende Kindheit in Shanghai sind mit meiner Schulausbildung verknüpft. Nach Hause zu kommen zu meiner Tante Baba, der unverheirateten Schwester meines Vaters, mit der ich ein Zimmer teilte, und ihr ein Zeugnis zu überreichen, das vor Einsern strotzte, war für mich das Höchste der Gefühle. Ich liebte es, den mit Freude vermischten Stolz in ihren Augen zu sehen. Meine guten Zeugnisse verschloss sie stets in einer Art Tresor, den sie in ihrem Schrank versteckt hielt und dessen Schlüssel sie an einer goldenen Kette um den Hals trug, als seien meine Zensuren ein kostbares Schmuckstück, das unersetzlich sei. Eines Tages erklärte sie mir: »Diese Zeugnisse sind für mich mehr wert als alle Diamanten der Welt. Eins lass dir gesagt sein: Wenn du fleißig lernst, ist alles möglich! Du kannst alles erreichen, wenn du dich nur anstrengst.«

Ich habe ihre Worte niemals vergessen.

. . .

Obgleich Konfuzius ziemlich zurückgezogen als gescheiterter Möchtegern-Politiker starb, gewannen seine Ideen nach seinem Tode wachsendes Ansehen in ganz China. Von 140 v. Chr. (Han-Dynastie) bis 1905 n. Chr. war die Grundvoraussetzung jeglichen schulischen, beruflichen und politischen Fortkommens, dass man die konfuzianischen Klassiker kannte. Die Gesellschaft war in vier Klassen unterteilt, die hier ihrer Wichtigkeit nach genannt werden: die Gelehrten (*shi* 士), die Bauern (*nong* 農), die Handwerker (*gong* 工) und die Kaufleute (*shang* 商). Unter der Tang-Dynastie (618 bis 906 n. Chr.) wurde eine nie da gewesene, einzigartige chinesische Einrichtung ins Leben gerufen, die für die nachfolgenden zwölfhundert Jahre bestehen sollte: die alljährlichen kaiserlichen Prüfungen für angehende Staatsbeamte, die von der Regierung überwacht wurden. Dies war eine Art staatlicher Test zur Messung des Intelligenzquotienten beziehungsweise der Eignung zum Gelehrten, der auf dem Auswendiglernen und der Auslegung der konfuzianischen Klassiker basierte. Das Interesse war enorm. Ungeachtet seiner Geburt, seines familiären Hintergrundes, seines Alters,

Temperaments oder seiner Erscheinung konnte ein Mann über Nacht vom armen Schlucker zum Krösus werden, wenn es ihm gelang, die dreiteilige Prüfung zu bestehen. Jeder hatte die Chance, gesellschaftlich aufzusteigen. In den 1890er Jahren (zu Zeiten der Qing-Dynastie) absolvierten Jahr für Jahr zwei Millionen Kandidaten den Test.

Die erste Runde fand auf Bezirksebene statt. Diejenigen, die bestanden, bekamen den Titel eines *xiu cai* 秀才 (angehendes Talent) verliehen. Auch wenn sie immer noch gemeine Bürgerliche und nicht zum Regierungsdienst zugelassen waren, waren sie doch von der Lohnsteuer ausgenommen. Auch waren sie von offiziellen Arbeiten und körperlichen Züchtigungen wie Prügelstrafe befreit. In ihren Dörfern galten sie als »Intellektuelle«, und viele von ihnen wurden durch kommunale Stiftungen unterstützt und mit besonderer Hochachtung behandelt. Ihr Durchschnittsalter betrug vierundzwanzig.

Das zweite Examen wurde auf Provinzebene abgehalten und führte zum Grad des *ju ren* 舉人 (ein Mann, der sich ausgewiesen hat). Die erfolgreichen Studenten besaßen nun die Qualifikation, kleinere Beamtenposten zu übernehmen, und zählten daher nicht länger als gewöhnliche Bürger; auch waren sie befugt, besondere Kleidung sowie Goldknöpfe am Hut zu tragen. Sie waren durchschnittlich dreißig Jahre alt.

Bestand man die dritte Prüfung mit Erfolg, so stieg man zum *jin shi* auf 進士 (ein in den Gelehrtenstand Erhobener). Diese Gelehrten verfügten jetzt über die nötigen Voraussetzungen, um zu mittleren Beamten ernannt zu werden, wie etwa Leiter eines Verwaltungsbezirks oder Ministerialbeamter, und sie qualifizierten sich darüber hinaus für die Zulassung zum kaiserlichen Palast, wo die Abschlussprüfungen stattfanden. Die besten Kandidaten aus dem Palast rückten an die Hanlin-Akademie vor, wo die höchsten Mandarine ausgebildet wurden. Ihr Durchschnittsalter betrug fünfunddreißig oder mehr Jahre.

Der erfolgreichste Absolvent der Akademie wurde als *zhuang yuan* 狀元 (der Allerbeste) bezeichnet. Er wurde vom Kaiser persönlich ausgezeichnet und ritt feierlich als klügster Mann Chinas auf einem weißen Pferd durch die Straßen der Hauptstadt. Er wurde in den Rang eines höchsten Mandarin erhoben und durfte sogar darauf hoffen, gleichsam als »Belohnung«, eine Prinzessin zur Braut zu erhalten.

Auf diese Weise bestand in China für jeden Dorfschüler die Chance, es durch Bildung zu etwas zu bringen in der Welt. Wenn er nur hart genug dafür arbeitete, konnte jeder eine Auszeichnung erringen. Der neue Adel in China setzte sich aus jenen zusammen, die einen Abschluss an der Hanlin-Akademie vorweisen konnten. Die Kinder von Mandarinen erbten nicht etwa automatisch den Titel ihres Vaters, sondern mussten genau wie jeder gewöhnliche Bauer oder Arbeiter die Prüfungen ablegen.

Über zweitausend Jahre lang galt Konfuzius den chinesischen Kaisern als heilig, und sie setzten sich für die Verbreitung seiner Lehre ein. Obschon China unter der Yuan-Dynastie (1277 bis 1367 n. Chr.) von den Mongolen und unter der Qing-Dynastie (1644 bis 1911 n. Chr.) von den Mandschu erobert wurde, wurde das staatliche Prüfungssystem aufrechterhalten, und der Lehrplan blieb unverändert. Die fremden Invasoren schienen sich selbst eingehend mit der konfuzianischen Kultur befasst zu haben, und einige von ihnen (wie zum Beispiel der Mandschu-Kaiser Qianlong 乾隆) wurden eingefleischtere Konfuzianer als so mancher Chinese.

Der Zusammenhalt und die historische Kontinuität eines (im Gegensatz zu den zahllosen kleinen Staaten in Europa) äußerst weiträumigen und bevölkerungsreichen Landes verdankt sich möglicherweise zu einem Teil dem Umstand, dass es in China eine gemeinsame Schriftsprache gab. Doch eine ebenso grundlegende Rolle spielte vermutlich die Tatsache, dass die Ideale des Konfuzius unvermindert über zwei Jahrtausende gelehrt wurden. Kommunikation ist der Schlüssel für das Entstehen einer politischen, kulturellen und sprachlichen Einheit jedweden Landes. Und die Chinesen verständigten sich nicht nur über eine allen gemeinsame Schriftsprache, sondern – was wichtiger war – über eine gemeinsame, einheitliche Weltsicht, die auf dem Konfuzianismus basierte.

Matteo Ricci war erstaunt, als er mit diesem einzigartigen chinesischen Bildungssystem Bekanntschaft machte. Es war für ihn eine beispiellose Methode, dem Land zu einer effizienten, gelehrten und aufgeklärten Beamtenschaft zu verhelfen. Und doch gab es einige gravierende, nachhaltige und weit reichende negative Folgen dieser bildungsorientierten Leistungsgesellschaft, die sich weder Konfuzius noch Ricci noch sonst einer hätte träumen lassen.

In ganz China wurde die geistige Ausbildung auf die Werke des Konfuzius beschränkt, da das Ablegen der kaiserlichen Prüfungen die einzige Methode des Aufstiegs war. Um dieses Ziel herum wurde ein ganzes System errichtet. Da gab es Privatlehrer, Schulen in Dörfern und Städten sowie Akademien und staatliche Stipendien. Das Studium bestand in der Aneignung und der endlosen Auslegung der Klassiker. Dies führte eher zu einem mechanischen Herunterleiern des Wortlauts als zur Entwicklung neuer Ideen. Es erstickte die Kreativität, das kritische Denken und die intellektuelle Neugier. Die Sprüche des Konfuzius wurden als heilig und in allen Fragen zutreffend hingenommen. Originalität wurde gefürchtet und Wandel als Ketzerei verdammt.

Von der Zeit der Tang-Dynastie an nutzten die Kaiser das staatliche Prüfungssystem, um den besten und hellsten Köpfen Chinas eine »Gehirnwäsche« zu verpassen und ihr Denken zu kontrollieren. Da der Durchschnittsstudent zwanzig Jahre damit zubrachte, sich auf die Prüfungen vorzubereiten, hatte er weder Zeit noch Lust, gefährliche und aufrührerische Gedanken an eine Rebellion zu nähren. Das System versorgte den Staat mit einer loyalen Beamtenschaft, und mit der Zeit wurden die Gelehrten durch die langen Jahre stumpfsinniger Paukerei ebenfalls zu Sklaven. Sie begannen sich gedanklich anzupassen und wagten keinen Vorstoß mehr in neue intellektuelle Sphären.

Alle übrigen Studiengebiete wurden als Zeitverschwendung angesehen, da sie in den Prüfungen keinerlei Gewicht hatten. In der Folge war in Mathematik, Physik, Chemie und Biologie keinerlei Fortschritt mehr zu verzeichnen. Dies war möglicherweise einer der Gründe, warum China auf dem Gebiet der Wissenschaft und Technik immer weiter hinter dem Westen zurückfiel: Die Astronomie wurde zur Astrologie, und die Medizin driftete ab in Richtung Geisterbeschwörung und schwarzer Magie. Laut Matteo Ricci stand es im China des sechzehnten Jahrhunderts folgendermaßen:

> *Das Studium der Mathematik und der Medizin genießt nur ein geringes Ansehen, da es nicht durch Auszeichnungen gefördert wird wie das Studium der Philosophie, zu dem die Studenten durch die Hoffnung auf damit verbundenen Ruhm und Belohnungen gelockt werden. Letzteres lässt sich leicht ersehen an dem Interesse, dessen sich das Studium der Moralphilosophie erfreut. Wer auf diesem Felde die höheren Weihen erlangt, darf sich rühmen, wahrhaftig den Gipfel chinesischer Glückseligkeit erklommen zu haben.*

Die konfuzianischen Studien aber waren so langweilig und abstrus, dass viele Leute gar kein Bedürfnis hatten, zum konfuzianischen Gelehrten zu werden. Da der einzige Sinn und Zweck geistiger Weiterbildung das Bestehen der kaiserlichen Beamtenprüfungen war, machten die meisten Bauern und Arbeiter sich gar nicht erst die Mühe, lesen und schreiben zu lernen.

Abgesehen davon, dass das klassische Chinesisch sich durch einen knappen, archaischen Stil auszeichnete, keinerlei Interpunktion besaß sowie esoterisch und voller Mehrdeutigkeiten war, war es eine tote Sprache. Seit Konfuzius' Lebzeiten hatte es keiner mehr gesprochen; es war nur noch gelesen und gelernt worden. Viele der Wörter waren seit Hunderten, wenn nicht gar Tausenden von Jahren überholt. Im Laufe der Zeit wurde die Diskrepanz zwischen Konfuzius' literarischer Sprache und der gesprochenen Alltagssprache immer größer. Und trotzdem bedeutete Bildung das Auswendiglernen der konfuzianischen Werke und das Ablegen der kaiserlichen Beamtenprüfungen. Nach Jahren des Lernens waren die Studenten, die dabei durchfielen, zu nichts anderem tauglich, als konfuzianisches Gedankengut zu unterrichten oder ihr Brot als professionelle Briefschreiber zu verdienen. Hinzu kam, dass diese gescheiterten Gelehrten die Tendenz hatten, sich selbst als die geistige Elite des Landes zu betrachten, und für sie jegliche Arbeit (zum Beispiel in Handel und Produktion) unter ihrer

Würde war. Obgleich sie häufig nicht imstande waren, ihren Lebensunterhalt zu verdienen, fühlten sie sich doch den »ungebildeten« und des Lesens und Schreibens unkundigen Bauern und Arbeitern in ihrer Umgebung haushoch überlegen. Dies führte auf beiden Seiten zu Ressentiments und zu Unzufriedenheit bei weiten Teilen der »Arbeiter«, die die Gelehrten ohne feste Anstellung als »faule Schmarotzer« ansahen.

Im altertümlichen, klassischen Chinesisch bewandert, waren viele Gelehrte nicht einmal in der Lage, einen modernen Bericht oder einen kleinen Geschäftsbrief abzufassen. Ja, sie waren nicht nur außerstande, »modernes« Chinesisch zu schreiben, sondern sie befanden es für unter ihrer Würde, dies zu tun, da sie alle praxisorientierten Tätigkeiten als unliterarisch und profan betrachteten.

Doch um die Stimmung und die Gefühle von Menschen in aussagekräftigen Szenen einzufangen, muss ein Prosawerk in einer lebenden Sprache geschrieben sein. Um den Figuren Seele einzuhauchen, müssen die Wörter die Poesie, die Leidenschaft, die Angst, das Lachen, das Pathos und die Großartigkeit einfangen, die sich hinter den Alltagsgesprächen der Menschen verbirgt. Dies bedeutete, dass über Jahrhunderte hinweg nur sehr wenig nennenswerte chinesische Romane entstanden.

Ein fiktives Werk in der gesprochenen Sprache zu verfassen wurde allerdings von den Literaten als verachtenswert eingestuft. Das Wort »Roman« wird im Chinesischen mit *xiao shuo* 小說 (kleines Reden) wiedergegeben. Ernsthafte Examenskandidaten, die im Begriff waren, zu tragenden Säulen des Establishments zu werden, ließen sich schlicht nicht dazu herab, etwas derart Triviales zu schreiben. Stattdessen wurden solche nichtswürdigen Machwerke heimlich hinter verschlossenen Türen von Gelehrten verfasst, die als leicht sonderbar galten. Die Autoren selbst schämten sich oftmals ihrer Romane und leugneten die Urheberschaft, wenn sie danach gefragt wurden. Dieser intellektuelle Snobismus und die Ressentiments gegenüber Frauen waren möglicherweise zwei maßgebliche Ursachen dafür, dass es im kaiserlichen China weder einen chinesischen Shakespeare noch eine Jane Austen gab.

1917 schlug Dr. Hu Shi 胡適博士 (1891 bis 1962), der damals an der Columbia University in New York tätig war, endlich vor, dass die Alltagssprache so, wie sie vom Volk gesprochen wurde, das literarische Ausdrucksmittel chinesischer Prosa im zwanzigsten Jahrhundert sein sollte. Dr. Hu Shi gelang es schließlich, die chinesische Sprache zu revolutionieren und sie von dem stilisierten, klischeebeladenen und altertümlichen konfuzianischen Stil zu befreien. Von da an wurden chinesische Essays und Romane in derselben Sprache geschrieben, in der der Autor dachte.

Eine weitere negative Folge der kritiklosen Übernahme des Konfuzianismus war, dass man die Unterlegenheit der Frauen hinnahm. Konfuzius war ein Frauenhasser, und mehr als zweitausend Jahre lang wurden Frauen als Dienstmädchen der Männer behandelt. Zwischen Mann und Weib, so Konfuzius, seien die unterschiedlichen Pflichten zu beachten. Unglücklicherweise waren diese unterschiedlichen Pflichten gleichbedeutend mit zweierlei Klassen. Die Männer waren die Brotverdiener, die außer Haus arbeiteten und die Kontrolle über die Finanzen hatten. Die Frauen wurden im Haus festgehalten und bedienten Ehemann und Familie. Sie waren Bürger zweiter Klasse, die nicht zum Lesen und Schreiben ermuntert wurden, da Konfuzius ebenfalls erklärt hatte, dass einzig ungebildete Frauen tugendhaft seien.

Ein Mann konnte mehr als nur eine einzige Frau haben. Auch konnte er sich von seiner Frau scheiden lassen und erneut heiraten. Eine Frau war dagegen dazu angehalten, unter allen Umständen keusch zu bleiben und ihrem Mann völlige Loyalität bis in alle Ewigkeit zu geloben, selbst wenn er bereits gestorben war. War eine Frau jung, so gehorchte sie ihrem Vater. War sie verheiratet, so hörte sie auf ihren Ehemann. War sie verwitwet, gehorchte sie ihrem Sohn.

Abgesehen von ihrer Mitgift und Geschenken ihres Mannes verfügte eine Frau weder über Geld noch über ein Einkommen. Wenn die Eltern starben, gingen Land und Besitztümer vollständig auf die Söhne über. In den New Territories des wirtschaftlich florierenden Hongkong ist dies nach wie vor gängige Praxis.

In der offiziellen Geschichtsschreibung der Dynastien, die von den Kaisern veranlasst wurde, war ein spezieller Abschnitt der Erinnerung an beispielhafte, von bedeutenden Frauen vollbrachte Taten vorbehalten. Diese Passagen enthielten bedauerlich wenig Beispiele von Frauen, die irgendwelche intellektuellen Fähigkeiten unter Beweis gestellt hatten; es wimmelte vielmehr von Witwen, die sich das Leben genommen hatten, um sich ihre Keuschheit zu bewahren. Eine adlige Witwe in der Tang-Dynastie (neuntes Jahrhundert n. Chr.) war so erzürnt, dass ein männlicher Schankwirt sie am Arm gepackt hatte, dass sie diesen abhackte. Sie wurde über alles gelobt und stand in den offiziellen Geschichtsbüchern auf »Platz eins«. Während der Song-Dynastie (960 bis 1276 n. Chr.) galt es als moralisches Vergehen, wenn eine Witwe erneut heiratete. Einige von ihnen begingen beim Begräbnis ihres Ehemanns Selbstmord. Zu Zeiten der Yuan-Dynastie (1277 bis 1367 n. Chr.) gereichte es einer Witwe zur Ehre, wenn sie sich weigerte, sich zu entblößen und ihrem Arzt ihre kranke Brust zu zeigen, auch wenn sie schließlich an ihrem Leiden starb. So galt Selbstverstümmelung (oder der Freitod) von Witwen, die ihrem verstorbenen Mann zuliebe ihre Keuschheit retteten, als Symbol höchster Tugend. Frauen wurden auf diese Weise ermuntert, sich »auszuzeichnen« und sich »einen Namen bei der Nachwelt« zu machen.

Die barbarische Sitte des Füßebindens kam während der Tang-Dynastie auf und hielt sich über zwölfhundert Jahre lang. Die absurde Vorliebe für kleine Füße entstand am Hofe eines Kaisers, dessen Tochter Klumpfüße hatte und für ihr Leben gern tanzte. Bald schon band sich eine Gruppe von Tänzerinnen die Füße ein, um einen berühmten Tanz mit dem Titel »Goldener Lotus« aufzuführen. Der Brauch verbreitete sich, und die Mütter fingen an, ihren Töchtern von klein auf die Füße einzubinden. Meine Großmutter war erst drei Jahre alt, als ihr die Füße eingewickelt wurden. Die kleinsten Füße maßen nicht mehr als knappe acht Zentimeter, und die Mädchen wurden für den Rest ihres Lebens zu Krüppeln gemacht, um eine gute Partie abzugeben. Der Anblick zierlicher Füße weckte bei chinesischen Männern angeblich erotische Gefühle, und sie wurden in zahlreichen Liebesgedichten besungen.

Eltern bevorzugten gewohnheitsmäßig ihre Söhne und diskriminierten ihre Töchter. Unerwünschte Töchter wurden als Säuglinge umgebracht, ausgesetzt oder verkauft. Selbst heute noch sind die meisten der von den Waisenhäusern auf dem chinesischen Festland zur Adoption frei gegebenen Babys Mädchen.

In der Generation meines Vaters war die Diskriminierung der Frau fest in den Köpfen der Männer verankert. Als ich 1979 meine Tante Baba in Shanghai besuchte, stellte sie mich ihrem Anwalt vor, einem adretten kleinen Mann, der an schrecklicher Arthritis des Hüftgelenks litt. Auf dem Weg zum Abendessen humpelte er mit Hilfe eines dicken Krückstocks das Trottoir entlang, wobei er die ganze Strecke über schnaufte und keuchte. Zu jener Zeit verfügten in Shanghai nur wenige Haushalte über Waschmaschinen und Trockner. Aus zahlreichen Fenstern ragten Bambusstangen heraus, an denen Laken, Handtücher, Unterwäsche, Blusen und Mao-Jacken hingen. Ich bemerkte, wie der Anwalt mühsam auswich, um nicht unter den mit Wäschestücken beladenen Stangen durchlaufen zu müssen, und versuchte ihn zu beruhigen: »Keine Angst. Es fällt Ihnen schon nichts auf den Kopf. Es wirkt alles ziemlich trocken.«

»Ich weiß«, erwiderte er. »Es tut mir Leid, dass ich Sie aufhalte, aber ich hasse es einfach, unter mit Frauenkleidern bestückten Stangen entlangzugehen. Meine Eltern sagten immer, ich würde nicht wachsen, wenn ich unter einer Frauenunterhose durchliefe.«

Und das aus dem Munde eines Mannes, der an der renommierten St. John's University in Shanghai studiert hatte und mittlerweile auf die Achtzig zuging!

Konfuzius lehrte auch die Selbstverleugnung zum Wohle der Familie. Die Verpflichtungen gegenüber den Eltern hatten Vorrang vor den individuellen Bedürfnissen. Die Idee der »Familie« ist tief verwurzelt in der chinesischen Psyche. Das Wort »Land« wird mit *jia xiang* 家鄉 (Familien-Dorf) übersetzt, mit *zu guo* 祖國 (Staat der Vorfahren) oder mit *guo jia* 國家 (Familien-Staat). Dies sind bodenständige, konkrete, gefühlsträchtige und direkt in den Bauch zielende Begriffe, die an die chinesischen Instinkte appellieren, da der Begriff der »Familie« im Reich der Mitte mit der Muttermilch eingesogen wird. Konfuzius erklärte, der Friede im Staat beginne mit der Ordnung in der Familie.

Diese Glaubenssätze führten im besten Falle zu familiärer Einigkeit, Selbstlosigkeit und einem Sinn für die Familienehre. In ihrer schlimmsten Ausprägung artete dieses Hochhalten familiärer Werte in Selbstgefälligkeit und einen Mangel an gesellschaftlichem Bewusstsein aus.

Während ich hier sitze und schreibe, habe ich ein Foto vor mir, das eine im Januar 1980 vor der Chinesischen Mauer aufgenommene Schlange amerikanischer Touristen zeigt. Wir standen bei Eiseskälte vor den verschmutzten öffentlichen Toiletten an. Da wir schon im Vorhinein vor den entsetzlichen Zuständen gewarnt worden waren, hatten wir vorsorglich unsere Hosenbeine hochgekrempelt.

Im Innern hing ein bestialischer Gestank in der Luft, und es gab kein Toilettenpapier. Das Klo hatte keine Brille, und der Rand war so schmutzig, dass viele davon absahen, sich zu setzen, und stattdessen nur in die Hocke gingen. Die Kette am Wasserkasten war kaputt, und es war nicht möglich zu spülen. Eine dicke, von Fliegen wimmelnde Schicht von Exkrementen bedeckte den Grund der Kloschüssel, und der Boden rundum war nass und von übel riechendem Schlick überzogen. Mit dem Hochrollen der Hosenbeine verhinderten wir zumindest, uns beim Niederlassen auf der Toilette die Hose zu besudeln.

Später machten wir einen Besuch im Hause meiner chinesischen Verwandten, die dort in der Nähe lebte. Obwohl ihre Wohnung klein und spartanisch war, war jeder Raum ordentlich und sauber. Wir fragten, ob wir ihre Toilette benutzen dürften, und erzählten ihr von unserem Erlebnis bei der Chinesischen Mauer. Sie zuckte lachend die Achseln. »Was habt ihr denn erwartet? Das sind öffentliche Bedürfnisanstalten. Weshalb sollte sich irgendjemand darum kümmern?«

Dieser Mangel an Gemeinsinn manifestiert sich in unzähligen weiteren Dingen: dem wahllosen Abladen von Müll, in Umweltverschmutzung, Korruption, Vettern- und Günstlingswirtschaft sowie dem Abzapfen öffentlicher Gelder zu Gunsten der eigenen Familie. Neue Erkenntnisse auf dem Gebiet der Medizin und Wissenschaft wurden als Familiengeheimnisse angesehen, die weder gelüftet noch mit jemand anderem geteilt werden sollten, ganz gleich, wie sehr sie dem allgemeinen Wohle der Menschheit gedient hätten. Gelegentlich wurden diese einem Lieblingssohn weitervermittelt, doch häufig verschwanden sie mit ihren Entdeckern aus der Welt.

In den 1940er Jahren sah ich auf meinem Schulweg in Shanghai oft in Zeitungspapier gewickelte Säuglinge, die jemand in einen Eingang gelegt hatte, wo sie zum Sterben verurteilt waren. Die Passanten eilten für gewöhnlich vorbei, ohne sich auch nur einmal umzudrehen. Ein bekannter chinesischer Aphorismus besagt, man solle den Schnee vor der eigenen Tür wegkehren und sich nicht um den Reif auf dem Dach seines Nachbarn kümmern.

Wer sich einmal mit dem Auto durch die Straßen einer chinesischen Großstadt bewegt, bekommt dies am eigenen Leib zu spüren. Die Spur zu wechseln oder sich rasch irgendwo in den fahrenden Verkehr einzufädeln ist in Shanghai, Hongkong oder Taipei ein lebensgefährliches Unterfangen. Einer meiner englischen Freunde bezeichnet es schlicht als Selbstmord. So etwas wie Höflichkeit im Verkehr gibt es nicht. Wenn der Verkehrspolizist allerdings Ihren Taxifahrer kennt, weil er zufällig der Schwager vom besten Freund seines Cousins ist, dann kann es sich Ihr Taxi erlauben, während der

Stoßzeit mitten auf einem der großen Boulevards in Shanghai zu wenden, während die Autos zu beiden Seiten angehalten werden, bis es sicher auf seiner Spur gelandet ist.

Wie alle anderen großen philosophischen Schulen hat auch der Konfuzianismus sowohl gute wie schlechte Seiten. Nachdem China 1911 zur Republik erklärt wurde, hoben die chinesischen Führer Konfuzius weiterhin in den Himmel und sorgten für die Verbreitung seiner Lehre; und die Verehrung des Konfuzius ist noch heute äußerst lebendig: nicht nur auf dem chinesischen Festland und in Taiwan, sondern auch in Japan, Korea, Malaysia, Singapur, Vietnam und Südostasien sowie ferner in den chinesischen Vierteln sämtlicher Weltmetropolen.

Der Geburtstag des »ersten chinesischen Volkserziehers« – der 28. September – wird im kommunistischen China nach wie vor als der Tag des Lehrers gefeiert. Die konfuzianischen Ideale sollen den geistigen Grundstein für die erfolgreiche Vereinigung von autoritärer Regierung und amerikanischem Kapitalismus in den fünf asiatischen Tigerstaaten Japan, Korea, Taiwan, Hongkong und Singapur gelegt haben. Im Oktober 1994 veranstaltete das kommunistische Regime in Peking ein riesiges Symposium, um Konfuzius' 2545. Geburtstag zu feiern. Der Festredner war Lee Kuan Yew, ehemaliger Premierminister und graue Eminenz von Singapur, der geladen war, weil er konfuzianisches Denken mit westlicher Technologie verquickt hatte, um seinem Stadtstaat auf diese Weise zu Wohlstand und innerem Frieden zu verhelfen.

Zur Jugendzeit meines Großvaters, im China der Kaiserzeit, konnten ein Sohn oder eine Tochter, die ausfallend gegenüber Eltern oder Großeltern wurden, mit dem Tode bestraft werden. Umgekehrt konnten Eltern und Großeltern eines Sohnes, der gegen das Gesetz verstoßen und ein schweres Vergehen gegen den Kaiser begangen hatte, mit diesem zusammen bestraft werden, da man annahm, dass sie ihre Pflicht, ihn ordentlich zu erziehen, verletzt hatten.

Die Eltern meines Großvaters hatten die uneingeschränkte Gewalt über das Leben ihrer Kinder. Sie waren diejenigen, die den Ehepartner ihrer Kinder auswählten und über deren Ausbildung, Berufslaufbahn sowie alles Übrige entschieden. Die Kindesliebe erhielt durch das chinesische Gesetz entscheidenden Rückhalt. Wenn ein Streit zwischen einem Elternteil und dessen Kind vorlag, stand das Gesetz stets auf Seiten des Elternteils. Hätte ein Elternteil sein Kind ermordet, hätten die Behörden niemals eingegriffen. Dies war die Grundlage konfuzianischer »Gerechtigkeit«.

Als wir 1949 nach Hongkong umzogen, lagen die Dinge völlig anders. Wie König Lear war mein Großvater finanziell von meinen Eltern abhängig geworden, und meine Stiefmutter war eine grausame Frau. Großvater klagte nie, aber eines Tages sagte er mir: »Eine der erfreulichsten Seiten des Lebens im Shanghai der damaligen Zeit war der Respekt, den die Jugend allgemein gegenüber jedem Grauhaarigen zeigte, selbst wenn es sich um einen blinden und obdachlosen Bettler handelte.«

Mein Ye Ye ist schon vor langer Zeit gestorben, aber auf meinen Reisen nach Hongkong oder Shanghai muss ich stets an seine Bemerkung denken, wenn ich gut gekleidete chinesische Akademiker sehe, die dienstbeflissen ihre zahnlosen und halblahmen alternden Eltern ins Restaurant oder andere öffentliche Lokalitäten begleiten. An dem zustimmenden Kopfnicken und den Gesichtern der Vorbeigehenden erkenne ich, dass die Öffentlichkeit dieses Verhalten der Kinder immer noch als den Gipfel der Tugend betrachtet. Wenn ich einen Sohn oder eine Tochter beobachte, die ihr schwaches und verdrießliches Elternteil mit ebenjener Fürsorge und Ergebenheit umsorgen, die ihnen in der Kindheit eingeprägt worden ist, kann ich nicht umhin, mir meinen Großvater zurückzuwünschen, damit er es ebenfalls sehen möge.

Ich frage mich, ob der Westen nicht vielleicht einige Gesetze und asiatische Wertvorstellungen übernehmen sollte, um die Rechte und das Glück der alten Menschen zu sichern. In Amerika und England ist es den jungen

Leuten häufig peinlich, zusammen mit ihren Großeltern gesehen zu werden. Anstatt den Alten mit respektvollem Gehorsam zu begegnen, schiebt man diese ab und vernachlässigt sie. Weit davon entfernt, auf ihre Lebenserfahrung und ihre Weisheit stolz zu sein, scheinen viele von ihnen sich ihres fortgeschrittenen Alters zu schämen. Wenn sonst alles gleich wäre, wäre es dann nicht besser, in einer vom Konfuzianismus geprägten Welt alt zu werden als in einer westlichen? Was haben die Älteren ohne den Respekt, die Liebe und Zuneigung ihrer Kinder zu erhoffen?

Wie tief der Konfuzianismus das chinesische Denken geprägt hat, wurde mir durch eine Äußerung meiner Tochter Ann bewusst. Eines Abends, als wir vor dem Fernseher saßen, sahen wir einen Ausschnitt aus einer alten Sendung, in dem Präsident Nixon der Nation während der Watergate-Affäre erklärte, dass er eine reine Weste habe. Ich erinnere mich, wie Ann bemerkte: »Ein Präsident regiert durch seine moralische Stärke. Wenn er es nicht schafft, durch sein moralisches Verhalten mit gutem Beispiel voranzugehen, wird er die Loyalität und das Vertrauen all derer verlieren, die ihn gewählt haben.« Als ich später die ›Gespräche‹ las, fiel es mir wie Schuppen von den Augen, dass diese Gedanken direkt von Konfuzius stammten.

5

DER WEG DES ZEN

悟佛之道

Wu Fo Zhi Dao

Während der zwei Jahre, die ich in Edinburgh arbeitete und studierte, belegte ich im Rahmen meines Aufbaustudiums einen Kurs in medizinischer Hypnose. Nach einigen einführenden Vorlesungsstunden wies uns der Professor an, uns gegenseitig zu hypnotisieren, um »praktische Erfahrung« zu sammeln.

Mein »Partner«, Dr. Gupta, war ein stämmiger junger Mann aus Bombay, der zufällig neben mir saß. Nachdem ich ein paar simple Anweisungen auf einem Merkblatt zur Herbeiführung eines hypnotischen Zustandes befolgt hatte, fiel Dr. Gupta zu meinem Erstaunen umgehend in tiefe Trance. Zuerst dachte ich, er nähme mich auf den Arm, indem er vorspiegelte, unter meiner Kontrolle zu stehen. Es war einfach zu leicht, und mein unvermuteter Erfolg erschreckte mich zudem. Ich fürchtete, ich sei niemals imstande, ihn wieder aufzuwecken. Doch auch das erwies sich als völlig problemlos.

Dann war die Reihe an mir mich hypnotisieren zu lassen. Doch so sehr sich Dr. Gupta auch bemühte und so bereitwillig ich auch mitarbeitete, es wollte einfach nicht gelingen. Nach zwei Stunden gaben wir schließlich auf. Dr. Gupta war bitter enttäuscht. Und ich auch. Es schien einfach ungerecht, dass er sich von mir so widerstandslos hypnotisieren ließ, während ich mich nicht angemessen revanchieren konnte.

Als ich meine Recherchen zu Hinduismus, Buddhismus und Zen-Buddhismus aufnahm, kam mir diese Begebenheit wieder in den Sinn. Weder Dr. Gupta noch mir war damals klar gewesen, dass der Ausgang unserer Versuche, uns gegenseitig zu hypnotisieren, vorherzusehen gewesen war. Es ist offensichtlich weitaus leichter, jemanden in einen hypnotischen Trancezustand zu versetzen, der ein kulturelles Erbe aus Ostindien in sich trägt, als eine Person aus dem Reich der Mitte. Vielleicht sind wir Chinesen einfach zu misstrauisch oder zu bodenständig veranlagt, um innerlich loszulassen. In gewisser Hinsicht symbolisiert dieser Unterschied die grundlegende Divergenz zwischen Hinduismus, Buddhismus und Zen-Buddhismus.

Die Wurzeln des Buddhismus reichen bis ins Indien um 500 v. Chr. zurück, als eine kleine Gruppe Gläubiger gegen den Hinduismus aufbegehrte und sich abspaltete. Um die Mitte des zweiten Jahrhunderts breitete sich der Buddhismus in China aus, wo er mit dem Taoismus und dem Konfuzianismus verschmolz, und es bildete sich daraus eine eigene, spezielle Form des chinesischen Buddhismus heraus: der Chan-Buddhismus, der unter seinem japanischen Namen Zen-Buddhismus bekannt geworden ist.

Begibt man sich auf die Suche nach der spirituellen Quelle des Hinduismus, so führt die Spur bis zu einer Sammlung alter Offenbarungsschriften zurück, den Veden, die vor viertausend Jahren von hellhäutigen indogermanischen Nomaden aus Russland und Persien nach Indien gebracht worden waren.

Nach hinduistischem Glauben sind sämtliche Formen des Lebens im Kern identisch, und jeglicher belebten und unbelebten Materie wohnt etwas Göttliches inne. Von daher gelten den Hindus alle Geschöpfe als verehrungswürdig. Und doch verbirgt sich hinter diesem komplexen Polytheismus ein einziges grundlegendes Prinzip, das als Brahman bekannt ist, die höchste Wesenheit, die alles Leben hervorbringt, trägt und erhält. Die Menschen können kraft persönlichen Bemühens ein Wissen um die verborgenen Dinge erlangen und so eine Vereinigung mit Brahman erzielen, noch während sie auf Erden weilen, denn diese letzte Wirklichkeit und die individuelle Seele sind in der Tat ein und dasselbe: »*Tat Tvam Asi*« – »Das bist du.«

Die Hindus nehmen nicht für sich in Anspruch, die religiöse Wahrheit gepachtet zu haben. Sie räumen sämtlichen Religionen eine gewisse Daseinsberechtigung ein und tendieren eher zu einem integrativen als zu einem ausschließenden Ansatz: Buddha ist nur eine andere Inkarnation von einem ihrer beliebtesten Götter, Vishnu, genau wie Mohammed und Jesus. Sie betrachten die Welt als relative Wirklichkeit und lehren Toleranz, nach dem Motto »Leben und leben lassen«.

Die Hindus glauben an das Karma und an die Reinkarnation. Karma ist ein System von Strafe und Belohnung für schlechte und gute Taten, die man in seinem jetzigen oder einem früheren Leben verübt hat. Da das menschliche Schicksal weit gehend vorherbestimmt ist, haben die Hindus eine hohe Akzeptanzbereitschaft. Die Reinkarnation ist untrennbar mit dem Karma verknüpft. Jeder Mensch hat bereits ein Vorleben (als Mensch, Säugetier oder Insekt) und wird wieder und wieder geboren werden, bis er dem Kreislauf schließlich durch eine Vereinigung mit Brahman oder dem Göttlichen entrinnt.

Praktiken wie Meditation, Beten und Yoga, bei denen sich die einzelne Seele mit Brahman zu verbinden oder zu vereinigen sucht, kommt eine essentielle Bedeutung zu. Das Ziel des Yoga ist es, den Atem, aber auch unwillkürliche körperliche Vorgänge wie den Herzschlag zu kontrollieren und auf diese Weise das Unbewusste zu steuern, um die Seele von ihren irdischen Fesseln zu befreien. Ein Guru, ein spiritueller Lehrer oder ein erleuchtetes Wesen, zieht häufig eine Gruppe ähnlich gesinnter Schüler an, die bei ihrer spirituellen Entwicklung nach einer Anleitung suchen. Sie meditieren zusammen und führen ein einfaches Leben in einer von der Außenwelt abgeschotteten Gemeinschaft, einem so genannten Ashram.

Im Hinduismus gibt es vier Hauptkasten. Die höchste bilden die Brahmanen oder spirituellen Führer. Darunter kommen die Adligen und Krieger, dann folgen die Händler und Handwerker. Die vierte Kaste besteht aus den niedrigen Arbeitern. Unter diesen Vieren rangieren die Parias oder

»Unberührbaren«. Der ursprüngliche Sinn und Zweck dieses Systems lag darin, die Menschen zu lehren, sich in eine gegebene Situation einzufinden, sie zu akzeptieren und darin glücklich zu werden. Doch wie jede organisierte Gesellschaft trägt auch diese das Potenzial zu einer Fehlentwicklung in sich, und dies hat zu diskriminierenden Praktiken geführt. Der Buddhismus erwuchs aus dem Widerstand gegen den Hinduismus, übernahm jedoch viele der hinduistischen Glaubenssätze.

Der historische Buddha lebte von 563 bis 483 v. Chr. Sein eigentlicher Name lautete Siddhartha Gautama, und er war der Sohn eines Herrschers über einen kleinen Staat in Nordindien, an der Grenze zu Nepal. Er war verheiratet, hatte einen Sohn und führte hinter seinen Palasttoren ein behütetes Luxusleben. Eines Tages jedoch wagte er sich hinaus, um in seinem Königreich nach dem Rechten zu sehen, und war erschüttert, als er zum ersten Mal all das Leiden, die Krankheit und Armut erblickte. So kam es, dass er sich mit 29 Jahren nicht länger mit der Ungerechtigkeit in einer Welt abfinden konnte, in der er so viel besaß, während andere so wenig hatten, und sein privilegiertes Leben aufgab, um sich als Wandermönch in Meditation und Askese zu üben und sich um die Überwindung von Schmerz und Leiden zu bemühen.

Zu jener Zeit zogen zahlreiche weitere Wandergurus durch Indien, um gegen den Hinduismus aufzubegehren, denn dieser hatte sich zu einer hochgradig ritualisierten und diskriminierenden religiösen Organisation entwickelt. Sie stand völlig unter der Kontrolle der Brahmanen, die als die alleinigen Interpreten der Veden und folglich als moralische Führer betrachtet wurden. Siddhartha Gautama begann die Autorität der Veden, der vedischen Gottheiten und des gesamten Kastensystems abzulehnen.

Die Legende besagt, dass Siddharta Gautama bei der Meditation unter einem Feigenbaum die Erleuchtung zuteil wurde. Von da an war er als der Buddha, der »Erwachte« oder der »Erleuchtete«, bekannt. Er scharte seine Anhänger zu einer organisierten, geordneten Gemeinschaft zusammen, erklärte, dass jeder (selbst Frauen) zu der offiziellen Bruderschaft der buddhistischen Jünger (Sangha) zugelassen sei, schaffte jegliche mit dem Kastenwesen einhergehende Diskriminierung ab und entfaltete moralische Prinzipien.

Die älteste vollständige Sammlung buddhistischer Schriften, die es gibt (und die in der altindischen Sprache Pali verfasst ist), gelangte im dritten Jahrhundert v. Chr. durch buddhistische Mönche nach Sri Lanka (Ceylon). Als Pali-Kanon (oder auch Theravada- oder Hinayana-Kanon) bekannt, ist sie vermutlich in der von Buddha gesprochenen Sprache geschrieben.

Ähnlich wie die Hindus glauben die Buddhisten, dass unser jetziges Leben nicht das einzige ist, sondern eines in einer langen Reihe von Leben, die weit in die Vergangenheit zurückreicht und zugleich etliche künftige Leben umfasst – es sei denn, wir erreichen den Zustand der Erleuchtung. Die Bilanz unserer guten und schlechten Taten (unser angesammeltes Karma) in unserem gegenwärtigen Leben bestimmt über unser Schicksal im kommenden Leben. Das Nirvana bedeutet das Aufgehen der individuellen Seele in der höchsten Seele des Universums und die endgültige Erlösung aus dem ewigen Kreislauf der Wiedergeburt. Nach der buddhistischen Lehre stellt das Karma sowohl eine Chance dar, das Leben positiv zu beeinflussen, als auch eine Möglichkeit, das Nirvana zu erreichen.

Die Buddhisten glauben, dass wir alle das Potenzial in uns tragen, in diesem Leben Erleuchtung zu erlangen; allerdings muss jeder von uns seinen eigenen Weg finden.

Auf dieser Suche, so betont Buddha, solle man Extreme wie Maßlosigkeit, aber auf der anderen Seite auch Selbstkasteiung vermeiden. Er empfiehlt einen Mittelweg einzuschlagen. Erleuchtung besteht in dem Erkennen der vier grundlegenden Edlen Wahrheiten:

- Alles Dasein ist leidvoll und unbefriedigend.
- Ursache des Leidens ist das menschliche Begehren.
- Durch die restlose Aufhebung des Begehrens kann dem Leiden ein Ende gesetzt werden.

– Das Mittel zur Beendigung des Leidens ist der Achtfache Pfad: rechte Erkenntnis, rechte Gesinnung, rechte Rede, rechte Tat, rechter Lebenserwerb, rechte Anstrengung, rechte Achtsamkeit und rechte Sammlung (Konzentration).

Nach der Lehre Buddhas hält also das unablässige menschliche Begehren, das Ego zu befriedigen, das Rad von Ursache und Wirkung in ständiger Bewegung. Dieses Rad veranschaulicht exemplarisch den ewigen karmischen Kreislauf des Daseins.

Der Buddha selbst drückt es mit folgenden Worten aus: »Ich, der Buddha, der ich die Tränen all meiner Brüder geteilt habe, dessen Herz vom Wehe der ganzen Welt gebrochen ist, lache und bin froh, denn darin liegt die Freiheit! Jawohl! Ihr, die ihr leidet! Ihr sollt wissen, dass ihr an euch selbst leidet!«

Schätzungsweise hundert Jahre nach Gautamas Tod kam es zu einem Schisma, und seine Gemeinschaft spaltete sich während des Zweiten Großen Buddhistischen Konzils in Vesali in zwei Schulen. Die konservative Schule der Älteren hielt weiterhin strikt an der ursprünglichen, in Pali verfassten Lehre fest und übte sich im Rückzug von der Welt. Diese Richtung wurde als Theravada oder Hinayana (kleines Fahrzeug) bekannt und ist die heute in Sri Lanka, Birma, Thailand, Laos und Kambodscha praktizierte Form des Buddhismus.

Die zweite Schule, bekannt als Mahayana (großes Fahrzeug), breitete sich bis nach China, Japan, Korea, Nepal und Tibet aus. Der Mahayana-Buddhismus nimmt bei der Auslegung des Pali-Kanons einen weitaus liberaleren, toleranteren und flexibleren Standpunkt ein. Über die Jahrhunderte hinweg verschwand der Hinayana-Buddhismus in Indien unter dem Druck des vedischen Ritualismus und des Hinduismus, während der Mahayana-Buddhismus im Ausland Fuß fasste und dort eine hohe Blüte erreichte. Die Lehre des Mahayana ermutigt die Anhänger, sich auf das weltliche Leben einzulassen, und gewährt bei der Anpassung der buddhistischen Praxis an lokale Sitten und Glaubensvorstellungen einen weit größeren Freiraum. Folglich unterschied sich der tibetische Buddhismus mit der Zeit deutlich vom chinesischen Zen-Buddhismus, obschon beide zur Mahayana-Schule gehörten. Der Zen-Buddhismus nahm über die Jahrhunderte hinweg eine spezifisch chinesische Note an und entfernte sich mehr und mehr von den anderen Spielarten des Buddhismus.

Das japanische Schriftzeichen *zen* 禪 ist tatsächlich identisch mit dem chinesischen Zeichen *chan* 禪, auch wenn die beiden verschieden ausgesprochen werden. Die Japaner übernahmen im Zuge ihrer Sprachentwicklung zahlreiche chinesische Schriftzeichen. Diese Lehnwörter werden im Japanischen *kanji* genannt. *Kanji* wird im Chinesischen *han* 漢 *zi* 字 gesprochen. Die beiden Zeichen bedeuten in beiden Sprachen »chinesische Wörter«. Das Zeichen *zen* oder *chan* wurde ursprünglich aus dem indischen Wort *dhyana* abgeleitet, das so viel heißt wie »Meditation«.

Der Zen-Buddhismus erhebt den Anspruch, jeden Einzelnen zu der von Buddha erlangten Erleuchtung zu führen. Zen ist etwas völlig anderes als indische Meditation. Der berühmte chinesische Gelehrte Dr. Hu Shi hat Zen einmal als »Reformation oder Revolutionierung des Buddhismus« beschrieben. Die Revolte des Zen entstand möglicherweise, weil es vielen Chinesen, gleich wie hart sie sich im Yoga übten, unmöglich schien, in übersinnliche Sphären vorzustoßen. Schließlich ermutigten die buddhistischen Meister in China ihre Schüler, den Zugang zum Nirvana zu suchen, indem sie ihren täglichen Geschäften nachgingen. Die Schüler wurden entsprechend ihren individuellen Bedürfnissen, ihrem Wesen, ihren Lebensumständen und ihrer Persönlichkeit unterwiesen. Das Ziel des Zen besteht darin, den Schüler zum Erlangen der Erleuchtung zu ermuntern – nicht nur über herkömmliche Meditationstechniken, sondern auch über Geschichten, Fragen, *koans* (siehe Seite 99) sowie über die Rituale, Gebräuche, Ausdrucksformen und Aktivitäten des täglichen Lebens.

Zen kennt kein Glaubensbekenntnis, und man ist dabei auch nicht an bestimmte festgelegte Verhaltensregeln gebunden. Beim Zen geht es nicht um Glauben, sondern um Weisheit, Wissen und Erfahrung. Anders als das Christentum, das ein Glaubensbekenntnis und einen in den Zehn Geboten klar formulierten Verhaltenskodex besitzt, legt Zen bestimmte Handlungsprinzipien nahe, die den Leuten helfen sollen, auf eigene Faust den Sinn zu entdecken, der dem Buddhismus in der Tiefe zugrunde liegt.

Die Chinesen gelten als praxisorientiertes, skeptisches und auf das Diesseits ausgerichtetes Volk. Als man ihn über das Leben nach dem Tode befragte, antwortete Konfuzius mit sechs Worten: »*Bu zhi sheng, yan zhi si*?« (Wo wir schon über das Leben nichts wissen, wie sollten wir da etwas über den Tod sagen können?) Seine Lehre war rational, an irdischen Belangen und am Volk orientiert. Und doch war der Konfuzianismus allein offensichtlich nicht genug. Trotz ihrer pragmatischen und weltzugewandten Fassade hungerten die Menschen im Grunde ihres Herzens nach Antworten auf Fragen, die ihr Innenleben betrafen.

Als der Buddhismus in China Fuß fasste und sich dort verbreitete, erfuhr das chinesische Denken einen tief greifenden Wandel. Die Leute rätselten über den Sinn des Lebens und begannen sich selbst zu fragen, ob am Anfang »Sein oder Nichtsein« gestanden habe. »Wo beginnt der (Lebens)Weg, und wo endet er?«

Als mein Sohn Roger fünf Jahre alt war, fuhren wir eines Tages auf unserem Weg zu einem Basketballspiel über die Autobahn – eine Strecke von vierzig Meilen. Er saß da und beobachtete die vorbeiflitzenden Autos, völlig gefesselt von der scheinbar endlosen Fahrt. Plötzlich wandte er sich zu mir und fragte: »Wo beginnt die Autobahn, und wo ist sie zu Ende?«

Die frühesten Belege für die Existenz des Buddhismus in China findet man im Jahre 2 v. Chr., als man zu Protokoll gab, dass ein fremder Gesandter einen chinesischen Minister in die buddhistische Lehre eingeführt hätte.

Chinesische Übersetzungen buddhistischer Schriften tauchten jedoch nicht vor Mitte des zweiten Jahrhunderts n. Chr. auf. Diese ersten Übertragungen entstammten dem Pali-Kanon, doch vom fünften Jahrhundert an gingen die meisten buddhistischen Schriften auf den Mahayana-Buddhismus zurück.

Während des vierten und fünften Jahrhunderts übersetzten zwei buddhistische Mönche, Kumarajiva (344 bis 413 n. Chr.) und sein Schüler Seng Chao 僧肇 (383 bis 414 n. Chr.), vierundneunzig verschiedene philosophische Texte des Buddhismus ins Chinesische – in knapper, anschaulicher und logischer Form. Das Sanskrit-Wort für »Pfad« *(marga)* wurde als *Tao* übersetzt. Das Wort *Tao* hat seit alters einen mystischen Beigeschmack und wurde von Laozi wie folgt umschrieben:

Es gibt ein Ding, das ist unterschiedslos vollendet.
Bevor der Himmel und die Erde waren, ist es schon da,
so still, so einsam.
Allein steht es und ändert sich nicht.
Im Kreis läuft es und gefährdet sich nicht.
Man kann es nennen die Mutter der Welt.
Ich weiß nicht seinen Namen.
Ich bezeichne es als SINN [Tao].
Mühsam einen Namen ihm gebend,
nenne ich es: groß.

Diese alte chinesische Vorstellung des Tao verschmolz nun mit dem buddhistischen Mystizismus und verlieh dem chinesischen Buddhismus eine Bandbreite und eine Tiefe, die man sich beim Lesen der Original-Sanskrit-Texte niemals hätte träumen lassen. Das Wort *buddha* bedeutet in Sanskrit so viel wie »erwacht«. »Buddha-Geist« wurde in der Folge als ein durch Meditation erreichter Bewusstseinszustand interpretiert *(zen)*, bei dem der Meditierende das Tao erfasst hat. Neben der Bedeutung »Pfad zur Erleuchtung« schwang für die chinesischen Buddhisten irgendwann auch die des »Pfades zur Wahrheit« und des »höchsten Lebenssinns« mit. Der »leere Geist« der

Buddhisten wurde mit Laozis geheimnisvollem »Einssein« in Verbindung gebracht, und Lehrer und Schüler waren erstmals daran beteiligt, eine systematische Philosophie des chinesischen Buddhismus zu entwickeln.

Halb indischer und halb zentralasiatischer Abstammung, war Kumarajiva ein Wunderkind; mit sieben Jahren wurde er Mönch und erfreute sich in Indien eines Rufs als brillanter Gelehrter. Sein Ruhm verbreitete sich, und im Jahre 384 v. Chr. entsandte ein König der frühen Jin-Dynastie einen General, der ihn nach China bringen sollte. Er blieb siebzehn Jahre bei diesem General; dann entsandte im Jahre 401 ein weiterer König, diesmal einer der späten Jin-Dynastie, eine Armee, die ihn bis Chang'an, der Hauptstadt der Provinz Shaanxi, eskortieren sollte. Dort wurde er mit den höchsten Auszeichnungen bedacht und bekam den Titel eines Staatlichen Lehrers verliehen. Er wurde beim Aufbau eines eigenen Instituts unterstützt, und zu seinen täglichen Vorlesungen fand sich eine Zuhörerschaft von mehr als tausend Mönchen ein.

Sein Schüler Seng Chao wurde in eine arme Familie hineingeboren. Dazu gezwungen, seinen Lebensunterhalt mit der Restaurierung und dem Abschreiben von Büchern zu verdienen, bildete er sich selbst weiter und verschlang alles, was er zu lesen bekam. Obwohl er die Werke von Laozi und Zhuangzi sehr schätzte, war er überwältigt von Kumarajivas Übersetzungen der buddhistischen Schriften. Nach seinem Übertritt zum Buddhismus wurde er Mönch und reiste 398 v. Chr. im zarten Alter von 15 Jahren nach Westen, um Kumarajiva aufzusuchen, dem er später nach Chang'an folgen sollte. Er war nicht nur Kumarajiva bei seinen Übersetzungen behilflich, sondern betätigte sich darüber hinaus selbst als Autor. Seine Ideen überbrückten nach und nach die Kluft zwischen Taoismus und Buddhismus, und er integrierte viele taoistische und konfuzianistische Vorstellungen in eine neue chinesisch-buddhistische Philosophie. Der von Seng Chao idealisierte buddhistische Bewusstseinszustand gewann frappierende Ähnlichkeit zu Zhuangzis Vision, eins zu werden mit dem Universum und mit allen Dingen im Einklang zu stehen (siehe Seite 48).

Seng Chao vertrat den Standpunkt, dass die Idee von Bewegung und

Ruhe die Dimension der *Zeit* impliziere. Doch Zeit ist unwirklich, da die Gegenwart nicht in der Vergangenheit liegen und zugleich nicht in ihr liegen kann. Wenn sie in der Vergangenheit liegt, ist sie natürlich nicht gegenwärtig, und wenn sie nicht in der Vergangenheit liegt, was löst dann ihre gegenwärtige Existenz aus? Da es keine Vergangenheit in der Gegenwart und keine Gegenwart in der Vergangenheit gibt, ist Zeit etwas Unwirkliches. Das gleiche Argument trifft auf die Zukunft zu.

Nachdem er zu dem Schluss gekommen war, dass Zeit ein Ding der Unmöglichkeit sei, stellte Seng Chao die These auf, dass Bewegung ebenfalls eine Illusion sei, da sie von der Zeit abhängig sei: Die einzige Sache, die von Dauer ist und über zahllose Generationen hinweg Bestand hat, ist das *Verdienst*. Gemäß der buddhistischen Lehre vom Karma gereichen einem gute Taten zum Verdienst, was die Zukunft günstig beeinflusst.

Seng Chao war erst einunddreißig, als er im Jahre 414 v. Chr. starb, kein Jahr nach dem Tode seines Mentors Kumarajiva.

Als ich elf Jahre alt war, meldeten mich meine Eltern auf dem von Canossa-Schwestern geführten Herz-Jesu-Internat in Hongkong an. Der Unterricht fand auf Englisch statt, aber unsere Lehrerinnen waren italienische Nonnen. Religion war Pflichtfach, und wir lasen täglich in der Bibel. Ich glaubte alles, was mir die Nonnen beibrachten, und wünschte mir sehnlich, wie meine Mitschülerinnen die Taufe zu empfangen und zum Katholizismus überzutreten.

Man redete uns zu, jedes dritte Wochenende heimzufahren, und Sonntag war »Besuchstag«, doch es kam mich nie auch nur eine Menschenseele abholen oder besuchen. Endlich, an einem eisigen Neujahrsabend – ich war zwölf –, schickten meine Eltern einen Wagen, und ich durfte zum ersten Mal wieder nach Hause. Zu jener Zeit lebten sie zur Miete in einer Drei-Zimmer-Wohnung in der Boundary Street in Kowloon. Sie sagten mir, ich solle auf einem Feldbett im Zimmer meines Großvaters schlafen, und ich war glücklich. Ich wusste, dass wir beiden Gelegenheit haben würden zu reden. Im Übrigen konnte ich es kaum erwarten, ihm von meiner Religion zu erzählen und ihn vielleicht sogar zu bekehren.

An diesem ersten Abend nach meiner Heimkehr saß ich nach dem Essen zusammengekauert, eine Decke um die Schultern gewickelt, auf dem Boden in Ye Yes Zimmer. Draußen konnte ich das Pfeifen des Windes hören und den Regen, der wild gegen die Fensterscheibe trommelte. Noch heute, nachdem so viele Jahre verflossen sind, entsinne ich mich an das Glühen des elektrischen Heizgeräts, an den Geruch von Ye Yes Zigarre, den sorgenvollen Ausdruck in seinen Augen, das tröstliche Gefühl, verstanden zu werden, und die Überzeugung, dass ich ihm etwas bedeutete.

Im Laufe unseres Gesprächs äußerte ich mit dem forschen Selbstvertrauen der Jugend immer wieder Zweifel an seinem buddhistischen Glauben. Beseelt von meinem neu entdeckten Glauben, versuchte ich, ihm mit Hilfe meiner Bibel und des englisch-chinesischen Wörterbuchs eine Predigt über den Katholizismus zu halten.

Es war ein mühseliger Kampf. Zu meiner Bestürzung musste ich feststellen, dass viele englische Wörter im Chinesischen gar nicht existierten. Ich war außerstande, ihm bestimmte Schlüsselbegriffe zu erklären, da mir der passende chinesische Ausdruck fehlte. Die chinesischen Entsprechungen, die ich beim Nachschlagen der englischen Termini im Lexikon fand, drückten nicht das aus, was ich zu schildern versuchte.

Besondere Probleme hatte Ye Ye mit den Wörtern »Jesus«, »Wunder« und »Sünde«. »Du sagst, Jesus sei Gott ebenso wie Gottes Sohn«, kommentierte er. »Wie kann Er beides sein? Und dann kannst du mir nicht einmal seinen Familiennamen nennen! Im alten China wurden die Kaiser zwar auch als ›Söhne des Himmels‹ bezeichnet, aber jeder Kaiser hatte einen Familiennamen!

Und was die Wunder anbelangt, so ist ja alles schön und gut. Aber du behauptest, ein Wunder erhebe sich über das Tao (sprich die Gesetze der Natur). Ich fürchte, das ist ein Ding der Unmöglichkeit. Das Tao definiert sich ja gerade dadurch, dass es niemals transzendiert werden kann. Das Tao, das transzendiert werden kann, ist nicht das wahre Tao.

Dann hätten wir da die Sünde. Du sagst, Sünde sei ein Verbrechen (罪 *zui*) des Herzens. Wenn Sünde ›Verbrechen‹ bedeutet, dann sollten Sünder wie Verbrecher durch Prügel oder Gefängnis bestraft werden.«

Wir drehten uns immer wieder im Kreis. Schließlich zitierte ich Schwester Louisas Worte: »Letztendlich musst du einfach glauben.«

»Glauben!«, rief er. »Aber du hast mich doch noch gar nicht überzeugt! Du verlangst von mir, dass ich blind ein ganzes System aus Dogmen akzeptiere, die in deinem ausländischen Buch enthalten sind. Weshalb sollte ich? Wenn du mir einen logischen Beweis und Belege liefern würdest, so wäre ich nicht darauf angewiesen zu glauben. Den Glauben brauche ich nur, wenn ich dein Unvermögen, mir Beweise zu liefern, durch meinen Wunsch, dir zu Gefallen zu sein, ersetze.«

»Und wie steht es dann mit deinem Buddhismus? Warum sollten deine Gefühle dort anders sein? Wie unterscheidet er sich vom Christentum?«

»Der Buddhismus hat zu keiner Zeit einen Ausschließlichkeitsanspruch auf Wahrheit erhoben. Er ist vielmehr offen gegenüber anderen Religionen und betrachtet sie als Alternativen zum Tao. Er kennt kein Glaubensbekenntnis. Seine Anhänger werden nicht dazu aufgefordert, sich an gewisse festgesetzte Rituale und Gebote des Buddha Gautama zu halten. In der Tat wurden viele Jahre lang keine Bilder vom Buddha angefertigt. Stattdessen wurde Buddha durch einen Fußabdruck symbolisiert, durch einen leeren Thron oder durch Kutte und Almosenschale.

Im Buddhismus geht es nicht um Glauben. Es geht darum, zu erwachen. Das Potenzial dazu schlummert in jedem von uns. *Hui tou shi an* (suche in deinem Inneren nach Erlösung). Und doch gibt es Hindernisse, die es zu beseitigen gilt, bevor wir unsere innere Weisheit finden und unsere Buddha-Natur freilegen. Die beste Möglichkeit ist die Meditation. Ihr Ziel ist es, den Geist für die intuitive Einsicht zu schulen. Wenn du meditierst, versuche an nichts zu denken, und befreie deinen Geist von seinen Fesseln. Konzentriere dich auf deinen Atem. Hab ein Lächeln auf den Lippen. Wenn du geübt bist, kannst du im Sitzen, Gehen, beim Arbeiten oder bei der Verrichtung deiner täglichen Pflichten meditieren. Tätigkeiten wie Kalligraphieren, Zeichnen, Musizieren, Blumenstecken oder Gärtnern sind der Aufmerksamkeit gegenüber sich selbst besonders förderlich.«

Doch ich blieb hartnäckig. »Wie willst du ohne die Zehn Gebote beurteilen, was gut und was böse ist?«

»Wir Buddhisten glauben, dass unser Leben Spiegel unserer moralischen Grundsätze ist, sobald wir erleuchtet sind. Sollten wir uns unmoralisch verhalten, finden wir nicht zur Erleuchtung. Es gibt kein vollkommenes Ideal außerhalb von uns selbst und unserem Verhalten – egal in welchem Augenblick.«

»Wenn der Buddhismus aus Indien herübergekommen ist, warum zählt er dann in China und Japan mehr Anhänger als in Indien?«

»Das ist eine vortreffliche Frage. Einer der Gründe mag in der Sprache liegen. Die beiden buddhistischen Mönche Kumarajiva und Seng Chao haben die buddhistische Lehre beim Übersetzen gekonnt in taoistische Begriffe gefasst, um den Chinesen das Verständnis zu erleichtern. Ich bin der Meinung, dass der Erfolg des Zen möglicherweise auf seine fortschreitende Anpassung an die aus den alten chinesischen Klassikern zusammengetragene Philosophie zurückzuführen ist.«

»Die Nonnen in der Schule halten uns dazu an, jeden Morgen zur Kirche zu gehen. Am Sonntag nehmen sie uns mit in die Kathedrale zum Hochamt. Es ist so beruhigend, vor dem Altar niederzuknien und der Orgelmusik zu lauschen. Gibt es in deinem buddhistischen Tempel irgendetwas Vergleichbares?«

»Nein. Es gibt keine festen Sonntagsgottesdienste im Tempel. Doch sowohl in Tianjin als auch in Shanghai pflegte sich eine Gruppe von uns um sieben Uhr morgens im nahe gelegenen Park zu treffen und Taiji und Qigong zu praktizieren. Anschließend setzten wir uns in einem Kreis auf die Erde und meditierten, während mein Freund Lao Wu auf seiner Erhu*

* Die Erhu ist eine zweiseitige Stabgeige ohne Bünde und Griffbrett. Sie ist das einzige chinesische Streichinstrument. [Anm. d. Übs.]

musizierte. An einigen Sonntagen nahm ich dich mit, und einmal ließ dich Wao Lu sogar auf seinem Instrument spielen – erinnerst du dich?«

»Ja, ich erinnere mich. Etliche Male saßt ihr alle einfach nur da im Gras, im Schneidersitz und mit geschlossenen Augen, ohne ein Wort zu sagen.«

»Wir haben uns darauf konzentriert, unsere Sinne nach innen zu richten und auf unseren Atem zu achten. Bewusstes Atmen eint Körper und Geist und macht uns ganz. Schrittweise lernten wir, jeden Augenblick unsere Aufmerksamkeit zu stärken und jede Handlung mit Achtsamkeit auszuführen. Von da an vermochten wir im Stehen, Gehen oder sogar bei der Erledigung der Hausarbeit zu meditieren.«

»Andere Male sagtet ihr wieder und wieder das Wort ›Amitabha‹. Weshalb habt ihr das getan?«

»Es gibt eine buddhistische Ausrichtung, die sich Schule des Reinen Landes nennt und an einen Buddha namens Amitabha glaubt, der in einem phantastischen westlichen Paradies lebt. All jene, die sich darauf konzentrieren, den heiligen Namen Amitabha zu wiederholen, sollen angeblich dort hingelangen und ihr Heil finden. Zunächst fiel es mir schwer, daran zu glauben. Doch als ich ein paar Mal hintereinander das Wort ›Amitabha‹ aussprach, machte ich eine wundervolle Entdeckung. Ich füllte mich selbst mit positivem Qi [Energie]. Ich atmete tief ein, wiederholte in einer Art Sprechgesang zehnmal ›Amitabha‹, dann unternahm ich eine bewusste Anstrengung zu lächeln. Erstaunlicherweise schien mein Geist durch das mehrmalige Ausführen dieses einfachen Rituals klarer und ruhiger zu werden. Mittlerweile mache ich dies oft, besonders wenn ich aufgeregt bin. Erst vor einigen Tagen durchfuhr mich mit einem Mal der Gedanke, dass die Buddhisten der Schule des Reinen Landes letztendlich richtig liegen.«

»Aber du gehst nicht mehr in den Park.«

Er sah plötzlich müde aus und bemerkte traurig: »Hier in Hongkong ist die Situation eine andere. Ich kenne weder den Weg, noch beherrsche ich den Dialekt. Daher versuche ich, auf dem Balkon zu meditieren und Taiji-Übungen zu machen. Natürlich ist das nicht dasselbe. Ich vermisse die Bäume, die Sträucher, Pflanzen, Blumen und Steine. Und am meisten vermisse ich meine Freunde ...« Er sah, wie mir die Tränen in die Augen schossen, und setzte rasch hinzu: »Wenn du lange genug lebst und das Alter deines Großvaters erreichst, dann wirst du eines Tages verstehen, was ich dir heute Abend erzähle. Wer weiß, vielleicht stellen dir deine Kinder sogar die gleichen Fragen. Wundere dich nicht, wenn du dich in fünfzig Jahren dabei ertappst, wie du aus dem *Tao Te King* zitierst. Bis dahin musst du deine eigene Reise antreten und deine eigenen Antworten finden.«

Nach dem Tode von Kumarajiva und Seng Chao fuhren ihre Schüler – ebenso wie die sechs buddhistischen Patriarchen, die später kamen – damit fort, das Beste aus dem indischen Buddhismus zu übernehmen, um die Weiterentwicklung des chinesischen Buddhismus zu fördern. Jeder trug auf seine Weise dazu bei, die buddhistische Lehre an die verschiedenen Philosophien der chinesischen Klassiker anzupassen. Von den sechs Patriarchen kam als Erster Bodhidharma (460 bis 534 n. Chr.) von Indien nach China und wird bis heute als erster Patriarch des Zen-Buddhismus verehrt. Er lehrte, dass jegliche Art von Achtsamkeit mit der Buddha-Natur in Zusammenhang stünde und dass »Natur, Geist, Buddha, Pfad und Zen« untrennbar miteinander verknüpft seien. Hui-neng 惠能, der sechste und letzte Patriarch, gründete die Schule der »plötzlichen Erleuchtung« und betonte, dass jeder, vom Bauern bis zum Kaiser, diesen Zustand erreichen könne.

Hui-neng kam in Kanton auf die Welt und wurde im Alter von drei Jahren zur Waise. Arm und ungebildet verdiente er seinen Lebensunterhalt mit dem Feilbieten von Feuerholz. Eines Tages, als er gerade Holz in seinen Schuppen stapelte, hörte er zufällig einen Prediger, der draußen auf der Straße die Lehren des Buddha erläuterte. Fasziniert stellte er dem Vortragenden Fragen und fand heraus, dass dieser soeben aus einem buddhistischen Kloster im Norden gekommen war, wo um die tausend Mönche unter der Leitung des fünften Patriarchen, Hung-ren 弘忍, ihren Studien nachgingen. Er machte sich umgehend auf den Weg, fand auch Hung-ren und erklärte ihm, er suche nach dem Gesetz des Buddha. Nachdem er den Neuankömmling ausgiebig befragt hatte, schickte Hung-ren ihn zum Arbeiten in einen Raum, wo Reis zerstampft wurde.

Eines Tages, acht Monate später, rief der fünfte Patriarch plötzlich seine Jünger zusammen und verkündete, dass er seinen Nachfolger zu bestimmen wünsche. Jeder Schüler sollte ein Gedicht verfassen, und derjenige, der das Gesetz des Buddha am besten verstanden hätte, sollte der sechste Patriarch werden und das alte Gewand des Buddha erhalten.

Um Mitternacht hielt Shen Xiu 神秀 (605 bis 706 n. Chr.), der leitende Mönch, eine Kerze hoch und schrieb das folgende Gedicht auf eine Mauer draußen vor dem Wohnhaus des fünften Patriarchen:

Wie ein Baum ist der Körper so weise,
Der Geist wie ein Spiegel so strahlend hell.
Stund um Stund säubern und wischen wir diesen,
Auf dass kein Staub falle und seinen Glanz trübe.

Der Meister war noch nicht wirklich zufrieden. Er erklärte Shen Xiu, dass er auf der Schwelle zum echten Verständnis des Buddhismus stünde, sie aber noch nicht wirklich überschritten hätte und es erneut versuchen solle.

Inzwischen hatte Hui-neng ebenfalls ein Gedicht verfasst und diktierte es einem Freund, der es für ihn niederschrieb:

Weder gibt es einen Baum, der weise wäre,
Noch einen Spiegel strahlend hell.
Da die Buddha-Natur klar und rein ist,
Wo sollte sich Staub niederlegen?

Als er dies las, wurde dem Meister sofort klar, dass Hui-neng seine Lehre begriffen und die Buddha-Natur erreicht hatte, da er keine Zweifel mehr hegte. Er wartete bis Mitternacht, rief Hui-neng in sein Haus, schenkte ihm das Gewand, das ursprünglich dem Buddha selbst gehört hatte, und ernannte ihn zu seinem Nachfolger.

Diese gerade beschriebene Episode wurde zusammen mit Hui-nengs gesammelten Predigten von einem seiner Schüler in dem Buch *Liu Zu Tan Jing* 六祖壇經 (Das Sutra des Sechsten Patriarchen) festgehalten. Dieses historische Dokument aus der Zeit der Tang-Dynastie entdeckte der ungarisch-britische Archäologe Sir Aurel Stein im Jahre 1901 in den Dunhuang-Höhlen im Nordwesten Chinas und stiftete es der British Library in London.

Die Legende besagt, dass Erleuchtung bisweilen durch bestimmte Erfahrungen erzielt wurde, die im Japanischen als *koans* und im Chinesischen als *gong an* 公案 bekannt sind: *gong* bedeutet »öffentlich«; *an* bedeutet »Fall«. Im wörtlichen Sinne ist *koan* ein juristischer Terminus und bezieht sich auf einen Fall, mit dessen Entscheidung ein Präzedenzfall für nachfolgende Streitigkeiten geschaffen worden ist. Die Zen-Meister entlehnten den Begriff, um eine Situation zu beschreiben, durch die man vorübergehend in eine Sackgasse gerät, weil sie nicht innerhalb des gewohnten Bezugsrahmens gelöst werden kann. Auf der Suche nach einer Lösung muss der Studierende sich verändern und seinen Bezugsrahmen neu definieren, wodurch er seine Einsichten und sein Verständnis der Wahrheit vertieft. Sehr oft besteht das *koan* einzig in einer Frage und einer rätselhaften Antwort:

> *Ein Schüler macht einen Zen-Meister ausfindig, um Erleuchtung zu erlangen. Der Meister lädt ihn zu einer Schale Tee ein. Der Tee wird gebracht, und der Meister reicht dem Schüler höflich eine gefüllte Schale. Daraufhin gießt er noch weiteren Tee in die Schale. Diese ist bereits voll, doch der Meister gießt immer weiter, obwohl der Tee schon überläuft und von der Schale auf den Tisch und den Boden fließt.*
> *»Meister!«, ruft der Schüler. »Die Schale ist voll.«*
> *»Richtig«, erwidert der Meister. »Wie soll ich dich unterweisen, wenn du nicht vorher deinen Geist entleert hast?«*

Nach Auffassung buddhistischer Gelehrter geht es beim Zen hauptsächlich um die Aufmerksamkeit gegenüber sich selbst. Ziel ist es, das Bewusstsein des Menschen in Bezug auf sich selbst und auf das Universum zu verändern.

Als ich dreizehn Jahre alt war, erkrankte ich an Lungenentzündung. Nach meiner Entlassung aus dem Krankenhaus erlaubte mir meine Stiefmutter, für ein paar Tage nach Hause zu kommen, um mich zu erholen, bevor ich ins Internat zurückkehrte. Eines Nachmittags, als sie nicht da war, nahm mich Großvater mit in eine chinesische Teestube, wo wir Tee tranken und *dim sum*, kleine Snacks, aßen.

Es war ein altmodisches Lokal mit rechteckigen Redwoodtischen und urigen runden Hockern, surrenden Deckenventilatoren und gitterverzierten Fenstern. Gleich Gefangenen, denen einige Stunden Strafaufschub gewährt worden sind, tranken wir beide ganze Kannen duftenden Jasmintees leer und schlugen uns den Bauch mit Klößchen, Teigwaren und einer köstlichen, sämigen Sojabohnensuppe voll, die mit geraspeltem chinesischem Brokkoli verfeinert war.

Gegen Ende der Mahlzeit, als ich gerade den letzten Löffel voll dampfender Suppe zum Mund führte, stieß ich einen Entsetzensschrei aus. Auf dem Grund der großen Suppenschale war der scharf geschnittene, braune Umriss einer toten Kakerlake zu sehen. Von dem Moment an war mir der Gedanke daran, diese Suppe genossen zu haben, unerträglich. Den Finger auf das Insekt gerichtet, wandte ich mich zu Ye Ye um. Zu meinem Erstaunen fuhr er seelenruhig fort, seine Suppe zu schlürfen, Löffel für Löffel.

»Mir ist schlecht!«, wimmerte ich und fügte gereizt hinzu: »Wie kannst du noch weiter von dieser Suppe essen?! Siehst du die Kakerlake nicht? Du wirst dich vergiften!«

»Wie könnte ich die Kakerlake nicht sehen, wo du so einen Aufstand veranstaltest?«, fragte er. »Diese Suppe ist kochend heiß, und das Insekt da sieht aus, als sei es eine Weile mitgekocht worden. Du hast schließlich selbst gerade erst gesagt, wie lecker die Suppe ist. Daran hat sich doch nichts geändert. Warum sollte ich sie nicht weiterhin genießen?«

»Aber es hat sich alles geändert!«, widersprach ich ihm. »Vorhin wusstest du ja noch nicht, dass eine Kakerlake in der Suppe ist. Doch jetzt weißt du es! Also, wie kannst du weiter davon essen?«

Mein Großvater legte seinen Löffel neben seine leere Schale und erklärte geduldig: »Bevor du die Kakerlake gesehen hast, fandest du die Suppe vorzüglich. Kaum hast du das Insekt bemerkt, war dir auf einmal die Suppe zuwider. Dabei hat sich die Suppe gar nicht verändert. Einzig deine Wahrnehmung davon ist eine andere. Aufgrund des Wissens darum, dass eine Kakerlake darin war, hat sich deine Haltung radikal gewandelt.

Je älter ich werde, desto höher schätze ich die Bedeutung ein, welche die Einstellung zu den Dingen auf unser Verstehen und die Freude am Leben hat. Von Zeit zu Zeit widerfährt jedem von uns etwas Schlechtes. Dagegen können wir nichts machen. Allerdings können wir sicherlich unsere Haltung im Umgang mit den Unbilden des Lebens steuern.

Du erblickst eine tote Kakerlake und meinst plötzlich, du seist vergiftet worden, obwohl die Suppe doch eigentlich köstlich war und die Kakerlake offenkundig zu Tode gekocht worden ist. Woher weißt du denn, ob dies nicht eine spezielle Beigabe war, die der Koch hinzugefügt hat, um die Suppe geschmacklich zu verfeinern?

Du stellst mir immer wieder provozierende Fragen zu buddhistischen Glaubensvorstellungen und forderst Beweise. Doch die Beweise sind überall um uns herum. Sieh mal die Vollkommenheit dieser Blumen auf unserem Tisch! Wie schon unser großer Philosoph Wang Bi [226 bis 249 n. Chr.] geschrieben hat: ›Die Natur irrt sich niemals. Die Dinge folgen stets ihren Gesetzen. Obschon komplex, sind sie doch niemals chaotisch. Und obschon es viele sind, geraten sie nicht durcheinander.‹ Wenn du die wunderbare Ordnung der Natur erkennst, so weißt du ganz genau, dass es keinen Zufall gibt.

Um auf deine Suppe zurückzukommen, so ist die Wahrheit, dass sie heiß und köstlich war. Dass die Kakerlake darin lag, sollte dieser Tatsache keinen Abbruch tun. Genau wie der Umstand, dass sich keine Wunder ereignen, dich nicht gegen den Buddhismus einnehmen sollte. In Wirklichkeit bestärkt mich gerade ihr Nichtvorhandensein in meinem buddhistischen Glauben. Ein Wunder kann nur stattfinden, wenn die Gesetze der Natur transzendiert werden. Nach buddhistischem Glauben ist dies ein Ding der Unmöglichkeit, weil das Tao wahr und ewig ist.

Denk daran: Damit dir Erleuchtung zuteil wird, muss der Wandel aus dir selbst heraus kommen.«

In der heutigen Welt haben wir bei unserer hektischen Jagd nach Geschwindigkeit, Profit, Effizienz und Fortschritt die Tendenz, die feinen Facetten unserer wahren Natur aus dem Auge zu verlieren. Immer mehr Menschen aus dem Westen sehen sich auf der Suche nach ihrem inneren Wesen bei östlichen Denkern nach Antworten um. Sie scheinen die Orientierung verloren zu haben und verspüren das Bedürfnis, ihren Weg zu finden.

Die Leute im Westen sprechen oft vom »Lebenskampf« oder davon, die »Natur zu bezwingen«, als sei das Universum ein Feind, den es (gleich einem Konkurrenzunternehmen) durch ein Übernahmeangebot zu vereinnahmen gilt. Als die Brüder Wright ihr Flugzeug bauten und glücklich zum Fliegen brachten, berichteten die Zeitungen, dass sie den »*Kampf* gegen die Schwerkraft gewonnen« hätten. Zen nimmt den Standpunkt ein, dass der Mensch nicht losgelöst von seiner Umwelt betrachtet werden kann. Wir sind mit ihr identisch. Das Flugzeug der Brüder Wright hat nicht die Schwerkraft abgeschafft, sondern man hatte lediglich gelernt, sich auf das *li* (Prinzip) der Schwerkraft einzustellen. Jeder lebende Organismus ist Teil des Universums, und das Universum setzt sich aus uns allen zusammen. Wenn wir die Umwelt verschmutzen, um unser Leben angenehm zu gestalten, zerstören wir einen Teil von uns selbst, weil wir und das Universum ein und dasselbe sind. Ökologische Achtsamkeit kann durchaus als Teil der Zen-Erfahrung verstanden werden.

Die Gottesvorstellung im Osten unterscheidet sich von der im Westen. In Amerika und Europa wird Gott als der Schöpfer des Universums gesehen, der die Kontrolle über alles und jeden besitzt. Um unser Schicksal zu ändern, müssen wir zu Ihm beten, und Er wird möglicherweise antworten – oder auch nicht. Nach der Vorstellung des Zen-Buddhismus ist das Tao der Ursprung allen Seins; das Universum existiert in einer geordneten Form, die drei ursprünglich aus den Vorstellungen des Taoismus und Konfuzianismus hergeleiteten Prinzipien entspricht: *li* 理, *zi ran* 自然 und *wu wei* 無爲.

Li bedeutet »Prinzip« oder »Ordnung der Natur«. Da das Tao die Quelle allen Seins ist, bringt es die Dinge in eine bestimmte Ordnung. *Li* manifestiert sich in der Schönheit, die wir um uns herum wahrnehmen (in einem Sandkorn, einer Schneeflocke, einer wild wachsenden Blume, einem Wasserfall oder einem Felsen). Die Einzigartigkeit dieses »Prinzips« ist schwer in Worte zu fassen, aber wir erkennen es, sobald wir es sehen. *Li* wird aber auch in der mathematischen Logik offenbar, in der symmetrischen Anordnung von Nukleotiden in der Doppelhelix der DNA, in der Weisheit eines Salomo, der über den Tellerrand der geltenden Gesetzesordnung hinausblickte, um wahre Gerechtigkeit walten zu lassen, oder in den Linien der Holzmaserung.

Wenn es in China zu einem Streit kommt, werden beide Seiten genötigt, das »*li* zu sprechen« oder den Fall gemäß dem »Prinzip« zu erörtern.

Zi ran ist unter anderem mit »Natur« übersetzt worden. Es bedeutet aber darüber hinaus »Spontaneität« oder »tun, was einem natürlicherweise in den Sinn kommt«. *Zi* heißt so viel wie »selbst«, *ran* so viel wie »korrekt«. Die Zen-Interpretation des *zi ran* ist »dem *li* gemäß handeln«: »Lass alles Handeln entstehen, so wie es sich von selbst ergibt.«

Wie ich weiter oben bereits dargelegt habe, bedeutet *wu wei* »keine unnatürliche Handlung vornehmen« oder »zum Handeln gelangen durch Nichthandeln«. Im ersten Jahr meines Medizinstudiums wurde mir gleich zu Anfang als oberstes Gebot eingeschärft, »keinen Schaden anzurichten«, da der menschliche Körper mit der richtigen Unterstützung und Ernährung über eine enorme Fähigkeit zur Selbstheilung verfüge. Der synkretistische Ansatz des Zen geht dahin, dass das Universum in sich selbst vollkommen ist und ihm weder »Zwang« noch »Gewalt« angetan werden sollten, um es den menschlichen Wünschen anzupassen. Dies ist die wahre Bedeutung von *wu wei*.

Meine vierundzwanzigjährige Tochter Ann kam letztes Weihnachten aus New York nach Hause, wo sie als Lektoratsassistentin in einem großen Verlagshaus arbeitet. Wir sprachen über ihr jüngstes Projekt – ein von einem berühmten buddhistischen Mönch verfasstes Buch. Obwohl sie eine katholische Highschool besucht hatte, diskutierten wir selten über religiöse Fragen. Zu meiner Überraschung fragte sie mich über den Buddhismus aus. Das Gespräch versetzte mich zurück an jenes frostige chinesische Neujahr in Hongkong, von dem ich oben berichtet habe, und ich stellte fest, dass ich an meinen Großvater dachte, als ich ihr das Folgende erzählte:

Der Buddha Gautama erhob zu keiner Zeit den Anspruch, Prophet zu sein, und der Buddhismus ist keine Religion im westlichen Sinne des Wortes. Im Zen-Buddhismus geht es vielmehr um das Leben und das Erlangen von Aufmerksamkeit gegenüber sich selbst durch das Leben. Die Entstehung des Zen-Buddhismus ist eng mit der Philosophie des Laozi und des Zhuangzi verknüpft. Um ein klareres Bild zu gewinnen, wäre es vielleicht eine gute Hilfe, wenn du dir in der Bücherei ein Buch mit dem Titel Tao Te King *besorgen und die letzten vier Zeilen des Kapitels 25 lesen würdest:*

Der Mensch richtet sich nach der Erde.
Die Erde richtet sich nach dem Himmel.
Der Himmel richtet sich nach dem SINN [Tao].
Der SINN richtet sich nach sich selber.

Einige Autoren betrachten das Tao Te King *als das bedeutendste Werk, das je geschrieben wurde. Zu ihnen gehört auch der britische Dichter Philip Larkin. Als ich in deinem Alter war, hatte ich so meine Zweifel, aber das ist lange her. Heute neige ich dazu, ihnen Recht zu geben.*

6

DIE ZEHNTAUSEND ERSCHEINUNGSFORMEN DES QI

氣象萬千

Qi Xiang Wan Qian

Als ich ein kleines Mädchen war, lebten wir in Tianjin, im Nordwesten Chinas. Die Sommer waren trocken, heiß und sonnig. Die wenigen Male, dass der Himmel voll Wolken hing, nahm meine Tante Baba uns Kinder in der Abenddämmerung mit in den Garten, wo wir die kühle Brise *(chong feng liang)* genießen konnten. Ich entsinne mich, wie ich die Wolken beobachtete, die in parallelen, waagerechten weißen Schichten vor leuchtend blauen Flecken Himmel schwebten. Ich glaube, diese schmalen, grauweißen Wolkenstreifen könnten das Bild gewesen sein, das dem Wort Qi zugrunde liegt, welches ursprünglich so viel wie »Luft, Dampf oder Gas« bedeutete.

Die Linien in dem Zeichen für Qi haben sich möglicherweise wie folgt entwickelt:

Später wurde das Schriftzeichen für Reis (米 *mi*) in die alte Form des Wortes *qi* 氣 mit aufgenommen. Dies mag sich der Beobachtung des »nährenden« Dampfes verdanken, der von einem Topf mit kochendem Reis aufsteigt, und so kam es, dass der Begriff Qi schließlich Nahrung ebenso umfasste und symbolisierte wie Dampf.

Das chinesische Wort *qi* (gesprochen *tchi*) ist schwer zu übersetzen, und wahrscheinlich werden sich keine zwei Gelehrten finden, die sich über seine Definition einig sind. Es ist ein einzigartiger und grundlegender Begriff chinesischen Denkens und besitzt weder im Englischen noch im Deutschen ein genaues Äquivalent. Im Westen besteht eine »rationale« und »wissenschaftliche« Art und Weise, Wirklichkeit wahrzunehmen, darin, dass man diese einteilt in Materie versus Geist und Form versus Raum. Materie und Form werden als feste und konkrete Phänomene betrachtet, die man sehen und fühlen kann. Geist und Raum haben eher ephemeren Charakter. Es ist schwierig, sich mit einem Wort anzufreunden, das etwas vermittelt, was Materie, Geist, Form und Raum zugleich beinhaltet, aber *qi* ist so ein Wort.

Im Chinesisch-Englisch-Lexikon nimmt *qi* über eine halbe Seite ein. Wörtlich übersetzt bedeutet das Wort »Luft, Gas, Atem oder Lebenskraft«. Dann gibt es physikalische Unterarten des Qi, wie etwa *kong qi* 空氣 (atmosphärisches oder Luft-Qi), *tian qi* 天氣 (Qi des Himmels oder Wetters) und *du qi* 毒氣 (giftiges Gas); daneben kennt man aber auch das abstrakte Qi, das menschliche Gefühle zum Ausdruck bringt, wie das *guan qi* 官氣 (Qi eines Beamten, der mit seinem Status protzt) und *pi qi* 脾氣 (Qi der Milz oder schlechten Laune). Jeder Künstler versucht die unvergleichliche Lebenskraft der Natur, genannt *yuan qi* 元氣, einzufangen und ihre Essenz in sein Werk einfließen zu lassen. Wenn dies einem Maler erfolgreich gelingt, bescheinigen wir ihm, er »habe es geschafft« und er zeige *qi xiang wan qian* 氣象萬千 (die zehntausend Erscheinungsformen des Qi). Bisweilen allerdings, wenn es so weit kommt und er den Auftrag erhält, das Porträt des Staatsoberhauptes zu malen, beginnt er möglicherweise gewisse Vorstellungen von seiner eigenen Wichtigkeit zu entwickeln und Anzeichen von *qi ling xiao han* 氣淩霄漢 an den Tag zu legen (wörtlich: »anmaßendes Qi bis hinauf in den Himmel speien«). Dann kann es geschehen, dass der Herrscher beim Anblick des Werkes gar nicht beeindruckt ist und sich weigert, den Künstler zu entlohnen. Darüber gerät wiederum dieser in Rage und *sheng qi* 生氣 (die Entstehung seines Qi wird angeregt, und das

Qi wird aufgewirbelt). Er bekommt einen Wutausbruch (*qi shi xiong xiong* 氣勢洶洶); und dieser ist so heftig, dass ihm die Haare zu Berge stehen und gegen seinen Hut stoßen (*nu fa chong guan* 怒髮衝冠)! Alles in allem ein haarsträubender Tag!

Das Qi kann in zwei Hauptarten unterteilt werden. Das angeborene Qi oder *yuan qi* eines Menschen ist das Grund-Qi, das er von seinen Eltern geerbt hat. (Den Japanern ist der Begriff des *yuan qi* schon so in Fleisch und Blut übergegangen, dass im Land der aufgehenden Sonne die Standardfrage bei der Begrüßung nicht lautet »Guten Tag, wie geht's?« oder »Wie geht's gesundheitlich?«, sondern »Wie steht's mit Ihrem *yuan qi*?«)

Das erworbene Qi ist das Qi, das ein Mensch aus der Luft, dem Essen und sozialer Interaktion bezieht. Es kann durch eine gesunde Kost, Körperübungen, ungestörten Schlaf, gute Freunde und Lachen aufgefüllt werden.

Der Autor und Philosoph Dong Zhongshu 董仲舒 (179 bis 104 v. Chr.), der während der frühen Han-Dynastie lebte, definierte das Qi folgendermaßen:

> *Innerhalb des Kosmos existiert jenes Yin- und Yang-Qi, in welches der Mensch beständig eintaucht, genau wie ein Fisch ins Wasser. Der einzige Unterschied zwischen dem Qi und dem Wasser ist der, dass das Wasser sichtbar ist und das Qi nicht. Doch die menschliche Existenz hängt in gleichem Maße von diesem Qi ab wie das Leben des Fisches vom Wasser. Qi ist überall im Kosmos anzutreffen, aber es ist nicht in der Weise sichtbar wie Wasser. Daher scheint der Kosmos zwar leer, enthält aber zugleich Substanz. Der Mensch ist in diesem Strudel gefangen und, unabhängig davon, ob er selbst geordnet oder chaotisch vorgeht, wird er von einer allgemeinen Strömung stetig weiter getragen.*

Der Philosoph Zhu Xi 朱熹 (1130 bis 1200 n. Chr.), der unter der Song-Dynastie lebte, sagte: »Zunächst waren da Form (形 *xing*) und Materie (質 *zhi*). Dann durchdrang das Qi Form und Materie. Qi ist der Urstoff und die Quelle allen Beginnens.«

Der Begriff Qi ist ein ganz wesentlicher Bestandteil des chinesischen Denkens auf dem Felde der Medizin und Philosophie. Die chinesische Medizintheorie fußt auf den traditionellen chinesischen Vorstellungen von Yin und Yang, Qi sowie den fünf Elementen. In dem ›Klassiker des Gelben Kaisers zur Inneren Medizin‹ (黃帝內經 *›Huangdi Nei Jing‹*), einem Werk aus dem zweiten Jahrhundert v. Chr., spielt das Qi eine auffallende Rolle. Die alten Chinesen waren der Ansicht, dass das Qi sein eigenes Kreislaufsystem besitzt, das getrennt vom Blutkreislauf besteht, auch wenn die beiden Systeme eng ineinander greifen. Sie glaubten, dass die Bewegung des Qi (Atem oder Lufthauch) sich auf den Blutfluss auswirkt. Was aber steuert das Qi? Es wird von *yi* 意 (gedanklicher Absicht) bestimmt. So wurde das Qi als psychophysiologische Kraft gesehen, die an das Fließen des Atems, des Blutes und der unausgesprochenen Gedanken geknüpft war.

. . .

Einer der tragischsten Fälle, der mir als Ärztin je begegnet ist, war der einer zweiundfünfzigjährigen Witwe, die mit akuten Unterleibsschmerzen ins Krankenhaus eingeliefert wurde. Bei der Untersuchung unter Narkose stellte sich heraus, dass ein riesiger, inoperabler Tumor eine Verstopfung der Hauptschlagadern verursachte, die ihren Darm versorgten. Der mit der Operation betraute Chirurg hatte keine andere Wahl, als den Schnitt wieder zuzunähen und ihr die entsetzliche Diagnose mitzuteilen.

Die Patientin war am Boden zerstört. Sie fragte, wie lange sie noch zu leben hätte, und man erklärte ihr, keine zwei Wochen. Sie äußerte den Wunsch, man möge sie so lange am Leben halten, dass sie noch ein letztes

Gespräch mit ihrem einzigen Sohn, Daniel, führen könne, der gerade in Nepal zum Bergsteigen war.

Obwohl alle Beteiligten ihr Bestes versuchten, war Daniel nicht aufzuspüren. Sechs Wochen verstrichen. Unsere Patientin fiel ins Koma, aber sie starb nicht. An einem Montagmorgen, fünfundvierzig Tage nach dem besagten Eingriff, kam schließlich Daniel auf die Intensivstation gestürzt. Er kniete neben ihrem Bett nieder, sagte »Mama« und küsste ihre Hand. Zum allgemeinen Erstaunen schlug sie die Augen auf und schenkte ihm ein Lächeln. Im späteren Verlauf des Tages starb sie. Es stand für alle außer Zweifel, dass sie darauf gewartet hatte, Daniel ein letztes Mal kurz zu sehen, bevor sie ihr Leben aushauchte (oder wie wir Chinesen sagen würden, »ihr Qi aufgab«). Ich entsinne mich, wie ich Daniel erklärte, dass es das von ihren gedanklichen Absichten gesteuerte Qi seiner Mutter gewesen sei, was sie bis lange über das von ihrem Chirurgen prophezeite Todesdatum hinaus am Leben gehalten hatte.

Obwohl es keine anatomischen Beweise dafür gibt, dass für das Qi ein separates Kreislaufsystem existiert, gilt es doch als allgemein anerkannt, dass bei uns Menschen eine enge Beziehung zwischen Geist und Körper besteht. Studien haben gezeigt, dass sich durch Depression, Ängstlichkeit und Stress zahlreiche systemische Erkrankungen (wie Bluthochdruck, Angina pectoris, Herzrhythmusstörungen, Polyarthritis und Asthma) verschlimmern können, wohingegen innere Ruhe, Lachen und Glücklichsein Schmerzen lindern, die Gesundheit fördern und die Immunabwehr verbessern können.

Glaubt man dem ›Huangdi Nei Jing‹, sind sämtliche Krankheiten auf ein mangelhaft ausbalanciertes Qi zurückzuführen. In dem Buch des Gelben Kaisers steht die Frage zu lesen: »Wenn das wahre Qi harmonisch ist, wie kann dann Krankheit entstehen? … Das wahre Qi wird sich einstellen, wenn du ruhig und unerschütterlich bleibst. Arbeite an deiner geistig-seelischen Verfassung, und du wirst wohlauf sein.«

Wenn das Qi schwach ist, erschöpft oder ungleich verteilt (ein Zustand, der als *xu* 虛 beschrieben wird), fließt es nicht mehr harmonisch, und der Patient wird anfällig für Krankheiten. Wenn er wütend ist, wird das Qi in unguter Weise angeregt. Wenn er glücklich ist, wird das Qi gestärkt (*gu* 固) und fließt ungestört und gleichmäßig. Ist er traurig oder ängstlich, so verringert sich das Qi. Erschrickt er, gerät das Qi durcheinander. Die chinesische Medizin hat zum Ziel, durch eine gesunde Kost, Körperübungen und geistigen Frieden das Qi zu beeinflussen (*qi hua* 氣化). Wenn das Qi im Gleichklang ist (*qi he* 氣和), ist das Immunsystem wieder aufgeladen. Weiterhin steht in dem klassischen Werk zu lesen:

> *Die Aufgabe des Leitbahnensystems im menschlichen Körper ist es, für ein ungestörtes Fließen des Blutes sowie des Qi zu sorgen, so dass die lebenswichtigen Grundstoffe, die der Mensch aus der Nahrung bezieht, die inneren Yin- und Yang-Organe stärken, die Muskeln, Sehnen und Knochen aufbauen und die Gelenke schmieren können … Was wir als Gefäßsystem bezeichnen, ähnelt in seiner Funktion Kanälen und Staumauern: Es bildet einen Kreislauf aus Tunneln, welche den Fluss des Blutes vorgeben, so dass es nicht von der Bahn abkommen oder auslaufen kann.*

Die Chinesen vertreten die Ansicht, dass die Balance von Yin und Yang im Körper die Grundvoraussetzung für Harmonie ist. Wenn das Qi blockiert ist, kann es nicht mehr ungehindert fließen, und es entsteht ein Ungleichgewicht zwischen Yin und Yang. Durch die richtige Ernährung, Kräuter und Akupunktur wird das Qi wieder zum Fließen gebracht und so über das Ausbalancieren von Yin- und Yang-Energie die Harmonie wiederhergestellt.

Als ich zehn Jahre alt war, bemerkte meine Tante Baba einen Knoten in ihrer Brust. Wir lebten damals in Shanghai, aber meine Eltern hielten sich zu diesem Zeitpunkt in Tianjin auf; daher bat meine Tante mich, sie zu einem traditionellen chinesischen Arzt zu begleiten. Nachdem wir über eine Stunde in einem überfüllten Wartezimmer gesessen hatten, wurden wir ins Sprechzimmer vorgelassen. Der Arzt war ein alter Mann in einem chinesischen Gewand, mit schlohweißem Haar und wallendem weißen Bart. Geduldig notierte er sich die Beschwerden meiner Tante. Dann ergriff er ihre linke Hand, legte vier Finger auf ihr Handgelenk und saß zehn Minuten da, ohne ein Wort zu sagen – in tiefer Konzentration, die Augen geschlossen.

Meine Tante sah mich mit einer Mischung aus Resignation und Angst an. Ich versuchte ihr zu Hilfe zu kommen. »Herr Doktor«, hob ich schüchtern an, »meine Tante hat einen Knoten im Leib. Ihr Handgelenk ist völlig in Ordnung.«

»Das ist mir sehr wohl bewusst!«, gab er zurück. »Wenn du älter bist, wirst du begreifen, dass alles im Körper eines Menschen vom Fließen des Qi abhängig ist. Dieses Fließen ist auch in der Bewegung des Blutes zu spüren und spiegelt sich in den achtundzwanzig Arten des Pulsschlags wider, die ich zu unterscheiden verstehe. An ihrem Puls kann ich jede Art von Krankheit feststellen, an der sie eventuell leidet. In gewisser Weise ließe sich sagen, dass ihr Puls ihre Diagnose ›morst‹ und sie mir über meine Finger überträgt.«

Anschließend stellte er ein Rezept aus, während er sich über das Zirkulieren des Qi und die Meridiane ausließ, über Yin und Yang, über feste Organe *zang* 臟, Hohlorgane *fu* 腑 sowie die fünf Elemente. Weder Tante Baba noch ich verstanden vollständig, was er da erzählte, und wir waren auch nicht imstande, die komplizierten Schriftzeichen zu entziffern, die er eilig mit Pinsel und Tusche aufs Papier warf. Nichtsdestoweniger lauschten wir ehrfürchtig und nahmen das Rezept mit in einen angrenzenden Raum, wo wir unsere Rechnung beglichen. Danach stand ein Gehilfe vor einem seltsam anmutenden hölzernen Schrank mit rund hundert Schubladen, von denen jede einzelne mit einem ordentlichen Schildchen versehen war. Das Rezept in der Hand, ging er von Schublade zu Schublade und wog sorgfältig ein ganzes Sortiment an Kräutern ab, die er in verschiedene Papiertaschen füllte. Das Ganze übergab er Tante Baba mit Anweisungen, wie jedes davon aufzubrühen und wann es einzunehmen sei. Wir verließen die Praxis des Arztes, ohne dass dieser irgendeinen anderen Körperteil außer Tante Babas Handgelenk untersucht hätte.

Meine Tante nahm die Medizin vorschriftsmäßig ein. Nicht lange danach riss uns meine Stiefmutter auseinander, und wir sollten uns erst einunddreißig Jahre später wiedersehen. Als ich Tante Baba bei diesem Wiedersehen fragte, was aus dem Knoten in ihrer Brust geworden sei, erzählte sie mir, dass er zwar nie verschwunden sei, sich jedoch all die Jahre über nicht weiter verändert hätte.

In China glaubt eigentlich so gut wie jeder, vom ärmsten Bauern bis zum bedeutendsten Gelehrten, an die Kraft des Qi. In ›Die Kunst des Krieges‹ 兵法 *(Bing Fa)*, einem bemerkenswerten Buch, das vor 2500 Jahren von Sunzi 孫子 geschrieben wurde, kommt dem Qi eine bedeutende Rolle zu. Seinerzeit war diese Abhandlung über Krieg und Strategie den Herrschern vorbehalten und durfte nicht in private Hände gelangen. Wurde das Buch bei einem gewöhnlichen Menschen, der es sich heimlich beschafft hatte, entdeckt, so legte man das als Beweis für eine militärische Verschwörung aus; daher musste der Inhalt des Werkes mündlich weitergegeben werden. Als die Zensur sich lockerte, wurde es dann auf Bambuspapier oder Seide festgehalten und in kaiserlichen Bibliotheken verwahrt. Einige Abschriften fand man in Schatullen neben den Leichnamen der alten Könige zusammen mit ihren kostbaren Juwelen und Lieblingsschwertern.

Mehr als zweitausend Jahre lang blieb ›Die Kunst des Krieges‹ das wichtigste militärische Traktat in China, das sämtliche Militärführer eifrig studierten. Sein Ruhm verbreitete sich bis nach Japan und Korea, und es wurde zu einer Art zeitlosem, internationalem Bestseller zur Kriegskunst. Vor zweihundert Jahren übersetzte es schließlich ein französischer Missionar, und man nimmt an, dass sowohl Napoleon, Bismarck, verschiedene Nazi-Generäle wie auch die japanische Armee oder die Kadetten der amerikanischen Elite-Militärakademie in West Point es gelesen haben. Chiang Kai-shek und Mao Zedong waren beide mit dem Text vertraut und gründeten ihre militärischen Strategien auf die darin enthaltenen Lehren. Nach Auffassung des britischen Historikers Basil Liddell Hart ist Sunzis Abhandlung über den Krieg an Ausführlichkeit und Kenntnistiefe nach wie vor unübertroffen und man darf sie mit gutem Recht als Quintessenz des Wissens zum Thema Kriegsführung bezeichnen.

Wenn eine Nation einen erfolgreichen Krieg führen wolle, so schreibt Sunzi, so müssten die Untertanen in dem entsprechenden Staat geschickt regiert werden von einem leidenschaftlichen und dynamischen Herrscher, der den Rückhalt und die Loyalität seines Volkes und seiner Beamtenschaft genieße. Sei dies der Fall, so zögen die Soldaten erfüllt von moralischer Stärke, Schwungkraft, Entschlossenheit und körperlichem Leistungsvermögen in die Schlacht. Dies sei das so genannte militärische Qi.

Sunzis Ansicht nach war das Qi in einem fortwährenden Auf und Ab begriffen. Er riet dazu, den Feind zu attackieren, wenn dessen Qi am Tiefpunkt angelangt ist:

Man kann einem Feinde sein Qi rauben, und man kann den Kommandanten der gegnerischen Armee um seine Geisteskraft bringen. So ist das Qi der Feinde am Morgen feurig; während des Tages flaut es ab; bei Einbruch der Dämmerung ist es erschöpft. Ein geschickter Heerführer wird daher mit seiner eigenen Armee diesem feurigen Qi ausweichen und zuschlagen, wenn es abflaut oder erschöpft ist. Dies ist die rechte Art, wie man das Qi in die taktischen Überlegungen miteinbezieht.

In der chinesischen Philosophie ist das Qi der Gegenspieler des *li*. *Li* bedeutet Prinzip, Vernunft oder Logik (siehe auch Seite 103). Qi bedeutet sowohl Energie wie auch Materie. Es wird als Grundsubstanz angesehen, als mächtige Lebenskraft, die ausnahmslos in jedem von uns steckt.

Der Gelehrte Zhang Zai 張載 (1020 bis 1077 n. Chr.) schrieb: »Wenn das Qi sich zusammenballt, tritt es deutlich in Erscheinung, und seine physische Form wird sichtbar. Wo das Qi sich nicht ballt, ist seine Erscheinung zu schwach, und es gewinnt keine physische Form. Deshalb wird das Qi in manchen Fällen Form, in anderen bleibt es Raum.«

Die alte chinesische Vorstellung von der Relativität von Materie und Raum ist in vielerlei Hinsicht überraschend modern. Nach Einsteins Relativitätstheorie ist die einzige Konstante im Universum, dass nichts konstant ist. Obschon Einsteins Gleichungen deutlich zeigten, dass das Universum sich mit der Zeit entweder ausdehnt oder schrumpft, aber niemals dasselbe bleibt, widerstrebte es ihm, dies zu akzeptieren. Die Vorstellung eines in ständigem Wandel begriffenen Universums schien ihm so unannehmbar, dass er anfangs seine eigene Beweisführung widerlegte und seine Berechnungen modifizierte, indem er eine »kosmologische Konstante« einführte, um eine Erklärung für seine eigenen Ergebnisse zu finden. Zwölf Jahre später erbrachte der amerikanische Astronom Edwin Hubble durch Messungen der Geschwindigkeiten und Distanz entfernter Galaxien den Nachweis, dass sich das Universum tatsächlich ausdehnt. Als Einstein erkannte, dass er sich auf den Holzweg begeben hatte, räumte er seinen Irrtum ein und kehrte zu seinen ursprünglichen Schlussfolgerungen zurück. Seither haben zahlreiche Wissenschaftler Hubbles Beobachtungen und Einsteins Theorien bestätigt; aber was mich wirklich erstaunt, ist die Tatsache, dass das *I Ging*, dieses alte chinesische Handbuch, bereits vor dreitausend Jahren zu dem Schluss gekommen ist, alles in der Welt unterliege dem unveränderlichen Gesetz des Wandels, und damit Hubble und Einstein über dreißig Jahrhunderte voraus war.

Auch in der modernen Physik besitzt das Qi Parallelen. Die Quantenmechanik hat Interessantes zum Verhalten von Elementarteilchen zu Tage gefördert. Fritjof Capra beschreibt dies wie folgt:

Die Hochenergie-Streuexperimente der vergangenen Jahrzehnte zeigten uns überzeugend die dynamische und ständig wechselnde Natur der Teilchen. Die Materie erschien in diesen Versuchen als völlig wandelbar. Alle Teilchen können in andere Teilchen umgewandelt werden; sie können aus Energie entstehen und zu Energie zerfallen. In dieser Welt haben klassische Begriffe wie »Elementarteilchen«, »materielle Substanz«

oder »isoliertes Objekt« ihre Bedeutung verloren. Das ganze Universum erscheint als dynamisches Gewebe von untrennbaren Energiestrukturen.

An anderer Stelle fährt Capra fort:

Die Unterscheidung zwischen Materie und leerem Raum musste endgültig aufgegeben werden, als entdeckt wurde, dass virtuelle Teilchen spontan aus der Leere entstehen und wieder in die Leere verschwinden können … Das Vakuum ist bei weitem nicht leer. Im Gegenteil, es enthält eine unbegrenzte Anzahl von Teilchen, die ohne Ende entstehen und verschwinden.

Materie und Energie sind also Teil eines einzigen Kontinuums, des so genannten »Quantenfeldes«. Die alte chinesische Vorstellung des Qi ließe sich daher als Äquivalent dieses modernen Quantenfeldes verstehen, das fortlaufend Materie erzeugt und zugleich vernichtet.

Der chinesische Philosoph Zhuangzi schrieb, menschliches Leben entspringe der Anhäufung von Qi; wenn es sich sammle, entstehe Leben, wenn es auseinander drifte, trete der Tod ein. Nach Auffassung der Chinesen ist das Qi die mächtige und geheimnisvolle Lebenskraft, die allen Dingen innewohnt. Die Menschen sind Teil des gesamten Qi, das über Himmel und Erde verteilt ist. Dabei stellt das Magnetfeld der Erde nur eine Erscheinungsform dieser rätselhaften Energie dar.

Als ich noch in Shanghai lebte, war das Abendessen eine feierliche Angelegenheit. Sobald um 19.25 Uhr der Gong erklang, kamen meine Geschwister und ich einer nach dem anderen die Treppe zum Esszimmer heruntermarschiert, mit gekämmtem Haar und frisch gewaschenen Händen. Wenn ich am Zimmer meines Vaters im ersten Stock vorbeiging, sah ich ihn oft neben sein Kurzwellenradio hingekauert, wie er konzentriert lauschte, das Ohr fest an das Gerät gepresst.

Einmal fragte ich Großvater. »Was hört Dia Dia da, Ye Ye?«

»Neue englischsprachige Programme von der BBC in London – das ist eine Stadt in England. Er hört die Zwölf-Uhr-Nachrichten.«

»Die Zwölf-Uhr-Nachrichten? Aber es ist doch schon nach sieben Uhr abends.«

»Ja, hier in Shanghai. Aber dort in London ist es jetzt gerade Mittag.«

»Wie weit ist denn London weg?«

»Tausende von Meilen. Einmal halb um den Globus, in Europa.«

»Senden sie *jetzt* aus London?«

»Natürlich! Genau in dieser Minute.«

»Wie können sich ihre Stimmen so schnell so weit fortpflanzen?«

»Das haben wir dem magischen Qi der Engländer zu verdanken. Wenn du groß bist, musst du von ihnen lernen.«

Jahre später, nach dem Tode meines Großvaters, hatte ich das Glück, einen Schreibwettbewerb zu gewinnen, der es mir indirekt ermöglichte, meine Ausbildung in London fortzusetzen. Dort lernte ich einiges über elektromagnetische Wellen, Lichtwellen, Rundfunkwellen, Schallwellen und viele andere Arten von Wellen. Ich erfuhr, dass sich unser Naturverständnis durch die Relativitätstheorie und die Erkenntnisse auf dem Gebiet der Quantenmechanik gewandelt hatte. Kürzlich las ich in Brian Greenes Buch ›Das elegante Universum‹, dass die Superstring-Theorie möglicherweise die vereinheitlichte Feldtheorie sei, die sich für Einstein die letzten dreißig Jahre seines Lebens nicht fassen ließ. All die Zeit über konnte ich nicht umhin, mich bei jeder dieser Enthüllungen von neuem zu fragen, ob es vielleicht das sei, was die alten chinesischen Philosophen mit dem Wort Qi gemeint haben.

Meine Stiefmutter, Niang*, starb 1990 an Darmkrebs. Exakt einen Tag vor dem Verlesen ihres Testamentes fand ich heraus, dass ich unerwartet und aus unerklärlichen Gründen enterbt worden war. Des Weiteren fand ich später heraus, dass sich meine Geschwister gegen mich verschworen hatten, um in der Zeit vor ihrem Tod die Wahrheit vor mir geheim zu halten.

* Niang 娘 ist ein chinesisches Wort, das so viel wie Mutter bedeutet.

Zwei meiner Anwaltsfreunde traten an mich heran und rieten mir, Niangs Testament juristisch anzufechten. Sie sagten, sie würden nichts von mir verlangen, weil sie überzeugt seien, dass ich einen Teil des Nachlasses meiner Eltern bekäme, wenn ich ihnen eine Vollmacht erteilte, in meinem Namen Einspruch einzulegen.

Zunächst war ich schwer versucht dies zu tun, da ich schlichtweg entrüstet war, dass mich meine Familie hintergangen hatte. Es gibt nichts Schlimmeres als das Wissen, dass man vorsätzlich betrogen und um sein Geld geprellt worden ist von Menschen, denen man vertraute und von denen man glaubte, sie würden einem weiterhelfen und einen beschützen. Ich war deprimiert, wütend und hoffnungslos unglücklich. Ich konnte nicht mehr schlafen und litt an Appetitlosigkeit. Wieder und wieder versuchte ich, mit meinem Bruder James zu reden, der zum Verwalter des elterlichen Nachlasses bestimmt worden war. Doch er reagierte ablehnend und wünschte, nicht mit mir zu sprechen.

Voller Groll flog ich nach Shanghai und schüttete meiner heiß geliebten Tante Baba mein Herz aus. Ich erzählte ihr etwas von Anwälten und Rechtsprechung, von meinem Leid, ungerecht behandelt worden zu sein, und meinem Streben nach Gerechtigkeit. Sie erwiderte darauf das Folgende:

»Wenn du deine Geschwister verklagst, prophezeie ich dir, dass du noch unglücklicher wirst; denn selbst wenn du nach einem langen Rechtsstreit gewinnen solltest, wäre es ein reiner Pyrrhussieg, da es hier nicht ums Geld geht und dies auch nicht dein Beweggrund ist. Davon abgesehen kann dich kein Gericht der Erde hinlänglich für deinen seelischen Schmerz entschädigen.

Denk an unseren alten chinesischen Begriff des Qi. Was ist Qi? Es steht für die Lebensenergie, die das Universum durchdringt und die Vitalität jedes einzelnen Menschen reguliert und ausbalanciert. Richtig verwendet bedeutet das Wort Qi die Grundlage für Mut, Willensstärke und zielgerichtetes Denken und Handeln.

Das Qi ist abhängig von der moralischen Gesinnung. Wenn du im Innersten fühlst, dass du Recht hast, wirst du selbst den Widerstand Abertausender brechen. Aber wenn du im Innersten das Gefühl hast, dass du falsch liegst, musst du in ständiger Angst leben, selbst wenn dein Widersacher der harmloseste aller Feinde ist. Genau jetzt, in diesem Moment, ist dein ganzes Dasein durchtränkt von deinem Qi. Mach dich auf, und fang etwas Positives damit an. Das Leben ähnelt einem Schachspiel. Denk genau nach, bevor du handelst. Wenn du diesen Bauern hier opferst, wirst du möglicherweise am Ende den gesamten Wettkampf gewinnen. Verlier nie aus dem Sinn, was unser großer Gelehrter Sunzi in seinem Buch ›Die Kunst des Krieges‹ geschrieben hat. Unbesiegbar zu sein liegt bei dir selbst; besiegbar zu sein liegt beim Feind. Eine Person, die ihren Feind kennt, aber auch sich selbst, wird auch in hundert Gefechten keine Gefahr laufen. Doch die allerbeste Methode ist zu gewinnen, ohne zu kämpfen.«

So verzichtete ich darauf, meine Geschwister gerichtlich zu belangen, und begann stattdessen, meinem Bruder James lange Briefe zu schreiben, auf die ich allerdings nie eine Antwort erhielt. Dann trat auf einmal ein seltsamer und spannender Effekt ein. Je mehr ich über die Probleme unserer auseinander gerissenen und innerlich im Konflikt stehenden Familie zu Papier brachte, desto ruhiger wurde ich bei der Verrichtung meiner täglichen Verpflichtungen. Im Laufe der Monate legte sich meine Schlaflosigkeit ganz allmählich. Mein Appetit kehrte zurück. Meine Lebenseinstellung wurde positiver. Ich fing wieder an, Tennis zu spielen und tiefer zu schlafen. Selbst meine Verdauung arbeitete wieder regelmäßiger. Nachdem zwei Jahre verflossen waren, wurde mir klar, dass ich den Rohentwurf eines zur Veröffentlichung geeigneten Manuskripts in Händen hielt. Daher gab ich meine Arbeit als Ärztin auf und machte mich auf die Suche nach einem Agenten. Man könnte es Schreibtherapie nennen. Oder aber die Gabe, durch Zufall unerwartete und glückliche Entdeckungen zu machen. In gewisser Weise ließe sich sagen, dass mein erstes Buch, ›Fallende Blätter‹, eine sichtbare Manifestation der Harmonisierung meines Qi war.

7

DIE HEILKRAFT DER NAHRUNG

以食為療

Yi Shi Wei Liao

»Einer der grundlegenden Unterschiede zwischen uns Chinesen und den Engländern ist der, dass wir Chinesen leben, um zu essen, wohingegen die Engländer essen, um zu leben.« Das erklärte ich meinem Bruder James, als ich ihn in seinen mittelalterlichen Gemächern in Cambridge aufsuchte.

»Es gibt einen weiteren Unterschied, der noch bedeutsamer ist«, erwiderte er. »Für die Engländer ist die wichtigste Komponente für ein glückliches Dasein der Sex. Für uns Chinesen ist es das Essen.«

»Erinnerst du dich«, fragte ich, von nostalgischen Gefühlen übermannt, »an die köstlichen Gerichte, die wir zu unseren Festen gegessen haben? Mit Bohnenpaste gefüllte Mohnkuchen gab es beim Herbstmondfest, sautierte Klebereiskuchen zum chinesischen Neujahrsfest. Mein Lieblingsessen aber waren die *zong zi* 粽子, die wir immer am Tag des Drachenbootfestes aßen …«

»Du meinst *Wu Yue Jie* 五月節 [Das Fest am fünften Tag des fünften Mondmonats oder ›Doppelfünf‹]! Drachenbootfest wird es doch nur von den Briten genannt! Du solltest es schon bei seinem eigentlichen Namen nennen. Schließlich und endlich«, setzte er ein wenig schroff hinzu, »bist du, selbst wenn du in London Medizin studierst, immer noch eine Chinesin, keine Engländerin!«

Ich beschloss, seine Bemerkung zu übergehen, und fuhr fort: »Doppelfünf! Und ich dachte, das Fest wäre irgendwann im Juni! Aber egal, warum haben wir denn eigentlich an dem Tag *zong zi* gegessen?«

James erklärte mir, dass er von dem chinesischen Mondkalender spräche, der darauf aufbaue, dass der Mond die Erde umkreise, nicht von dem westlichen gregorianischen Kalender, dessen Grundlage der Lauf der Erde um die Sonne sei. Der fünfte Tag des fünften Mondmonats fällt für gewöhnlich mit dem Tag der Sommersonnenwende im Juni zusammen. Dieses Fest geht zurück auf das tragische Leben des Qu Yuan 屈原, eines tugendhaften Ministers im Staate Chu im vierten Jahrhundert v. Chr., der sich im Dongting-See ertränkte, um auf die Korruption am Königshof aufmerksam zu machen. Sein Leichnam wurde nie geborgen, und die Leute im Dorf pflegten Essen in den See zu werfen, um ihn mit Nahrung zu versorgen. Offensichtlich erschien Qu Yuans Geist den Dorfbewohnern und beklagte sich, dass ihm ihre Gaben von einem Monster weggeschnappt würden. Um zu verhindern, dass sich dies wiederholte, wies er sie an, die Speisen in Bambusblätter einzuwickeln und nach einem speziellen Rezept zuzubereiten. Die Päckchen sollten mit fünf verschiedenfarbigen seidenen Fäden verschnürt werden. Im Innern befanden sich Küchlein aus klebrigem Reis, gebratenem Schweinefleisch, Kastanien, Lotussamen, Bohnen und dem Dotter von Salzeiern. »Das sind die *zong zi,* von denen du immer so geschwärmt hast«, schloss James seine Erzählung.

»Einmal nahmen die italienischen Nonnen an meiner Schule in Hongkong uns Internatsschülerinnen im Sommer mit nach Aberdeen, wo wir einem Drachenbootrennen beiwohnten. Ich entsinne mich an all die farbenprächtigen Boote, an die Trommler, die aus Leibeskräften auf ihre Instrumente einhieben, an die wehenden Fahnen und die lauten Knallkörper. Der Rumpf des Bootes, das in Führung lag, war smaragdgrün gestrichen; sein ›Gesicht‹ war mit einem leuchtend roten Bart bedeckt, und sein Schwanz war aus blauen Federn gefertigt wie bei einem Pfau. Nach dem Rennen veranstalteten wir ein Picknick, und die Schwestern erstanden bei einem Straßenhändler *zong zi.* Sie waren kochend heiß und schwierig auszuwickeln. Mutter Valentina musste die Fäden schließlich mit einem

Nagelzwicker durchknipsen. Als ich mein Päckchen öffnete, stieg mir ein köstlicher Bambusduft in die Nase. Ich biss in das glänzende süße Reisküchlein, das mit zerstoßenen Datteln und Ginkgonüssen gefüllt war. So etwas Leckeres hatte ich in meinem ganzen Leben noch nicht gegessen.«

»Die Sorte, die du da bekommen hast, wird ›Süßes *zong zi* für ein langes Leben‹ genannt«, erklärte mir James. »Sie sollen angeblich das Erinnerungsvermögen, aber auch die Gesundheit fördern. Seltsam, dass chinesisches Essen immer mit Überlegungen zur Gesundheit in Verbindung gebracht wird. Man kann schwerlich von dem einen sprechen, ohne das andere zu erwähnen. Hier in England würde es niemandem auch nur im Traum einfallen, dir zu erzählen: ›Das ist gesund‹, wenn sie dir deinen Teller mit Fisch und Chips oder Schinken mit Ei hinstellen. In China dagegen scheinen Essen und Medizin ein und dasselbe zu sein. Etwas anderes käme uns gar nicht in den Sinn.«

Wir Chinesen sind in der Tat besessen, wenn es ums Essen geht. Unsere Standardbegrüßung, wenn wir einen Freund treffen, lautet nicht »Hallo, wie geht's?«, sondern »Hast du heute schon eine Mahlzeit (*fan** 飯) zu dir genommen?« Bei einer Zusammenkunft, an der nur Chinesen teilhaben, dreht sich die Unterhaltung für gewöhnlich um ein Gericht, eine Einladung zum Abendessen oder ein Restaurant. Wir ergehen uns fortlaufend in Spekulationen über bevorstehende Mahlzeiten, diskutieren, kommentieren, loben, kritisieren, verurteilen, träumen, planen, fachsimpeln und tauschen Informationen zum Thema aus. Einem in der alten Heimat aufgewachsenen Chinesen gegenüber braucht man nur den Namen eines Lokals zu erwähnen, in dem es schmackhafte Shanghai-Krabben gibt, schon kann man sehen, wie seine Miene sich aufhellt. Für eine gute Mahlzeit sind wir gerne bereit, eine weite Fahrt auf uns zu nehmen und auch tief ins Portemonnaie zu greifen.

* Das wort *fan* bedeutet sowohl Mahlzeit wie auch gekochter Reis. In Südchina ist Reis das Hauptnahrungsmittel. Ungekochter Reis heißt *mi* 米.

Das Wissen ums Kochen und die Freude daran werden nicht nur als Kunst betrachtet, sondern sind auch ein Maßstab dafür, wie kultiviert jemand ist. Bekannte Staatsmänner und Intellektuelle fanden es nicht unter ihrer Würde, in ihren Schriften eine Lobeshymne auf irgendein Gericht anzustimmen. Und auch der Ehre berühmter Dichter und Philosophen tat es keinen Abbruch, wenn sie in ihren Liedern und Versen beim Thema Essen haltlos ins Schwärmen gerieten. So gibt es bei uns ein Gericht aus Schweinefleisch (*Dong Po Rou* 東坡肉), das nach einem Poeten der Song-Dynastie benannt ist, und ein Hühnchengericht (*Zuo Gong Ji* 左公鷄), das seinen Namen einem berühmten General verdankt.

Die meisten Chinesen sind Feinschmecker und würden dem französischen Gourmet Brillat-Savarin beipflichten, dass die Entdeckung eines neuen Gerichtes dem Glück der Menschheit zuträglicher ist als die Entdeckung eines neuen Sterns. Die Franzosen sind allseits bekannt dafür, dass sie kulinarische Fragen sehr ernst nehmen, doch wenig Leuten ist bewusst, dass wir Chinesen dem Essen ebenfalls große Wichtigkeit beimessen. Der Unterschied zwischen den beiden Nationen liegt darin, dass die Franzosen ihre Spitzenleistungen mit einem Maximum an Aufwand und Zutaten vollbracht haben, während die Chinesen ihre beeindruckendsten Ergebnisse gerade dadurch erzielt haben, dass sie ein Minimum davon eingesetzt haben.

In Folge der Überbevölkerung und der häufigen Naturkatastrophen waren Hungersnöte in China gang und gäbe. Eines Tages, als meine Eltern wieder einmal nach Tianjin gefahren waren, stibitzten meine Tante und ich etwas heiße Suppe aus der Küche und schöpften sie in den Blechnapf eines kleinen Mädchens, das an unserer Tür stand und bettelte. Selbst heute noch sehe ich ihre knochigen, hoch gezogenen Schultern vor mir und die freudige Erregung in ihrem Blick, als sie mit beiden Händen das dampfende Gefäß an die Lippen führte, um gierig den Inhalt zu schlürfen.

Die Leute waren oft hungrig und stürzten sich mehr oder weniger auf alles, was in irgendeiner Weise essbar war. Als Delikatesse gelten bei uns die verschiedensten Nahrungsmittel, angefangen bei getrocknetem Fisch und Meeresfrüchten (wie Shrimps, Jakobsmuscheln, Seegurken, Austern, Quallen, Haifischflossen und Algen) über »Schwalbennester«, Dörrfrüchte und -gemüse wie Mandarinenschalen bis zu Melonenkernen, Lilienblüten, Pilzen, Wolkenohren* (*yun er* 雲耳) und Glasnudeln. Im Westen würde man vieles davon, ohne es eines weiteren Blickes zu würdigen, in den Mülleimer befördern.

Das exotisch klingende »Schwalbennest« zum Beispiel ist in Wirklichkeit ein von Schwalben vorverdautes und wieder hochgewürgtes Protein, das aus deren Nestern genommen wird – Nestern, die sich hoch oben auf den Klippen oder am oberen Rand von Schluchten befinden, von wo aus man einen Blick über die Weite des Ozeans hat. Es ist von einem zarten Cremegelb, besteht aus trockenen, dünnen Kringeln und besitzt eine glänzende, harte Oberfläche. Genau wie Tofu hat es einen unaufdringlichen Geschmack und lässt sich beim Kochen gut mit anderen Zutaten vermischen. Der Unterschied zu Tofu besteht allerdings darin, dass man es stundenlang einweichen, säubern und von Federn befreien muss. Dies ist möglicherweise der Grund dafür, dass es geradezu verboten teuer ist und in China zu einem Statussymbol und zu einem nicht wegzudenkenden Gericht bei offiziellen Banketten geworden ist. Trotzdem würden mir wohl viele Leute beipflichten, dass es ziemlich fade schmeckt.

In der Provinz Sichuan gibt es ein köstliches Entengericht, das mit einem speziellen Gewürz namens *dong chong xiao cao* 冬蟲夏草 aromatisiert ist. Eines Tages erzählte mir ein chinesischer Mikrobiologe und Kollege meines Mannes, der bei einem Dinner in Chengdu, der Hauptstadt von Sichuan, neben mir saß, dass sich dieses Gewürz in Wirklichkeit als eine Art fadenförmiger Auswuchs an einer verdorrten Raupe bilde, die von einem

* Wolkenohren ähneln den Baum- oder Holzohren (*mu err* 木耳). Beides sind Basidienpilze mit einem delikaten Aroma. Sie schützen vor Herzinfarkt, indem sie die Blutungszeit verlängern und der Bildung von Blutgerinnseln in den Herzkranzgefäßen vorbeugen.

Schmarotzerpilz befallen und getötet worden sei – daher sein wurmartiges Aussehen. Während ich noch über diese Information nachdachte, die meine anfängliche Begeisterung für das Gericht zugegebenermaßen rapide dahinschmelzen ließ, fügte er hinzu, dass es auch ein großartiges Tonikum und sehr *bu* 補, sehr nahrhaft und bekömmlich, sei. »Dieses Gewürz ist einzigartig, weil es eine Kombination aus Yin und Yang enthält. Wie sein Name schon vermuten lässt, gliedert sich sein Leben in zwei Phasen. Es beginnt als Raupe im Winter und verwandelt sich dann im Sommer in ein Gewächs. *Dong chong xia cao* bedeutet ›Winterwurm, Sommerkraut‹. Traditionelle chinesische Ärzte«, fuhr er stolz fort, »verordnen *dong chong xia cao* gegen Schwindsucht, Gelenkschmerzen und Stechen in der Lendengegend. Heutzutage sind wir dabei, einige interessante positive Eigenschaften an Pilzen zu entdecken, die aus diesem Zwischending zwischen Tier und Pflanze, Gewürz und Heilpflanze isoliert worden sind.«

»Zu meiner Jugendzeit in Shanghai«, gab ich nun meinerseits zum Besten, »habe ich oft Kinder die Rinde der Bergahornbäume essen sehen, die unsere Straße säumten. Vielleicht findet diese Rinde ja auch eines Tages Verwendung in der chinesischen Küche.«

Im Süden ist Reis die Basis jeder Mahlzeit, im Norden dagegen sind die Grundnahrungsmittel im Wasserdampf »gebackenes« Brot, Nudeln und Hirse. *Cai* 菜, das Wort für Gemüse, bedeutet auch »Gericht, das zum Reis serviert wird«. Fleisch wird prinzipiell in dünne Scheibchen geschnitten und mit dem Gemüse zusammen gekocht, beinahe wie ein Würzmittel.

Diese einzigartige Art und Weise zu kochen mag sich als Folge der Nahrungsmittelknappheit und der Armut herausgebildet haben, doch paradoxerweise wird die traditionelle Kost der chinesischen Landbevölkerung mittlerweile von zahlreichen Ärzten im Westen als die »ideale« Kost angesehen, um gesund zu bleiben, Fettleibigkeit vorzubeugen und das Leben zu verlängern. Da Fleisch, Öl und Brennstoff teuer und knapp waren, ernährte der sparsame chinesische Bauer seine Familie fast ausschließlich mit Getreide (Reis) und Gemüse. Fleisch, für gewöhnlich vom Schwein, kam nur an bedeutenden Festtagen wie dem chinesischen Neujahr auf den Tisch. Für die einfache chinesische Bevölkerung besteht ein sättigendes Mahl in gedünstetem Reis, Suppe und zwei verschiedenen *cai* als Beilage zum Reis: Häufig gibt es einen Teller voll frischem, kurz angebratenem Gemüse mit feinen Scheibchen Fleisch oder Fisch und/oder einer Portion Tofu.

Der Wok wurde vermutlich erfunden, um Brennstoff und Öl zu sparen. In diesem dünnwandigen metallenen Kochgerät mit dem gewölbten Boden lässt sich ein winziger Tropfen Öl gleichmäßig von der Mitte bis zum Rand verteilen und anschließend blitzschnell erhitzen. Seine große Garfläche ist ideal zum Kurzbraten, Dünsten, Dämpfen, Schmoren oder Pochieren. Viele professionelle Köche betrachten den Wok als das genialste Küchenutensil, das je erfunden wurde.

Bei der Zubereitung chinesischer Speisen schneidet man Fleisch und Gemüse vor dem Zubereiten herkömmlicherweise in kleine, mundgerechte Stückchen, damit sie den Geschmack der übrigen Zutaten besser aufnehmen. Auch hilft diese Methode, Brennstoff zu sparen. Sie existiert schon so lange, dass während der Zhou-Dynastie (1027 bis 256 v. Chr.) Kochen als *ge* 割 *peng* 烹 bezeichnet wurde. *Ge* bedeutet »schneiden«, und *peng* bedeutet »sieden oder kochen«.

Mein Vater pflegte häufig mit meiner eurasischen Stiefmutter, Niang, nach Europa oder Amerika zu reisen. Sie beklagte sich stets, dass er, gleich welche Stadt sie besuchten, darauf bestand, in chinesischen Restaurants zu speisen. Eines Mittags waren sie in einem renommierten französischen Lokal in Paris eingeladen, das vom ›Guide Michelin‹ mit drei Sternen ausgezeichnet worden war. Während sie dort saßen, rührte mein Vater seine Kalbskoteletts, den pürierten Spinat und das Käsesoufflé fast nicht an. Kaum hatte sich die Gesellschaft jedoch aufgelöst, ging er in eine nahe gelegene chinesische Imbissstube. Dort schlang er zwei Schalen gekochten Reis, gebratenen Tofu mit Pilzen und sautierten Kohl mit Schinken hinunter. Als Niang protestierte, verteidigte er sich standhaft.

»Wenn ich keinen Reis zu mir nehme, fühlt sich mein Magen nicht gut an, und ich habe den Eindruck, nicht vernünftig gegessen zu haben«, erklärte er ihr.

»Hättest du nicht wenigstens warten können, bis wir wieder im Hotel sind, und dann noch einmal losgehen? Mister Baker und Monsieur Trudeau haben dich wahrscheinlich gesehen, wie du nach dem Verabschieden Hals über Kopf in dieses Lokal gestürzt bist. Sie standen noch da und haben auf ihr Taxi gewartet!« (Baker war Vaters englischer Bankier und Trudeau sein Finanzberater. Während des Mittagessens hatte Trudeau sich genüsslich über seinen Hummer hergemacht, während Baker mit geistesabwesender Miene in seinem Roastbeef herumgestochert hatte, ganz offenkundig zu bedeutend, um sich mit solch nichtigen Dingen wie Essen zu befassen.)

Vater wischte ihre Einwände zur Seite. »Das Problem beim westlichen Essen ist, dass es fade schmeckt. Jede Zutat wird gesondert gekocht. Es ist so einfallslos: ein Stück Fleisch ganz allein ohne Gemüse, so dass sich die Geschmacksnoten nicht vermischen können. Derart serviert sieht das Fleisch einsam und wenig verlockend aus. Dann gibt es kaum irgendein Gemüse, das diesen Namen verdient hätte. Anstatt meinen Spinat kurz mit ein bisschen Knoblauch anzubraten, haben sie ihn zu Tode gekocht, und das Beste, das Wasser, in dem er gegart wurde, haben sie weggegossen. Der Sud hätte noch so eine erfrischende klare Brühe abgegeben. Und schließlich gab es keinen Reis!«

»Wie kannst du nur tagein, tagaus Reis essen, wird dir das denn nicht langweilig?«, warf Niang ein. »Braucht dein Gaumen überhaupt keine Abwechslung?«

»Wirst du es müde, Wasser zu trinken, wenn du durstig bist?«, fragte Vater rhetorisch. »Natürlich nicht! Reis ist einfach eine Grundzutat. Denk doch mal an die Weinprobe, bei der wir gestern waren. Wir bekamen alle ein Glas Wasser und sollten unseren Mund vor jedem neuen Schlückchen Wein damit ausspülen, damit die verschiedenen Geschmackssorten wirklich ihr volles Aroma entfalten können. Dieselbe Theorie gilt für Reis. Das ist unser chinesisches Pendant. Nehmen wir einmal an, du hast ein Stückchen Tofu zu dir genommen. Dann einen Bissen Reis. Schieb ein oder zwei Pilze hinterher. Neutralisier ihren Geschmack mit Reis. Iss einen Mund voll Kohl. Jetzt pick dir mit den Stäbchen wieder ein wenig Reis aus der Schale. Und so weiter. Andernfalls sind die Aromen nicht mehr voneinander zu unterscheiden!«

Dies war ein ständiges Streitthema zwischen den beiden. Wie viele Chinesen tendierte Vater zum Vegetarismus. Sein Lieblingsessen bestand aus gedünstetem Reis, Tofu, frischem Saisongemüse und Salzfisch.

Beim Aufkommen der beinahe fleischlosen Kost, die auch mein Vater bevorzugte, mögen Taoismus und Buddhismus eine bedeutende Rolle gespielt haben. Der Taoismus legte großen Wert auf die Rückkehr zur Natur, während der Buddhismus das Töten ausdrücklich untersagte. Beide Denkrichtungen hielten ihre Anhänger dazu an, auf Fleisch zu verzichten. Selbst heute tendieren viele Chinesen zum Vegetarismus, auch wenn nur wenige strenge Vegetarier sind. Und es gibt ein chinesisches Sprichwort, das Fleischfresser für verachtenswert erklärt.

Nach der Beisetzung meiner Großmutter im buddhistischen Tempel in Tianjin 1943 kamen unsere Verwandten und Freunde von dort direkt mit zu uns nach Hause, wo ein ausgiebiges und üppiges Mahl serviert wurde. Obwohl unser Essen normalerweise von einem Koch und sieben Mädchen zubereitet wurde, waren Speisen und Getränke für dieses besondere »Bankett« vom Tempel geliefert worden. Allerlei *Cai*-Gerichte wurden in aufeinander gestapelten Bambusdampfkörben warm gehalten und von buddhistischen Mönchen mit kahl geschorenen Häuptern gebracht. Es folgte ein Gang auf den anderen, einschließlich falschem Täubchen, falscher Ente, falschem Schinken und falschem gewürztem Hühnchen. Das ganze »Fleisch« war aus Weizengluten oder Tofuscheiben hergestellt, glich aber in Aussehen und Geschmack her exakt seinem jeweiligen Namensgeber. Zum Nachtisch gab es zähe süße Sesambällchen, glasierte Äpfel und Acht-Schätze-Reispudding (*ba bao fan* 寶飯). Letzterer bestand aus Jujube-Früchten (chinesischen Datteln), Aprikosen, Litschis, Birnen, Pfirsichen,

Lotussamen und Roter-Bohnen-Paste, die zusammen mit klebrigem Reis gekocht worden waren. Als mein ältester Bruder verkündete, das sei das beste Mahl seines Lebens gewesen, mussten alle lachen. Dann fügte er noch hinzu: »Ich hätte das gleiche Essen gern noch mal in einem Monat, bitte. Dann könnte ich es ohne schlechtes Gewissen genießen.«

In China musste man im Laufe seiner langen Geschichte stets mit einer möglichen Hungersnot und Naturkatastrophen rechnen. Die Lebenserwartung war niedrig, Unterernährung weit verbreitet und Nahrung stets knapp. Nach und nach gelangten die Chinesen zu der Überzeugung, dass vielen Speisen, je nach Konstitution desjenigen, der sie zu sich nimmt, eine heilende Wirkung eigen sei. Alles, was gut für den Körper ist, wird sowohl als Essen wie auch als Medizin angesehen. Sun Simiao 孫思邈, ein chinesischer Naturheilkundiger aus dem sechsten Jahrhundert v. Chr., schrieb: »Ein guter Arzt findet als Erstes einmal die Ursache der Krankheit heraus. Wenn er diese festgestellt hat, versucht er in einem nächsten Schritt, sie durch eine entsprechende Ernährung zu kurieren. Erst wenn dies nichts hilft, verordnet er eine Medizin.« Der Satz »Man ist, was man isst« entspricht dem chinesischen Diktum *Yi shi wei liao* (Die Heilkraft der Nahrung).

Schätzungsweise ein Viertel der Pillen, die in der westlichen Welt im Umlauf sind, werden aus Pflanzen hergestellt. In China gibt es eine Kur, die unter dem Namen *shi liao* 食療 (Diätetik) bekannt ist und in verschiedenen medizinischen Einrichtungen durchgeführt wird; dort werden spezielle Rezepte entwickelt, die darauf abzielen, Krankheiten wie Diabetes, Bluthochdruck, Arteriosklerose und Krebs zu bekämpfen. Anstatt verschreibungspflichtige Tabletten einzunehmen oder sich chirurgischen Eingriffen zu unterziehen, wird der einzelne Patient dazu angehalten, eine spezielle Diät zur Behandlung seiner individuellen Beschwerden zu befolgen; verordnet wird sie von Ärzten, die zugleich Ernährungsexperten sind.

In der zweiten Hälfte des zwanzigsten Jahrhunderts kam der Amerikaner Nathan Pritikin zu dem Schluss, dass die alte chinesische Vorstellung von den gesundheitsfördernden Eigenschaften der Nahrung richtig sei. In der Annahme, dass in der Nahrung enthaltenes Cholesterin eine der Hauptursachen für Herzgefäßerkrankungen sei, entwickelte er die fett- und cholesterinarme Pritikin-Diät. Die Bedeutung der richtigen Kost bei der Förderung der Gesundheit und der Vorbeugung gegen Krankheiten ist mittlerweile weithin anerkannt und akzeptiert.

Die Longs zählten mit zu den reichsten Erben in Amerika. Eines Tages besuchte Dr. Tony Temple, ein befreundeter Arzt, seinen Patienten John Long in seinem Haus in Florida, wo John sich von einem noch nicht lange zurückliegenden Herzinfarkt erholte. Während seines Krankenhausaufenthalts vorgenommene Untersuchungen hatten gezeigt, dass John darüber hinaus erhöhte Cholesterinwerte sowie Prostatakrebs hatte.

Als er das Haus betrat, bemerkte Tony sechs schäbig gekleidete chinesische Arbeiter, die im Hinterhof mit Schmetterlingsmotiven verzierte Fliesen verlegten. Johns Ehefrau erklärte, sie würde gerade einen chinesischen Garten anlegen und hätte diese Mannschaft aus Suzhou in der Volksrepublik China angeheuert. Die Männer seien zwar ungebildet, hätten jedoch Erfahrung und Geschick im Fliesenlegen.

Zum Mittagessen setzte John sich im Bett auf. Tony war entsetzt, als er Pilzcremesuppe, Lammkoteletts mit Pommes frites und Apfelkuchen auf seinem Tablett erblickte. »Diese Mahlzeit ist extrem fett- und cholesterinhaltig. Das ist schlecht für dein Herz und deine Prostata. Du brauchst frisches Gemüse und Tofu«, sagte er mahnend. »Warum versuchst du nicht mal die Pritikin-Diät?«

»Die schmeckt doch nach gar nichts! Ich hab's probiert, aber das Zeug bring ich nicht runter. Ich möchte mein Essen genießen! Essen sollte ein Vergnügen sein, keine Pflicht.«

In ebenjenem Moment stieg ihnen ein köstlicher Duft nach gebratenen Zwiebeln und Knoblauch in die Nase, der vom Garten heraufwehte. Tony öffnete die Fensterläden und spähte hinaus. Die chinesischen Arbeiter saßen auf dem Hosenboden um einen Kocher herum und aßen zu Mittag: frische Tomatensuppe, gedämpften Reis, kurz angebratenen Kohl und gewürztes Tofu aus dem Wok mit sautiertem Knoblauch und Chili. Tony und den Longs wurde schockartig klar, dass sechs mittellose Arbeiter aus China eine gesündere und wohlschmeckendere Kost zu sich nahmen als ihr milliardenschwerer amerikanischer Arbeitgeber!

Das chinesische Wort für »Arzt« lautet *yi sheng* 醫生 (Lebensheiler) und beschreibt einen ganzheitlichen Ansatz, der in krassem Gegensatz zum westlichen Bild eines Arztes steht. Die traditionellen chinesischen »Heilmittel« sind weder Spritzen, Pillen noch Elixiere, sondern sie bestehen aus Pflanzen und/oder tierischen Ingredienzien, die in Tee, Suppe oder Eintopf mitgekocht werden. Das Hauptaugenmerk liegt auf dem Aussehen und dem Geschmack. Speisen, die als besonders stärkend gelten, werden als *bu* beschrieben. Ihnen wird nachgesagt, dass sie das Qi eines Patienten wieder auffüllen und kräftigen, seine Immunabwehr verbessern und seine Selbstheilungskräfte fördern.

Im Westen werden Nahrungsmittel entweder nach biochemischen Kriterien unterteilt (in protein-, fett- und kohlenhydrathaltige Sorten), oder nach ihrem Kaloriengehalt (in fette oder fettarme Produkte). Die Kantonesen in Südchina tendieren dazu, Nahrungsmittel gemäß ihrer thermischen Wirkung in zwei Hauptkategorien einzuteilen: heiß oder kalt.

Heiße oder *re* 熱 Nahrungsmittel erzeugen *re qi* 熱氣 (heißes Qi), das zuträglich oder schädlich sein kann, ganz nach der jeweiligen Verfassung des Patienten. Gutes *re qi* sorgt für Energie, verbessert die Verdauung und regt den Stoffwechsel an. Schlechtes *re qi* verschlimmert Infektionen und Fieber. Als Beispiele für *re*-Nahrung wären Ingwer, Chili, Knoblauch, Kastanien und Rindfleisch zu nennen.

Kalte oder *liang* 涼 Nahrungsmittel erzeugen *liang qi* 涼氣 (kaltes Qi). Auch hier kann dieselbe Speise zu unterschiedlichen Zeiten positiv oder negativ wirken. Gutes *liang qi* wirkt reinigend und beruhigend. Es schafft

Linderung bei Fieber und anderen Manifestationen von gesteigertem *re qi*, wie Bläschen und Geschwüren, und unterstützt die Verdauung. Ein Übermaß an *liang qi* verursacht eine laufende Nase, Durchfall und Unwohlsein. Gurken, Brunnenkresse, Kopfsalat und die meisten Früchte werden als *liang*-Nahrungsmittel eingestuft.

Die Vorstellung von »heißer« und »kalter« Nahrung entspricht der chinesischen Idee, das Universum in Yin-Yang-Gegensätze zu unterteilen, die in einem fortwährenden Zyklus miteinander verfließen. Gesundheit wird als ein Zustand begriffen, in dem sich sowohl Körper und Geist als auch Körper und Umwelt im Gleichgewicht befinden. Krankheit tritt ein, wenn diese Balance gestört ist. Das Ziel eines Arztes ist es, diese Balance wiederherzustellen oder, besser noch, die Gesundheit des Patienten so gut zu erhalten, dass er gar nicht erst krank wird.

In der traditionellen chinesischen Medizin werden Nahrungsmittel als Tonika eingesetzt, um die Auswirkungen schädlicher Umweltfaktoren (wie Rauch, Staub, Hitze oder Krankheitserreger) abzuwehren oder die Schäden zu »reparieren« sowie den Folgen von Stress, Verlust, Depression und Müdigkeit entgegenzuwirken. Medikamente zu verschreiben, um eine Krankheit zu kurieren (statt eine Krankheit durch entsprechende Ernährung zu verhindern) wird als zu wenig und zu spät betrachtet: Dies gleicht in gewisser Weise dem »Versuch, mit den eigenen Streitkräften einzumarschieren, nachdem der Feind die Stadt schon besetzt hat«.

Wenn ich als kleines Mädchen auf dem Schulweg die Avenue Joffre in Shanghai entlanglief, blieb ich häufig vor einer besonders großen chinesischen Apotheke stehen und spähte durchs Schaufenster hinein. Es war schwierig, den Unterschied zwischen dieser »Kräuterapotheke« und einem Lebensmittelgeschäft auszumachen. Säuberlich etikettierte Gläser mit Blättern, Wurzeln, Rinde, Stielen, Pilzen und Ginseng standen Seite an Seite mit Rhinozeroshörnern, Hirschgeweihen, Knochenstücken, getrockneten Pilzen, Schwalbennestern, Holzohren, Haifischflossen, Jujube-Früchten (chinesischen Datteln), getrockneten Mandarinenschalen, Drachenaugen (eine köstliche runde Frucht, auch als Longan bekannt) sowie Flaschen mit Reiswein. Ja, einige dieser Flaschen enthielten sogar solch exotische Ingredienzien wie in einer dunklen Flüssigkeit schwimmende Tigersehnen.

Eines Tages, als ich mit Husten, Schnupfen und hohem Fieber im Bett lag, ging Tante Baba persönlich in die Küche hinunter und braute mir eine große Schale mit delikater Suppe, die sie mir kochend heiß servierte; sie war dickflüssig und enthielt eine mysteriöse Zusammenstellung an Zutaten, einschließlich verschiedener Kräuter, Datteln, Ginkgonüssen, Schinken, Huhn, Wintermelone und Pilzen. Das Beste daran war, dass sie mir erlaubte, mit drei Kissen im Rücken einfach da zu sitzen, während sie mich fütterte, als sei ich noch ein Baby. Selbst heute erinnere ich mich noch an ihre sorgenvoll gerunzelte Stirn, als sie auf die Suppe blies, Löffel für Löffel, damit diese etwas abkühlte, bevor sie sie mir in den Mund schob. »Der Arzt, der dich gestern untersucht hat, sagte mir, dass dein Qi nicht harmonisch sei«, teilte sie mir mit. »Du hast Glück, Mädchen, weil dein Arzt traditionelle chinesische Medizin und nicht westliche Medizin praktiziert. Daher hat er dir statt schmerzhafter Spritzen und lästiger Pillen diese köstliche Suppe verordnet. Sie wird denselben Zweck erfüllen: dich zum Schwitzen bringen, das Fieber vertreiben und dein Qi in Balance bringen, damit du wieder auf die Beine kommst.«

Aus irgendeinem Grund fing ich an zu weinen. Weshalb? Das wusste ich selbst nicht so richtig. War es, weil ich Kopfweh und Gliederschmerzen hatte? Oder weil ich keine Worte fand, um dieses Gefühl der inneren Ausgehöhltheit zu beschreiben? Ich hätte meiner Tante gern gesagt, wie dankbar ich dafür war, sie an meiner Seite sitzen zu sehen. Ich wusste sehr wohl, dass es zwar jede Menge Menschen im Haus gab, ich für diese aber bedeutungslos war und nichts zählte. Im Grunde waren sie und Ye Ye wahrscheinlich die einzigen beiden Menschen auf der ganzen Welt, denen etwas an mir lag. Niemand sonst kümmerte es, ob ich krank oder niedergeschlagen war, einsam oder ängstlich, ob mich hungerte oder fror, ob ich tot oder lebendig war.

Sie trocknete meine Tränen und sagte schelmisch: »Na, na! Neun Jahre alt und weint noch wie ein Baby! Was soll ich bloß mit dir machen? Wenn du schön lächelst, bring ich dir eine Überraschung! So ist's besser! Eigentlich kann ich es dir ja auch gleich sagen. Zum Nachtisch bekommst du eine ganze, mit Kräutern gefüllte Birne, die lange in einem kleinen Tontopf geschmort hat.«

Obwohl ich glühte vor Fieber, fühlte ich mich in jenem Moment glücklich und geborgen. Meine Eltern wurden nicht vor dem darauf folgenden Wochenende aus Tianjin zurückerwartet, und meine Tante hatte während ihrer Abwesenheit das Sagen. Ich fragte sie nach dem Rezept für die heilkräftige Suppe und die Birne, und sie schrieb es mir auf. In jener Nacht träumte ich, ich sei schwer krank und würde ins örtliche Krankenhaus eingeliefert, das sich dann allerdings als Nobelrestaurant entpuppte! Die Patienten lagen durchweg im Bett und erhielten dort (von Kellnern im Smoking) ihre Mahlzeiten serviert. Als der Arzt zur Visite erschien, hielt er kein medizinisches Werk in Händen, sondern ein Kochbuch, an dem eine Speisekarte befestigt war. Er fühlte meinen Puls und teilte mir mit, dass mein Yin und Yang nicht mehr in Balance seien, schrieb ein »Rezept« aus seinem Kochbuch ab und reichte es mir. Wie sich herausstellte, handelte es sich um ein Rezept für meine süßsaure Lieblingssuppe! Unglücklicherweise wachte ich auf, bevor ich von meiner neuen Medizin kosten konnte.

Sojabohnen wurden in China schon zu Zeiten angebaut, als es noch gar keine schriftlichen historischen Aufzeichnungen gab. 1790 wurden sie nach England importiert und in den Royal Botanic Gardens in Kew angepflanzt; dann soll sie Thomas Jefferson von Europa aus in die USA gebracht haben. Frische Sojabohnen (in Japan als *edamame* bekannt) schmecken vorzüglich blanchiert und kalt serviert. Die geschälten grünlichen Bohnen besitzen einen nussigen Geschmack, die pelzigen Hülsen dagegen sind zum Verzehr nicht geeignet. Die Chinesen braten frische Sojabohnen mit Pilzen, Bambussprossen oder anderem Gemüse kurz an und servieren sie dann mit Reis.

Sojabohnen können zu Sojabohnenquark (Tofu) verarbeitet werden (der sich auch gefriertrocknen lässt), zu Sojamilch, Sojamilchpulver, Sojaeiweißkonzentraten, Sojafleisch, -mehl und -öl. Aus fermentierten Sojabohnen lässt sich Sojasauce herstellen, chinesische Bohnenpaste oder japanisches Miso.

Die vier gängigsten Sojabohnenerzeugnisse in China sind: Tofu, Sojasauce, Bohnenpaste und Tofuscheiben. Sojasauce und Bohnenpaste werden beide hergestellt, indem die Sojabohne zum Gären gebracht wird. Dieses Verfahren war bereits zu Zeiten der Zhou-Dynastie (1100 bis 255 v. Chr.) üblich: Alte Schriften aus jener Epoche belegen, dass ein kaiserlicher Hofkoch dazu angehalten war, jährlich 120 Gläser fermentierte Sojabohnen zu liefern. Nach dem *Shih Ji* 史記 (›Aufzeichnungen des Historikers‹), das während der Frühen Han-Dynastie (206 v. bis 23 n. Chr.) verfasst worden ist, gelangten viele Kaufleute durch die Herstellung und den Verkauf von Sojabohnenprodukten zu Reichtum und Titeln.

Tofu wurde zum ersten Mal während der Han-Dynastie hergestellt: von Liu An 劉安 (gestorben 122 v. Chr.). Das Wort *dou* 豆 bedeutet Bohne; das Wort *fu* 腐 bedeutet »fermentiert«. Tofu heißt so viel wie fermentierte Bohne oder Bohnenquark. Um Tofu herzustellen, werden getrocknete Sojabohnen in Wasser eingelegt, damit sie aufweichen. Dann werden sie unter Beigabe von Wasser zu einer milchartigen Flüssigkeit vermahlen. Diese »Milch« wird dann mit gereinigtem Gips (Kalziumsulfat) zum Gerinnen gebracht, wodurch Tofu entsteht. Von jeher ist Tofu aus der chinesischen Küche nicht wegzudenken – wegen seines hohen Gehalts an Proteinen, Vitaminen und Faserstoffen und weil er billig ist; außerdem besitzt er die einzigartige Fähigkeit, das Eigenaroma von Fleisch, Fisch, Kräutern oder jedem beliebigen anderen Nahrungsmittel, das zusammen damit gekocht wird, zu absorbieren und zu verstärken.

Die Chinesen haben Sojaprodukten seit alters positive Eigenschaften zugeschrieben. Mein Großvater pflegte allmorgendlich eine Schale heiße Sojamilch zu trinken, um »sich gegen die Kälte zu wappnen und sein Qi zu stärken«.

Heutzutage werden westliche Wissenschaftler zunehmend darauf aufmerksam, dass Sojabohnen tatsächlich verschiedene einzigartige Substanzen enthalten, so genannte Phytochemikalien und Oligosaccharide, die vorbeugend gegen manche Krankheiten wirken. Phytochemikalien sind von Pflanzen produzierte biochemische Stoffe, die der Gesundheit dienlich sind. Zu den in der Sojabohne entdeckten Stoffen gehören unter anderem die Isoflavone Genistein und Daidzein, welche allem Anschein nach, gemeinsam mit den darin enthaltenen Proteinen, Frauen vor Brustkrebs schützen und Männer vor Prostatakrebs. Hinzu kommt, dass Isoflavone dazu beitragen, den Cholesterinspiegel zu senken und Herzerkrankungen vorzubeugen, die Knochendichte zu erhalten und Osteoporose bei Frauen nach der Menopause zu verhindern, Hitzewallungen während der Menopause zu mildern sowie die Nierenfunktion zu verbessern.

Oligosaccharide sind aus mehreren Einfachzuckern aufgebaute Kohlenhydrate, die nach jüngsten Erkenntnissen der Forschung eine wichtige Rolle für die Gesundheit spielen. Sie regen das Wachstum »guter« Bakterien, wie etwa der Bifidobakterien im Darm, an. Die Bindungen dieser Zucker werden von keinem der Enzyme im Dünndarm angegriffen, was ihnen erlaubt, unversehrt in den Dickdarm zu gelangen.

Inwiefern tragen Sojabohnen nun dazu bei, das Risiko einer Krebserkrankung zu verringern? Abhängig von dem Ort und der Art des Krebses, spielen Isoflavone und Oligosaccharide eine ganz eigene und völlig unterschiedliche Rolle. Isoflavone weisen eine ähnliche Struktur auf wie das natürlich vorkommende Hormon Östrogen. Brustkrebs entsteht, wenn Östrogene in den Brustzellen an Östrogenrezeptoren andocken. Die Isoflavone »konkurrieren« mit den menschlichen Östrogenen, indem sie an dieselben Rezeptoren andocken und die Bindung der Östrogene blockieren. Auf diese Weise helfen sie vor einer Brustkrebserkrankung zu schützen. Des Weiteren scheinen sie nicht nur die Bildung neuer Blutgefäße an vom Tumor befallenen Stellen zu vereiteln, sondern auch die Aktivität der »Krebsenzyme« herabzusetzen, die gesunde Zellen in Krebszellen verwandeln. Daher sinkt durch den Verzehr von Sojaprodukten nicht nur die Wahrscheinlichkeit, an Brustkrebs zu erkranken, sondern er beugt auch zahlreichen anderen Krebsarten, wie zum Beispiel Prostatakrebs, vor.

Die Oligosaccharide entfalten ihre günstige Wirkung vornehmlich im Dickdarm. Sie scheinen das Wachstum »guter« Bakterien zu fördern, während sie die Vermehrung »schädlicher« Bakterien bremsen und so dazu beitragen, die Entstehung von Dickdarmkrebs und Colitis ulcerosa (Dickdarmentzündung) zu verhindern.

Inwiefern helfen Sojabohnen, den Cholesterinspiegel zu senken und vor Herzkrankheiten zu schützen? Da die Sojabohne ein Gemüse ist und kein Cholesterin enthält, trägt der Verzehr von Sojaprodukten (statt Fleisch) und das Trinken von Sojamilch (statt Kuhmilch) auf natürliche Weise dazu bei, den Cholesteringehalt im Blut zu verringern. Untersuchungen haben ferner ergeben, dass durch den Verzehr von Sojaprodukten der Anteil von »schlechten« oder »leichten« Lipoproteinen von geringer Dichte im Blut zurückgeht, während der Anteil von »guten« oder »schweren« Lipoproteinen hoher Dichte konstant bleibt. Darüber hinaus wirkt Soja einem schädlichen Einfluss von Cholesterin auf den Körper entgegen, indem es seine Oxidation verhindert. Und schließlich scheint Soja Blutgerinnsel und die Bildung von Ablagerungen in Blutgefäßen einzudämmen und so vor Herzinfarkten, Schlaganfällen und Angina pectoris zu schützen.

Auf welche Weise wirkt der Verzehr von Sojabohnen der Entstehung von Osteoporose entgegen? Große Mengen von tierischen Proteinen zu sich zu nehmen scheint unseren Knochen Kalzium zu entziehen und dessen Ausscheidung anzuregen. Kalziumverlust aber führt zu Osteoporose. Soja verhindert die Zersetzung der Knochen und trägt auf diese Weise dazu bei, ihre Dichte zu erhalten. Die oben erwähnten Oligosaccharide in der

Sojabohne erleichtern offenbar auch die Kalziumaufnahme im Dickdarm. Hinzu kommt, dass Tofu unter Verwendung von Kalziumsulfat (Gips) hergestellt wird, was es zu einem kalziumreichen Nahrungsmittel macht. Angereicherte Sojamilch, Sojabohnen und Sojafleisch sind allesamt gute Kalziumquellen.

In welcher Hinsicht sind Sojabohnen für Frauen während der Menopause gut? Typische Symptome wie nächtliche Schweißausbrüche, Hitzewallungen, Schlaflosigkeit, Angstzustände und Reizbarkeit sind auf eine verminderte Östrogenproduktion zurückzuführen. Interessanterweise gibt es in China kein Äquivalent zu den Begriffen Menopause oder Hitzewallungen. Das von der Oxford University Press herausgegebene englisch-chinesische Lexikon von 1994 gibt zwölf chinesische Zeichen an, um Menopause zu übersetzen als »Zeit, in der bei Frauen um die fünfzig die monatliche Periode versiegt«. Da die in der Sojabohne enthaltenen Isoflavone bekanntermaßen eine schwache östrogenartige Wirkung entfalten, hat möglicherweise der lebenslange Verzehr von Tofu und Sojabohnen chinesische Frauen mit einem ausreichenden Quantum an Isoflavonen versorgt, die ihre Beschwerden in der Menopause verringern.

Welche Rolle spielen Sojabohnen bei der Prophylaxe gegen Nierenerkrankungen? Die Nieren bestehen aus Millionen winziger Filter, die unerwünschte chemische Stoffe aus dem Blut aussondern und an den Urin abgeben. Bei Patienten mit Nierenerkrankungen und Diabetes scheint eine Kost, die eine hohe Menge an tierischen Proteinen enthält, die Nieren zu »schwächen«, woraufhin diese langsamer und weniger effektiv filtern. Dagegen sieht es aus, als würde der Verzehr von Sojaeiweiß an Stelle von tierischem Eiweiß die Nierenfunktion verbessern.

Die Chinesen verzehren Sojabohnen in Form von Sojamilch, gekochten oder sautierten Sojabohnen sowie mit Sojasauce gewürztem Tofu in vielerlei Varianten. Westliche Pharmakonzerne haben die wesentlichen gesundheitsfördernden Bestandteile aus der Sojabohne isoliert, extrahiert und sie in Tabletten- oder Pulverform konzentriert, um sie als Arzneimittel oder Nahrungsergänzung zu vertreiben. Diese sind unter verschiedenen Bezeichnungen im Handel erhältlich. Doch auch wenn sie besser sind als gar nichts, empfehle ich Ihnen, Ihrer täglichen Kost einen möglichst hohen Anteil an Soja in natürlicher Form beizugeben, um Krankheiten vorzubeugen und sich Ihre Gesundheit zu erhalten. Sowohl Tofu als auch frische Sojabohnen schmecken vorzüglich und sind leicht zuzubereiten.

Ein weiteres Grundnahrungsmittel der Chinesen ist Tee. Neben Wasser ist Tee in China das beliebteste Getränk. Tee (auf Chinesisch *cha* 茶) wurde zum ersten Mal während der Han-Dynastie angebaut (206 v. bis 220 n. Chr.) und erfreute sich während der Tang-Dynastie (618 bis 906 n. Chr.) in den Kreisen der Reichen wachsender Beliebtheit. Von da an verbreitete sich der Brauch des Teetrinkens im ganzen Land. Im 18. Jahrhundert hatten die Briten ebenfalls Geschmack am Teetrinken gefunden und importierten steigende Mengen davon – in den 1830er Jahren bis zu 30 Millionen Pfund jährlich. Um das Handelsgleichgewicht aufrechtzuerhalten, begannen die Engländer im Gegenzug Opium von Indien nach China zu exportieren. Dieser Opiumhandel führte schließlich zum Opiumkrieg zwischen China und Großbritannien (1840 bis 1842). In den 1880er Jahren war der britische Teeimport schließlich auf 150 Millionen Pfund im Jahr angestiegen.

Wissenschaftliche Untersuchungen aus jüngerer Zeit haben ergeben, dass die Blätter des chinesischen Teestrauches (*Camellia sinensis*) bestimmte hochwirksame Antioxidantien enthalten, bekannt als Polyphenole, die der Entstehung von Herzerkrankungen und Krebs entgegenwirken. Es gibt drei Teearten: grünen Tee, Oolong-Tee und schwarzen Tee. Grüner Tee wird hergestellt, indem die frisch gepflückten Blätter sogleich gedämpft werden. Bei der Erzeugung von Oolong-Tee wie auch von Schwarztee werden dagegen die Blätter zum Fermentieren gebracht und luftgetrocknet (wodurch eine Oxidation ausgelöst wird, auf Grund derer die Blätter braun oder schwarz werden). Anschließend werden die Blätter zerstoßen. Alle drei Teesorten enthalten in etwa die gleiche Menge an schützenden Substanzen, auch wenn sie sich von der Form her vielleicht unterscheiden.

Eine Tasse Tee enthält schätzungsweise halb so viel Koffein wie eine Tasse Kaffee. Wichtiger ist allerdings noch, dass die darin enthaltenen Polyphenole eine von freien Radikalen hervorgerufene Schädigung der DNA und der Zellen verhindern. Als Antioxidantien sind diese Polyphenole wirksamer als Vitamin C oder E. Tee scheint eine Senkung der Serumcholesterin- und Triglyceridwerte zu bewirken und vor Herzkrankheiten und Schlaganfällen zu schützen. Tierversuche haben gezeigt, dass Polyphenole eine gute Prophylaxe gegen die Entstehung von chronischem Rheumatismus und Hautkrebs wie auch gegen Krebserkrankungen des Mundes und des Verdauungstrakts darstellen.

Meine Tante Baba war eine leidenschaftliche Teetrinkerin. Sie hatte stets eine Thermoskanne mit heißem Wasser und eine kleine Dose *long jing* 龍井 (Drachenbrunnen), den berühmten grünen Tee aus Hangzhou, in ihrem Zimmer stehen. Eine meiner frühesten Erinnerungen ist das Bild meiner Tante, wie sie mich an den Tagen, an denen in der Schule wichtige Prüfungen anstanden, bei Anbruch des Morgengrauens weckte. Sie wischte mein Gesicht mit einem heißen, feuchten Handtuch ab und hieß mich im Bett aufsitzen. Dann reichte sie mir eine duftende Tasse mit dampfendem grünem Tee, während sie mich meinen Prüfungsstoff abfragte.

Während ich dasaß und meinen Tee schlürfte, sah ich mit schlaftrunkenem Blick, wie sie in meinen Schulbüchern blätterte, konzentriert und die Stirn in Falten gelegt, und zugleich hoffte und fürchtete, mich aufs Glatteis zu führen. Damals war mir nicht bewusst, dass dies besondere Momente waren, die ich für den Rest meines Lebens in wertvoller Erinnerung behalten sollte. Ich sehnte mich damals danach, mich wieder unter die Bettdecke zu kuscheln, wagte aber nicht den leisesten Protest, weil mir sehr wohl bewusst war, dass meine Tante es hasste, früh aufzustehen, und dies nur mir zuliebe tat.

Sooft ich eine falsche Antwort gab, drängte sie mich, noch einen Schluck Tee zu trinken, scharf nachzudenken und es erneut zu versuchen. »Tee schärft den Geist, beruhigt den Magen und stärkt dein Qi! Vergiss das nicht!«

Ja! Ich habe es nie vergessen! Besonders ihren unerschütterlichen Glauben an mich und das Gefühl, dass ich sie nie enttäuschen dürfte. Selbst heute, wo ich um fünf Uhr morgens aufgestanden bin, um mich an meinen Computer zu setzen und einen wissenschaftlichen Beitrag über die im Tee enthaltenen Polyphenole zu lesen, die eine wichtige Rolle bei der Prophylaxe gegen Krebs und chronische Herzkrankheiten spielen, sehe ich sie in meine Unterlagen vertieft. »Keine Sorge! Mach dir keine Sorgen!«, sage ich ihr, wieder und wieder. »Ich werde dich nicht enttäuschen! Eines Tages wirst du stolz auf mich sein. Das verspreche ich dir.«

Wirken chinesische Kräuter und Nahrungsmittel? Einige ja, einige nein. Tee und Tofu wurden in China über lange Zeit hinweg als *bu* (heilsam und stärkend) betrachtet. Ingwer schafft symptomatische Erleichterung bei Übelkeit und Erbrechen. Schlafmohn wurde jahrhundertelang angewendet, um Schmerzen zu lindern und Magendarmerkrankungen wie Cholera zu behandeln. Dem vielseitig einsetzbaren Ginseng sagt man nach, dass er die Yang-Eigenschaften eines Menschen vermehre, und er wird genutzt, um Müdigkeit zu bekämpfen, die Abwehrkräfte aufzubauen, ferner als Unterstützung bei Diabetes und zur Vorbeugung gegen die negativen Auswirkungen von Stress, besonders bei älteren Leuten. Neuere Forschungsergebnisse legen den Schluss nahe, dass Ginseng sowohl eine östrogenartige wie auch eine adrenergische Wirkung auf den Körper besitzt. Über zweitausend Jahre lang ist in China *Ginkgo biloba* verordnet worden, um »dem Gehirn etwas

Gutes zu tun«. Heutzutage liegen immer mehr Beweise dafür vor, dass Ginkgo die Fließeigenschaften des Blutes verbessert und Gerinnsel verhindern hilft. Kürzlich hat ein Konzern namens Pharmanex Inc. es geschafft, Cholestin aus einer roten Hefesorte (Monascus) zu extrahieren, die in der chinesischen Küche als Geschmacksverstärker und Farbstoff Verwendung findet. Zahlreiche klinische Studien in China erhärten die These, dass Cholestin zur Senkung der Cholesterinwerte beiträgt.

Das Testen anderer traditioneller »Heilmittel« wie Rhinozeroshorn, Bärentatze und Tigerpenis hat keine Beweise für die behaupteten Thesen ergeben. Rhinozeroshorn wurde seit alters als Mittel gegen Impotenz verabreicht. Doch chinesische Kräuterärzte in Hongkong haben mir berichtet, dass die Nachfrage für das Horn seit der Einführung von Viagra drastisch zurückgegangen sei.

In den späten zwanziger Jahren, als mein Vater einundzwanzig war und noch in Tianjin lebte, machte er ein Vermögen, indem er die weit verbreitete Pflanze *ma huang* 麻黃 einkaufte (die allerorten auf dem Land wucherte) und sie an europäische und amerikanische Pharmafirmen weiterveräußerte. Der Stoff Ephedrin, ein Extrakt aus dem Stiel und den Zweigen der *Ma-huang*-Pflanze (im Westen als Ephedra sinica bekannt), wird zur Behandlung von Erkältungen, Grippe, Asthma, Heuschnupfen, Bronchitis und niedrigem Blutdruck eingesetzt. In der Zeit zwischen 1968 und 1994, als ich in Kalifornien als Anästhesistin tätig war, habe ich ziemlich häufig zu Ephedrin-Injektionen gegriffen, wenn bei einem Patienten nach einer Epiduralanästhesie der Blutdruck abgefallen war. Wenn ich eine Glasampulle mit dem Mittel aufbrach, erfüllte mich stets ein gewisser Stolz, als seien seine Wirkkräfte mein persönliches Verdienst. Mein Vater erzählte mir einmal, dass *ma huang* in China seit mehr als viertausend Jahren als Medizin verwendet worden sei und er selbst eine Schlüsselrolle beim Export dieser Pflanze in den Westen gespielt habe. Viele der Geschäftsbriefe, in denen es um den Verkauf von *ma huang* an die größten Pharmakonzerne der Welt ging, waren von meinem halbwüchsigen Vater im Ein-Finger-Such-System geschrieben worden. Er pflegte sie nach dem Abendessen auf einer klapprigen gebrauchten Maschine zu tippen, während seine Familie sich in ehrfürchtiger Bewunderung um ihn scharte.

Hier im Westen wächst in den Köpfen ganz allmählich das Bewusstsein für die Bedeutung, die der Ernährung bei der Erhaltung der Gesundheit zukommt. Immer mehr Menschen stimmen mit der chinesischen Sichtweise überein, dass Essen und Medizin nicht gesondert betrachtet werden können. Was immer wir in unseren Mund schieben, wird sich letztendlich in der einen oder anderen Weise auf unseren Körper auswirken. Eine gesunde Ernährung ist der beste Schutz gegen Krankheiten und eine effektive Form der Präventivmedizin. Die Auswahl und Zubereitung unserer Speisen ist wichtiger als alles andere, was wir für uns selbst tun mögen. Monat für Monat verbringen wir Frauen Stunden im Schönheitssalon und geben Unsummen für Kosmetika aus, um unser Aussehen zu verbessern. Wenn wir allerdings körperlich nicht gesund sind, ähneln derlei Bemühungen (so empfehlenswert sie auch sind) leider eher dem Auftragen einer frischen Lackschicht auf ein Auto mit defektem Getriebe. Vielleicht sollten wir einfach stets die chinesische Formel im Kopf behalten: *Yi shi wei liao* – die Heilkraft der Nahrung.

8

DAS HARMONISCHE ZUSAMMENSPIEL VON YIN UND YANG

陰陽融洽

Yin Yang Rong Qia

Zhuangzi, der Begründer des Taoismus, erzählt die Geschichte eines Froschs, der auf dem Grunde eines Brunnens lebt. Ich gebe sie hier in meinen eigenen Worten wieder:

Eines Tages sah der Frosch eine Schildkröte auf sich herabblicken.
»Schildkröte«, sprach der Frosch, »du machst dir gar keine Vorstellung davon, in was für einem großartigen Zuhause ich lebe. Wenn ich unruhig bin, hüpfe ich auf der steinernen Umrandung des Brunnens entlang. Bin ich müde, so ruhe ich in einer Mauerspalte. Ist es heiß, schwimme ich in seinem Wasser oder spiele in seinem Schatten. Warum kommst du nicht herunter, um selbst zu sehen, wie wundervoll es hier ist?«
Die Schildkröte war durchaus versucht und setzte bereits zum Sprung an. Schon war ihr linker Fuß im Wasser, da klammerte sie sich plötzlich mit dem rechten Fuß an der Brunneneinfriedung fest. Sie machte einen Rückzieher und sagte: »Frosch, deine Behausung ist so klein, da wag ich mich nicht hinein. Warum kommst du nicht lieber und stattest meinem Heim im Ozean einen Besuch ab? Es ist Zehntausende Meilen weit und Tausende Meter tief. Bei Hochwasser steigt sein Pegel nur ein bisschen. Bei Dürre sinkt der Wasserspiegel kaum. Das ist sicherlich viel interessanter als dein Brunnen, meinst du nicht?«

Als er das vernahm, wurde der Frosch ganz still und vermochte nichts weiter, als die Schildkröte erstaunt anzustarren.

Die Moral der Geschichte lautet, dass man nicht engstirnig durchs Leben gehen oder die Welt mit Scheuklappen betrachten soll.

Das Zuhause unserer Kindheit, in dem ich in den vierziger und fünfziger Jahren gemeinsam mit meinen sechs Geschwistern aufwuchs, war ein Mikrokosmos, der die rassistische Welt außerhalb unserer vier Wände widerspiegelte. Meine leibliche Mutter war zwei Wochen nach meiner Geburt am Kindbettfieber gestorben, doch mein Vater heiratete ein Jahr darauf wieder; und unsere Stiefmutter, Niang, bezeichnete sich selbst stets als Französin, obwohl sie in Wirklichkeit halb Französin, halb Chinesin war. Vater, der 1907 in der Französischen Konzession in Shanghai geboren worden war, stellte Niang bei seinen Freunden stets stolz als seine französische Frau vor (*fa guo tai tai* 法國太太), niemals als seine chinesische oder eurasische Frau. Bei den chinesischen Altersgenossen meines Vaters, die in den ausländischen Konzessionen von Vertragshäfen wie Shanghai oder Tianjin geboren waren, genoss noch der niedrigste französische Bürger eine höhere Wertschätzung als der mächtigste chinesische Mandarin. Als meine Stiefmutter, eine schöne, intelligente und gebildete Frau, die drei Sprachen beherrschte und dreizehn Jahre jünger war als mein Vater, einwilligte, ihn zu heiraten, hielt er sich für den glücklichsten Menschen auf Erden und überließ ihr für den Rest seines Lebens das Zepter.

In unserer Familie gab es sieben Kinder, fünf von Vaters erster Frau (meiner Mutter) und zwei von unserer Stiefmutter. Obgleich wir alle unter einem Dach lebten, in einem geräumigen und luxuriösen Haus, teilte meine Stiefmutter unsere Familie in zwei Klassen ein. Sie und mein Vater sowie ihre beiden Kinder gehörten zur Oberschicht, während wir fünf Stiefkinder als Menschen zweiter Klasse betrachtet wurden – denn wir hatten, nach den Worten unserer Stiefmutter, »minderes Blut« von unserer leiblichen verstorbenen Mutter in unseren Adern fließen.

Unser Zuhause in Shanghai war ein regelrechter Polizeistaat, regiert von unserer tyrannischen Stiefmutter, deren Macht absolut war und deren Launen man sämtlich nachzukommen hatte. Wir niedrig gestellten Bürger vegetierten in gesonderten Räumlichkeiten vor uns hin und ließen das Leben passiv an uns vorübergleiten, zermürbt von der täglichen Ungerechtigkeit und schwer angeschlagen von der Diskriminierung. Ihre Schreckensherrschaft wurde noch verschärft durch die üblichen Begleiterscheinungen einer korrupten Diktatur: unverhohlene Schmeichelei, nagender Groll, Palastintrigen, Heimlichkeiten, Habgier, Lügen und Verschwörungen. So sind wir groß geworden.

Unsere Unterlegenheit wurde sowohl durch äußere als auch durch familiäre Einflüsse verstärkt. Zu Hause hatten die Wünsche und Bedürfnisse von Niangs beiden Kindern stets Vorrang, obwohl wir doch so viel größer und älter waren. Draußen demonstrierten unsere fremdländischen Herrscher (Japaner, Franzosen und Briten) unablässig auf eine aufgesetzte, gekünstelte Art ihre Überlegenheit – eine Art, die unsere Eltern zu Hause sklavisch nachahmten, so dass sie zu Abbildern der politischen Machthaber wurden.

Dies bedeutete, dass Vater und Niang uns Tag und Nacht und zu jeder Sekunde ihre Überlegenheit demonstrieren mussten. Bei all den vielen Mahlzeiten, die wir gemeinsam im Familienkreise einnahmen, waren die beiden stets perfekt gekleidet, wie aus dem Ei gepellt. Ich erinnere mich noch an eine Hitzewelle über Shanghai, während der mein Vater noch an den wärmsten Tagen unverdrossen Jackett und Krawatte trug, wenn er zum Abendessen herunterkam – obwohl ihm der Schweiß übers Gesicht herabrann und sich am Rücken und unter den Achseln Schweißflecken bildeten. Wie weiße Herren vor ihren einheimischen Dienern unterdrückten meine Eltern jedes Zeichen von Zärtlichkeit, Schwäche oder Schwanken vor uns, um allzeit den Anschein von Autorität und Würde aufrechtzuerhalten. Dadurch verdammten sie sich ironischerweise ihr Leben lang zu einem selbst auferlegten Unbehagen.

Wir waren im Gegenzug eingeschüchtert und verfielen in scheues, wachsames Schweigen. Ich kann mich nicht entsinnen, dass ich die ersten vierzehn Jahre meines Lebens je den Mund aufgetan hätte, um auch nur eine einzige spontane Bemerkung während einer der gemeinsamen Mahlzeiten mit ihnen loszulassen. Tag für Tag saß ich geduckt am Esstisch, angstvoll schweigend, fühlte mich wertlos und hässlich und hoffte, unbehelligt davonzukommen. Wann immer sie meinen Namen nannten, verging mir schlagartig der Appetit, und ich war wie gelähmt vor Furcht.

Nach Abschluss meines Medizinstudiums verbrachte ich ein Jahr in Hongkong, wo ich in dem vergeblichen Bemühen, die Anerkennung meiner Eltern zu gewinnen, am Krankenhaus arbeitete. Von meinen Brüdern und mir wurde erwartet, dass wir uns jeden Sonntagabend in der Wohnung unserer Eltern zum Essen einfanden. Die Vorurteile, denen sie bei Tisch Ausdruck verliehen, waren mir mit der Zeit extrem zuwider, aber unser Erscheinen war Pflicht. Und obwohl häufig Frust und Unzufriedenheit in mir gärten, wagte ich es nie, meine Einwände laut zu äußern, da ein Anzweifeln ihrer Worte den kompletten Bruch herbeigeführt hätte. Mein Vater und Niang gehörten nicht zu der Sorte Mensch, die Widerspruch schätzte.

Ich pflegte meine persönlichen Ansichten schriftlich festzuhalten und sie meinem Bruder James zu zeigen, worauf er sich regelmäßig verächtlich äußerte und mir den Rat gab, dem »Alten Herrn« und der »Alten Dame« doch einfach nach dem Mund zu reden. »Was tut es schon zur Sache, was du denkst?«, fragte er dann. »Gib ihnen doch einfach Recht und mach sie glücklich. Schließlich sind wir finanziell auf sie angewiesen und sind ihrer Willkür völlig ausgeliefert.«

Als ich meine Tante Baba in einem Brief um ihre Meinung ersuchte, bezog sie einen gänzlich anderen Standpunkt und schrieb mir ausführlich zurück:

Auf lange Sicht zählt es sehr wohl, was wir denken. Denn jede Idee, zu der wir uns bekennen, und jede Tat, die wir ausführen, beeinflusst die Ausbildung unseres eigenen Charakters. Jin zhu zhe chi, jin mo zhe hei 近朱者赤, 近墨者黑 –

neben Zinnoberrot bekommt man rote Flecken; neben Tusche bekommt man schwarze Flecken. Wenn du im Begriff bist, dich zu einer eigenen Persönlichkeit zu entwickeln, sollte eine Meinungsdifferenz mit deinen Eltern nicht als verwerflich angesehen werden, sondern als Chance für dein individuelles Wachstum und deine Reifung.
Wir alle werden von bestimmten Vorstellungen gelenkt. Sie bilden die Grundlage für unser Handeln. Am Ende besteht der fertige oder auch ungeformte Charakter einer Person aus den Absichten, die sich hinter ihrem Verhalten verbergen. Falls du eine böse Tat tolerierst, indem du einfach wegsiehst, hast du bereits deine Integrität aufs Spiel gesetzt, selbst wenn du vielleicht denkst, du seist unschuldig und unbeteiligt geblieben. Ein Betrug, den du heimlich, im tiefsten Winkel deines Herzens geduldet hast, wird automatisch durch dich an die Öffentlichkeit gebracht, ohne dass du weiter darüber nachdenkst.
Junge Leute in deinem Alter glauben vielleicht, dass Ethik keine Rolle spiele. Ich habe deine ältere Schwester sagen hören, die Begriffe »gut« und »schlecht« hätten keine große Bedeutung, da nichts absolut sei. Nach ihrem Dafürhalten ist Moral reine Ansichtssache.
Es ist wahr, dass das Böse so weit verbreitet ist und solche abscheulichen Formen angenommen hat, dass unsere Sinne abgestumpft sind. Wenn wir unerwünschte weibliche Säuglinge sehen, die in Zeitungspapier eingewickelt auf der Straße ausgesetzt wurden, sind wir verwirrt und wissen nicht, was wir tun sollen. Das Gros der Leute verschanzt sich hinter einer gleichgültigen Miene und läuft mit abgewandtem Blick vorbei, da es bequemer ist, die Geschehnisse zu ignorieren und nicht aktiv zu werden; das scheint der einfachste Weg.
Doch diese Art von Versäumnis fordert früher oder später ihren Preis. Indem wir Korruption dulden, werden wir nach und nach eine Hornhaut auf unserem eigenen Gewissen ausbilden und irgendwann den Missetätern ähneln, vor deren krummen Machenschaften wir die Augen verschlossen haben.

Ihr Brief ging noch weiter.

Hast du dich jemals nach dem Sinn des Lebens gefragt? Danach, was dich glücklich macht? Ist es Geld? Ruhm? Eine harmonische Ehe? Gute Freunde? Ein langes Leben?

Ich sage dir, Glück ist nicht die Folge eines plötzlichen Glückstreffers, wie beispielsweise ein dicker Gewinn am Mah-Jongg-Tisch. Selbst wenn du einen solchen Gewinn machtest, würde die aufkommende Hochstimmung wahrscheinlich nur einige Tage vorhalten, danach würdest du dich alsbald an deinen neuen Status gewöhnen. Und mit der Zeit wäre alles wieder beim Alten.
Ebenso wenig hängt Glück von Vermögen, Ruhm oder einem langen Leben ab. Die Reichen und Berühmten sind nicht notwendigerweise glücklicher als du oder ich; und lange zu leben, wenn man sich dabei keiner guten Gesundheit erfreut, ist ein Schicksal, das schlimmer ist als der Tod.
In deinem Alter ist die Frage, was einen im Leben glücklich macht, durchaus eine Überlegung wert. Mach deine Augen auf und sieh dich um. Sei kein jing di zhi wa 井底之蛙 *(Frosch am Grunde des Brunnens). Wenn du nach gründlichem Nachdenken zu einem Schluss gelangt bist, so handle entsprechend.*

Was mir Tante Baba in diesem Brief vor fünfunddreißig Jahren geschrieben hat, ist mir seither oft im Kopf herumgegangen. Ihre Worte sind heute noch genauso aktuell wie damals. Jetzt, wo meine Tante nicht mehr unter uns weilt und ich selbst im letzten Lebensdrittel angelangt bin, habe ich folgende Vorschläge anzubieten:

Die vier wichtigsten Zutaten zum Glück sind: *Gesundheit, Beziehungen zu geistesverwandten Menschen*, eine *lukrative Arbeit* und die *Fähigkeit, die Segnungen des Lebens wertzuschätzen.*

Ein langes Leben ohne gute Gesundheit ist nicht wünschenswert. Abgesehen vom Befolgen der gewöhnlichen Maximen, wie das Idealgewicht zu halten, sich vernünftig zu ernähren und regelmäßig Sport zu treiben, ist es wichtig, sich selbst ausreichend Schlaf zu gestatten. Aus irgendeinem Grund (besonders wenn wir älter werden) wird unser Gefühl von Wohlbefinden zunehmend von der Qualität und der Dauer unseres Schlafes bestimmt. Wir fallen in erholsamen Schlaf, wenn unser Geist ruhig ist und unser Gewissen rein. Dies ist ein natürlicher Zustand, der für jeden erreichbar ist.

Ebenso wichtig sind harmonische Beziehungen. Es ist unabdingbar, privat und in der Arbeit Freundschaften zu pflegen. In einer Beziehung führt jede Seite Buch über das wechselseitige Geben und Nehmen; Sie sollten stets darum bemüht sein, der Versöhnlichere und Großzügigere zu sein. Nehmen Sie es hin, dass die Bilanz zu Gunsten der anderen Seite ausfällt. Oder rechnen Sie zumindest nicht allzu akribisch auf, was geschuldet wird. Lassen Sie (讓 *rang*) Ihren Partner oder Freund von Zeit zu Zeit gewinnen. Er oder sie weiß ebenso genau wie Sie, wer wie viele Punkte gesammelt hat, und wird Ihnen den Gefallen zu gegebener Zeit in angemessener Form vergelten.

Wir alle brauchen ein Ziel: einen angenehmen Job oder ein Hobby, die wir als nützlich (oder als Herausforderung) betrachten und die uns Befriedigung und Anerkennung verschaffen. Glück besteht aus den kleinen Triumphen und den bescheidenen, unverhofften Schicksalsfügungen, die in unserem täglichen Leben Glanzlichter setzen. Das mag ein gutes Abendessen im Kreise lieber Menschen zu Hause sein; oder das tröstliche Wissen, dass auf der Bank ein Notgroschen liegt, den wir durch unsere eigene, ehrliche Arbeit verdient haben; der Geschmack eines eisgekühlten Drinks an einem sengend heißen Nachmittag nach einem turbulenten Bürotag; oder der Luxus, sich nach einem harten Tennismatch unter einer heißen Dusche zu entspannen.

Jeder Tag und jedes Erlebnis sind einzigartig, aber niemand ist immerzu glücklich. Damit ein Mensch fähig ist, die Geschenke, die das Leben ihm macht, zu würdigen und Glücksgefühle bewusst wahrzunehmen, muss er bedauerlicherweise zunächst einmal die Erfahrung der Entbehrung durchmachen. Sigmund Freud schrieb einmal, das Glück entspringe der »plötzlichen Befriedigung hoch aufgestauter Bedürfnisse«.

Die meisten von uns gehen durchs Leben, indem sie so viel Geld und Besitz wie möglich anhäufen und dabei nicht selten die Bitten Nahestehender überhören und die Augen vor den Anliegen der Notleidenden verschließen.

Mein Vater, der es bereits im Alter von einundzwanzig Jahren zum Millionär gebracht hatte, war zu geizig, um mir das Geld für ein Flugticket von

Hongkong nach New York zu borgen, als ich meine erste Stelle in Amerika antrat. Mit siebzig trug er immer noch denselben Anzug wie dreißig Jahre zuvor, und als er starb, hinterließ er ein Vermögen von mehr als dreißig Millionen Dollar; doch meine Stiefmutter hatte noch vor seinem Tode jeden Penny davon beiseite geschafft.

An seinem Lebensabend, bevor der Alzheimer sein Gehirn für immer zerstörte, hatte ich eines Tages die seltene Gelegenheit, mit ihm zu reden, ohne dass meine Stiefmutter zugegen war. Ich fragte ihn über seine Vergangenheit aus. Welches war die glücklichste Zeit seines Lebens gewesen?

Die glücklichste Epoche seines Lebens, so erzählte er mir 1977 im Alter von neunundsechzig, waren seine frühen Erwachsenenjahre, als er noch in Tianjin wohnte. Er hatte seine eigene Firma gegründet, und das Geschäft florierte. Er zog damals einen Exporthandel mit Walnüssen auf und fuhr von Plantage zu Plantage, um die Qualität der Kerne zu kontrollieren. Dazu pflegte er sich bei Tagesanbruch auf den Weg zu machen, und bevor er sich's versah, wurde es schon wieder dunkel und damit höchste Zeit, nach Hause zum Abendessen zurückzufahren. Er war dann stets völlig ausgehungert und merkte plötzlich, dass er den ganzen Tag nichts gegessen hatte. Diese Jahre waren entschieden die glücklichste Phase seines Lebens.

Ich sah ihn vor meinem geistigen Auge, jung, gesund und dynamisch, wie er von Plantage zu Plantage brauste und seinen Traum verfolgte – einen Traum, den er selbst nährte und den er als lohnend und sinnvoll einstufte: Beziehungen zu knüpfen, Arbeitsplätze zu schaffen, einen eigenen Kundenkreis aufzubauen, Erfahrungen zu sammeln, Produkte zu exportieren, Gewinne einzufahren und sich bei all dem seinen unverbrüchlichen Optimismus zu bewahren.

Seither habe ich zahlreichen Männern und Frauen die gleiche Frage gestellt. Welches war die glücklichste Zeit Ihres Lebens? Die überwiegende Mehrheit hat mir eine ähnliche Antwort gegeben. Es war jene schillernde Phase, in der sie an der Schwelle zum großen Durchbruch standen. Sie waren noch ein gutes Stück vom Gipfel entfernt, aber das Ziel war in Sicht. Sie beschrieben das Gefühl freudiger Gespanntheit, während sie zusahen, wie ihr Projekt Gestalt annahm. Die Befragten berichteten mir wiederholt, dass sie ihre glücklichsten Jahre auf der »Reise« zu ihrem Ziel verlebt hätten. Der unermüdliche Einsatz und die Erwartung des Gelingens hoben die Stimmung durchweg mehr als die Erfüllung des Traumes selbst. Einige Leute gaben offen zu, dass das Erreichen ihres Ziels ein deutlicher Abfall war.*

. . .

Als die chinesischen Kommunisten 1949 den Bürgerkrieg gegen die Nationalisten gewannen, war ich elf Jahre alt. Meine Eltern flohen nach Hongkong und ließen mich in einer Klosterschule in Tianjin zurück, wo ich alsbald die einzige Schülerin war. Glücklicherweise erinnerte sich Tante Reine, die ältere Schwester meiner Stiefmutter, ein paar Tage vor ihrer eigenen Flucht an mich. Sie rettete mich und brachte mich mit nach Hongkong.

Obgleich meine Eltern mich zu sich nahmen und mir erlaubten zu bleiben, wusste ich im Grunde meines Herzens, dass ich dort nur geduldet war. Für sie war ich eine Plage, und sie wollten mich einfach nicht um sich haben. Jeden Tag unternahm meine Stiefmutter mit Tante Reine und ihren Kindern eine Besichtigungstour, mich ließ sie zu Hause zurück. Insgeheim war ich ziemlich froh darüber, weil dies die einzige Zeit war, wo ich innerlich loslassen konnte und nicht wie auf glühenden Kohlen saß. Außerdem entschied sich mein Großvater häufig, ebenfalls zu Hause zu bleiben, was mir die Gelegenheit verschaffte, mich mit ihm zu unterhalten.

Eines Morgens beklagte er sich, dass ich mein Chinesisch vergäße. Nachdem er sich ausführlich über die Feinheiten unserer Muttersprache ausgelassen hatte, erzählte er mir, wo eines unserer beliebtesten Schriftzeichen herkam, *bei* 貝.

* Die ›Los Angeles Times‹ berichtete bezeichnenderweise vor einiger Zeit, dass eine wachsende Zahl junger Dot-Com-Millionäre, die ihre Start-up-Firmen für einen horrenden Preis verkauft haben, Psychiater im Silicon Valley aufsuchen und über »Langeweile« und »Zielverlust« klagen.

»In alten Zeiten«, hob er an, »wurden die Gehäuse der Kaurischnecken als Zahlungsmittel benutzt und gegen Waren und Dienstleistungen getauscht. Schließlich wurde ein Loch in diese Gehäuse gebohrt, und eine Reihe Muscheln wurde auf eine Schnur gefädelt. Sieh dir das Zeichen *bei* einmal genauer an. Erinnert es nicht an eine Reihe Muscheln, die von einem am Ende zusammengeknoteten Stück Schnur zusammengehalten werden?

Da das Wort aus etwas ›Wertvollem‹ hervorgegangen ist, werden viele spätere chinesische Vokabeln, welche den Bestandteil *bei* enthalten, in irgendeiner Weise mit Handel und Finanzen in Verbindung gebracht. Ich will dir zwei verwirrende Zeichen aufzeichnen, *tan* 貪 (Gier) und *pin* 貧 (Armut). Setze sie nebeneinander, betrachte sie eingehend, und du wirst ihre Ähnlichkeit bemerken. Wenn du nur flüchtig hinblickst, verwechselst du möglicherweise sogar eins mit dem anderen. Sie hängen in der Tat eng miteinander zusammen. Wenn du nicht Acht gibst und in das Netz des *tan* gerätst, verfängst du dich und landest am Ende in den Windungen des *pin*. Denk daran: Alles zu begehren heißt, alles zu verlieren.

Oder nimm ein anderes Wort, *mai* 買, das so viel bedeutet wie ›kaufen‹, und das Wort *mai* 賣, das ›verkaufen‹ heißt. Schreib diese beiden Wörter nebeneinander – *mai mai* 買賣 –, und der so entstandene Begriff bedeutet ›Ankauf/Verkauf‹; er steht auch für ›Transaktion‹ oder ›Geschäft‹.

Ankauf/Verkauf – was für ein phantastischer Ausdruck! Wie subtil und genial! Wie tiefsinnig und allumfassend! Auch wenn die beiden Wörter einfach und elementar wirken mögen, schließen sie doch ein Meer von Bedeutungen und Gehalt in sich ein. Es fällt dir vielleicht schwer, das zu glauben, aber diese beiden Wörter liefern den geheimen Schlüssel zu sämtlichen Beziehungen der Welt. Sie klingen ähnlich, wenn man einmal von ihrer Intonation absieht. Bis auf das Symbol *tu* 土 (loses Erdreich oder Land) über dem *mai* 賣 (verkaufen) sehen sie identisch aus. Das Wesen des Geschäftes – jedweden Geschäftes – ist es, zu kaufen und zu verkaufen 做買賣 *(zuo mai mai)*. Du hoffst, billig einzukaufen und teuer zu verkaufen. Andernfalls gerätst du in ernsthafte Schwierigkeiten.

Im Laufe der Zeit bin ich darauf gekommen, dass nicht nur Geschäfte, sondern jede Art von Beziehung auf unserem alten chinesischen Modell des Kaufens und Verkaufens basieren – ganz gleich ob zwischen Ehemann und Ehefrau, Eltern und Kindern, zwischen Freunden, Kollegen, Arbeitgeber und Arbeitnehmer, Lehrer und Schüler, zwischen verschiedenen Städten oder selbst Ländern. Angefangen bei Kindern, die mit Murmeln spielen, bis hin zu Diplomaten, die Drohungen austauschen, oder Paaren, die sich ums Geld zanken, ist das Prinzip stets dasselbe. All dem liegt die ewige Frage zugrunde: Bekomme ich meinen gerechten Anteil? Wiegt das, was ich erhalte, das auf, was ich gebe, oder werde ich ausgenutzt? Unter dem Strich stellt sich die Frage, ob ich gewonnen oder verloren habe? Welche Seite musste den ›Verlust schlucken‹ (吃虧 *chi kui*) oder war am Ende der Dumme?

Wenn der Handel von einer der beiden Parteien als einseitig oder unfair eingestuft wird, wenn eine Seite zu oft ›Verluste schlucken‹ musste, so wird ein Missverhältnis entstehen zwischen dem, was sie in den gemeinsamen Topf hineingibt, und dem, was sie herausbekommt, und die Beziehung wird schließlich in die Brüche gehen. So einfach ist das.«

Über die Jahre habe ich im Rahmen meiner eigenen Geschäftsverhandlungen oft über die weisen Worte meines Großvaters nachgedacht. Ich habe mich bemüht, sowohl aus der Sicht der anderen Seite wie auch aus meiner eigenen die Gewinnrechnung vorzunehmen. Wenn ich bei einem Hausverkauf mit meinem Verkaufspreis hoch gegangen bin, habe ich mich gefragt, ob ich das Dach erneuern lassen sollte. Wenn ich bei einem Kauf um Aufschub für die letzte Rate gebeten habe, erwog ich, mich im Gegenzug bereit zu erklären, die Türen zu streichen.

Es ist interessant festzustellen, dass ein amerikanisches Paar beim gemeinsamen Erwerb einer Immobilie häufig eine Standardklausel über einen eventuellen späteren Kauf oder Verkauf in den Vertrag mit aufnimmt. Sollten die Partner zu irgendeinem späteren Zeitpunkt beschließen, sich zu trennen, so eröffnet dieser Zusatz eine faire und gerechte Möglichkeit, die Trennung auch auf dieser Ebene umzusetzen. Da Gebäude nicht wie eine Torte in zwei Hälften zerschnitten werden können, ist kraft dieser Klausel eine Partei dazu aufgerufen, einen Preis zu nennen, worauf der anderen die Entscheidung überlassen bleibt, ob sie lieber kaufen oder verkaufen will. Im Prinzip sollte die genannte Summe beide Seiten gleichermaßen zufrieden stellen. Der Käufer erhält am Ende den gesamten Besitz, während der Verkäufer alles Bargeld einkassiert. Unlängst erzählte mir jemand, dass eine andere Bezeichnung für diese Art von Vereinbarung die »chinesische Lösung« laute, da die Idee ursprünglich aus China stammt.

In persönlichen Beziehungen bin ich hellhörig geworden für gewisse Nuancen, die ins Spiel kommen, wenn Männer und Frauen eine Beziehung eingehen, da Männer von Natur aus Yang-Typen sind, während Frauen Yin-Typen sind. Indem ich die beiden chinesischen Begriffspaare Yin/Yang und *mai/mai* (Ankauf/Verkauf) zusammenführe und meine eigene Vergangenheit zur Illustration heranziehe, hoffe ich, zu einem besseren Verständnis der Zusammenhänge zwischen diesen Faktoren in Beziehungen beizutragen.

Wie ich weiter oben dargelegt habe (siehe Seite 26 f.), reicht das Konzept von Yin und Yang bis weit ins Altertum zurück und wird bereits im *I Ging* erwähnt. Sein Einfluss war weit reichend und tief greifend, denn es berührte jeden Aspekt der chinesischen Kultur und Gesellschaft, einschließlich Kunst, Philosophie, Medizin und Regierung. Die Lehre besagt, dass alle eintretenden Ereignisse das Ergebnis zweier Kräfte sind: Yin (weiblich, passiv, schwach und negativ), und Yang (männlich, aktiv, stark und positiv). Und doch sind Yin und Yang keine Gegensätze, sondern sie ergänzen einander, um die kosmische Ordnung aufrechtzuerhalten. Ein Ding ist von Natur aus weder Yin noch Yang, sondern wird entsprechend der Rolle, die es in Bezug auf ein zweites Ding spielt, klassifiziert. Auf diese Weise wird der Mensch im Verhältnis zur Erde als Yang eingeordnet, gegenüber dem Himmel aber als Yin. Yin und Yang sind zwei Seiten ein und derselben Medaille. Nicht nur kann das eine ohne das andere nicht bestehen, sondern sie können sich unter Umständen sogar ineinander verwandeln. So geht beispielsweise der Sommer (Yang) nach und nach in den Winter (Yin) über und umgekehrt. Das Leben selbst wird als Zyklus kontinuierlichen Wandels angesehen, da es spontan von Yin in Yang umschlägt und wieder in Yin, dann erneut in Yang, und so geht es unendlich fort. Im Yin-Yang-Symbol enthält das Yin einen kleinen Punkt Yang, während das Yang einen kleinen Punkt Yin enthält. Verfügt nicht jedes männliche Wesen über ein kleines Quäntchen Weiblichkeit und jedes weibliche über eine Prise Männlichkeit?

Aus Gründen der Harmonie stehen in chinesischen Gärten genau wie bei der Landschaftsmalerei Yin und Yang in einem ausgewogenen Verhältnis zueinander. Ein Wasserbecken oder ein Stück ebenes Land ist Yin. Das Gegengewicht hierzu schafft ein Yang-Hügel oder -Kalksteinfelsen, der zum Himmel aufragt. Landschaftsgemälde heißen *shan shui* 山水 (Berg und Wasser), und der Name selbst symbolisiert bereits ein harmonisch ausbalanciertes Zusammenspiel von Yin und Yang.

Die Erhaltung der Gesundheit wird ebenfalls in Yin-Yang-Kategorien betrachtet. Die traditionelle chinesische Medizin zielt darauf ab, einen Balancezustand zwischen dem Körper und dem Umfeld eines Menschen herzustellen, aber auch eine harmonische Beziehung zwischen den einzelnen Körperpartien. Zu einer Erkrankung kommt es, wenn dieses Gleichgewicht gestört ist. Ganz anders als im Westen, wo Krankheiten mit Pillen und Injektionen *behandelt* werden, wird im chinesischen Denken nicht zwischen Essen und Medizin unterschieden, und der Patient wird lediglich dazu angehalten, seine Kräutermischung als Teil seiner Mahlzeiten zu sich zu nehmen (*chi* 吃). Auch Nahrungsmittel werden genau wie Krankheiten in Yin- und Yang-Sorten unterteilt. Yin-Gewächse wie Rüben oder Löwenzahn werden bei Yang-Beschwerden wie Akne oder Geschwüre im Mundraum verabreicht, von denen man annimmt, dass sie durch Hitze *(re qi)* verursacht sind. Der Verzehr von Yang-Nahrungsmitteln wie Ingwer oder Ginseng soll gegen Durchfall, Übelkeit und Erschöpfungszustände helfen, die, wie man vermutet, von Yin-Faktoren wie kaltem Wind, einem eisgekühlten Getränk oder Mangelernährung ausgelöst werden. Die Aufgabe eines Arztes besteht darin, dass er das körperliche und seelische Gleichgewicht des Patienten wieder herstellt.

Im ersten Kapitel habe ich die Prophezeiungen meiner Tante Baba zitiert: »Das Pendel der Geschichte wird von der Asche des Yin, die von der Kulturrevolution übrig blieb, zum Yang der Auferstehung des Phoenix hinüberschwingen.« Vielleicht ist es diese Überzeugung – dass nichts außer dem Wandel von Dauer ist –, der wir Chinesen unseren Stoizismus verdanken und der uns die Unbilden des Lebens so gelassen hinnehmen hilft. Als ich meine Tante 1979 in Shanghai traf, hätten ihre Lebensbedingungen desolater nicht sein können. Trotzdem hegte sie nicht den leisesten Zweifel, dass die Dinge sich bald zum Besseren wenden würden, da das Geschick jedes Menschen einem unaufhaltsamen, zyklisch sich vollziehenden Wandel von Yin zu Yang und zurück unterliege.

In Amy Tans wundervollem Roman ›Töchter des Himmels‹ gibt es eine Begebenheit, die die Verschmelzung des Yin-Yang-Prinzips mit dem Konzept von Geben und Nehmen in konzentrierter Form veranschaulicht. In dem Kapitel mit der Überschrift »Der Reis-Ehemann« stattet eine Mutter ihrer Tochter und ihrem Schwiegersohn einen Besuch ab. Die Tochter ist ängstlich darauf bedacht, vor ihrer Mutter die Wahrheit über ihre bröckelnde Ehe zu verbergen. Plötzlich bemerkt die Mutter eine an die Kühlschranktür geklebte Lebensmittelliste. Bei näherem Hinsehen stellt sich heraus, dass die Liste säuberlich in »seine« und »ihre« Spalte aufgegliedert ist und eine exakte Aufstellung jedes einzelnen Rechnungspostens enthält. Der Mutter dämmert, dass ihre Tochter die Hälfte der Lebensmittelrechnungen zahlt, obwohl ihr Einkommen nur einen Bruchteil von dem ihres Mannes beträgt.

Am späteren Abend bricht die Tochter einen Streit mit ihrem Ehemann vom Zaun. Sie ist zutiefst unglücklich und sagt: »Wir sollten vielleicht mal darüber nachdenken, was unsere Ehe überhaupt für eine Basis hat ... Nicht dieses ewige Aufrechnen, wer wem was schuldet.«

Die Ursache ihres Kummers ist natürlich die Ungerechtigkeit in ihrer ehelichen Beziehung. Über die Jahre musste sie zu oft »Verluste schlucken« *(chi kui)*. Sie ist unfähig, dies zu verbalisieren, aber es besteht kein ausgewogenes Geben und Nehmen. Sie fühlt, dass sie zu kurz gekommen ist, nicht nur in finanzieller Hinsicht, sondern auch hinsichtlich Zeit, Hingabe, Aufmerksamkeit, Höflichkeit, Zuneigung und Loyalität. Die Ehe steuert auf die Scheidung zu.

Wenn ich jetzt im Nachhinein mit der Weisheit des Alters auf die beiden gescheiterten Beziehungen in meinem Leben zurückblicke, kann ich nicht umhin, mich zu wundern über meine haarsträubende Dummheit. Habe ich wirklich einmal geglaubt, dass ich »nach all dem je wieder glücklich« leben könnte, sei es bei Karl oder bei meinem ersten Ehemann, Byron? War ich wahrhaftig so naiv? Aber natürlich!

Wenn ich an Karl zurückdenke, sind mir am lebhaftesten seine vergeistigten, zartfühlenden und schmerzlich schönen Briefe in Erinnerung – selbst im Nachhinein und nachdem so viele Jahre vergangen sind. Wenn ich mir jene fernen Studententage ins Gedächtnis zurückrufe, nimmt die ganze Affäre einen surrealistischen, traumartigen Zug an. Das Bild von Karl – professoral, intellektuell, golden, unveränderlich und auf ewig vierunddreißig Jahre alt – ist ein überlebensgroßes Trugbild, das sich meiner Phantasie eingeprägt hat und womöglich in der Realität niemals wirklich existiert hat.

Ich entsinne mich, wie ich die steile, schmale Treppe zu seiner verstaubten und finsteren Wohnung im dritten Stock in Bloomsbury hinaufstieg. Dort saßen wir an den kostbaren Sonntagnachmittagen, die wir für uns hatten, eng aneinander gedrückt, für ein paar Stunden von den neugierigen Blicken seiner Kollegen und meiner Mitstudenten erlöst, und schoben beide unsere Panikattacken und Ängste für eine kleine Weile beiseite. Er war meine erste Liebe, und ich war fassungslos, berauscht und wie verzaubert, dass mir so ein hoch angesehener Wissenschaftler und brillanter Kopf den Hof machte.

Meine Güte, was für Erinnerungen! Da scheint es so vieles zu geben, über was ich noch nachdenken könnte! Meine Jugend, meine Waghalsigkeit und Leidenschaftlichkeit; seine Vorsicht, seine Ambivalenz und Zurückweisungen. Wann gelangte ich zu der Überzeugung, dass unser Schicksal besiegelt sei? Dass unsere Beziehung unvermeidlich auf einen Schiffbruch zusteuerte? Wann hörte ich auf zu hoffen? Meine Liebe war wie ein halluzinatorischer Fieberzustand, ein Labyrinth, in welchem ich umherraste, ein Irrgarten ohne Ausweg, ein qualvolles Gefängnis, aus dem es kein Entrinnen gab.

Tag um Tag, Monat um Monat, Jahr um Jahr schluckte ich bei unserem Handel eine Dosis *kui* – oder Verluste – nach der anderen. Das Maß an Zuneigung, die man gibt oder empfängt, ist selten exakt austariert, ganz gleich zwischen welchen zwei Menschen. Eine Seite ist immer fürsorglicher (oder weniger fürsorglich) als die andere. In unserem Falle war immer ich diejenige, die zuerst in Vorleistung ging, die nach einem Streit als Erste zum Telefonhörer griff, die vor Karls Labor wartete, um ihm ein Entschuldigungsbriefchen in die Hand zu drücken, die ihn anflehte, ein paar Stunden frei zu nehmen, damit wir seinen Geburtstag feiern konnten. Im Grunde meiner Seele wusste ich, dass seine Arbeit stets vor mir kommen würde. Er bereute es häufig, Zeit mit mir verbracht zu haben, da ihn dies von seinen Experimenten abhielt. Ich wusste das und versuchte, es mir nicht zu sehr zu Herzen zu nehmen, aber die *kui* (Verluste) häuften sich und begannen mich zu ärgern. Vielleicht waren meine Kindheitserfahrungen die Ursache, dass ich mich so intensiv nach seiner Liebe sehnte und wider alle Vernunft an der Beziehung festhielt. Ich hatte unglaubliches Glück, dass mir das *I Ging* meines Großvaters zu diesem entscheidenden Zeitpunkt meines Lebens in die Hände fiel. Wie der Autor Shen Gua unter der nördlichen Song-Dynastie (960 bis 1126 n. Chr.) geschrieben hat: »Da unser Geist häufig unvermeidlich überlastet ist, sollten wir uns bisweilen etwas Geistlosem zuwenden, um wieder Zugang zu ihm zu finden.«

Als ich mich endlich löste und seine Briefe zerriss, fühlte ich mich benommen, aber frei. Ich dachte, ich hätte keinen Schaden davongetragen, aber in meinem Innern hatten sieben Jahre Zurückweisung und Selbstverleugnung eine Menge negativen Ballast hinterlassen, der mich jetzt blockierte. Mein schwaches Selbstwertgefühl war schwer untergraben worden, doch ich war mir dessen in meiner Naivität gar nicht bewusst.

Ein Jahr später lernte ich Byron, einen chinesischen Ingenieur, kennen und heiratete ihn, nachdem er mir sechs Wochen den Hof gemacht hatte. Warum ich das tat? Ich weiß es eigentlich gar nicht so recht. Wir passten überhaupt nicht zueinander und waren eindeutig nicht füreinander bestimmt. Ich hatte ihn vermutlich aus höchst praktischen Erwägungen heraus geheiratet: Gesellschaft, Kinder, emotionale Sicherheit und soziale Anerkennung. Ich begegnete Byron direkt am Tage meiner Ankunft in New York: Ich war soeben sieben gemeinsamen Jahren mit Karl entronnen, an deren Ende ich (gleich wie ich es auch rationalisierte) fallen gelassen worden war. Ich sehnte mich nach einem Neuanfang in einem neuen Land. Und da stand er: der schmucke Held aller Kung-Fu-Romane, der mir ewige Treue gelobte und weniger als vierundzwanzig Stunden, nachdem er mich zum ersten Mal gesehen hatte, um meine Hand anhielt. In einem der seltenen lichten Momente kurz nach unserer Hochzeit rechnete ich aus, dass die Zeit, die Byron und ich unter vier Augen zusammen gewesen waren, bevor wir uns das Jawort gaben, sich auf weniger als zehn Stunden belief.

Unsere Verbindung war von Anfang an zum Scheitern verurteilt. Wir hatten nichts gemein. Anders als Karl habe ich Byron nie geliebt. Obwohl er attraktiv war und gut gebaut, empfand ich ihm gegenüber völlige Gleichgültigkeit. Wann immer er mich berührte, erstarrte ich zu Stein.

Nach eineinhalb Jahren kam unser Sohn Roger zur Welt. Als der Kleine sechs Monate alt war, fing Byron an, uns beide zu schlagen.

Trug ich meinen Part dazu bei, dass ich körperlich misshandelt wurde? Kommt mir ein Teil der Schuld für das Scheitern meiner ersten Ehe zu? Wurde ich aufgrund von eigenen, unerkannten neurotischen Bedürfnissen von Byron »niedergemacht«? Ich fürchte, die Antwort auf all diese Fragen lautet: »Ja«.

Warum bin ich nicht sofort gegangen, als Byron das erste Mal gewalttätig geworden ist? Immerhin hatte ich eine gute Ausbildung und einen sicheren Posten als Anästhesistin. So seltsam es auch scheinen mag und ohne dass ich mir selbst auch nur irgendetwas davon zum damaligen Zeitpunkt eingestanden hätte, muss ich der Meinung gewesen sein, dass das wechselseitige Geben und Nehmen in unserer ehelichen Beziehung trotz Byrons Gewalttätigkeit in Balance war.

Von da an hing das Damoklesschwert roher Gewalt über unserem Haus. Ich konnte nicht länger mit Byron schlafen, aber ich verließ ihn auch nicht. Mit meiner Karriere als Ärztin ging es bergauf, und mein Einkommen war bedeutend höher als seines. Dieser Umstand verstärkte seinen Groll gegen mich wahrscheinlich noch weiter. Er erwartete von mir, dass ich einen Fulltimejob meisterte, mich um das Baby kümmerte und außerdem noch sämtlichen häuslichen Pflichten nachkam. Für alles, was im Haus schief lief, wurde ich verantwortlich gemacht. Am Anfang warfen wir unsere Gehälter noch in einen gemeinsamen Topf, doch nachdem er eine unternehmerische Pleite erlitten hatte, ließ er sein Gehalt auf ein gesondertes Konto überweisen und verwendete meinen Verdienst, um seine Rechnungen zu begleichen.

Ich ertrug dies alles, weil mir die Schande einer Scheidung und die daraus resultierende Unehre, die diese über meine Familie gebracht hätte, unerträglich erschienen. Die Sehnsucht nach der Liebe meiner Eltern war so stark, dass ich es einfach nicht wagte, ihnen die Wahrheit zu erzählen. Im Krankenhaus erfand ich Geschichten, um den Schwestern und den übrigen Ärztekollegen meine blau unterlaufenen Augen und die Blutergüsse zu erklären; denn es war mir peinlich, ich kam mir dumm vor und schämte mich.

Das Ganze wäre möglicherweise für den Rest meines Lebens so weitergegangen, wenn meine Eltern uns nicht im sechsten Jahr meiner trostlosen Ehe einen Besuch abgestattet hätten. Nachdem sie das Wochenende mit uns verbracht hatten, müssen sie gespürt haben, dass unsere Beziehung nicht in Ordnung war. Ich habe das bereits in meinem Buch ›Fallende Blätter‹ beschrieben.

Mein Vater, meine Stiefmutter und ich waren unter uns, als ich sie ins Hotel zurückfuhr …

»Dieser Apartmentblock, den du uns vor zwei Tagen gezeigt hast«, fing Vater an, »der, den du zu kaufen gedenkst. Wer wird auf der Übertragungsurkunde als rechtmäßiger Besitzer eingetragen werden?«

»Ich habe Byron *und* mich als Käufer eingetragen, Vater«, antwortete ich wahrheitsgemäß. »So ist es üblich hier in Amerika. Beim Erwerb unseres Hauses wurden wir ja auch beide als Käufer eingetragen.«

»Was du da tust, ist unklug und wird zu Komplikationen führen«, mahnte mich Vater. »*Zhong gua de gua* 種瓜得瓜 (Du pflanzt Melonen und erntest Melonen). Als Byron in Hongkong war, erzählten er und sein Vater uns, dass er einen Besitz in Kowloon gekauft habe. Ist dein Name auf jener Urkunde mit eingetragen?«

Ich zögerte erschrocken. »Ich denke nicht, Vater. Byron hat mich nie gebeten, irgendwelche Papiere zu unterzeichnen.« Die Unterhaltung steuerte gefährlich nahe auf eine Diskussion über den Zustand meiner Ehe zu.

»Warum setzt du dann seinen Namen bei deinen Wohnungskäufen ein, obwohl er nicht einen Cent zu ihrem Erwerb beigesteuert hat? Sei nicht so naiv, Adeline! Denk nicht, du stündest über diesen Geldangelegenheiten, denn das tust du nicht. Such dir einen guten Anwalt und stell sicher, dass für das Gebäude dein Name eingetragen wird, und wirklich *nur* deiner. Hörst du?«

Ich hatte in den sechs Jahren, die wir verheiratet waren, fortwährend »Verluste geschluckt« *(chi kui)*, da ich von Geburt an das Gefühl hatte, nichts wert zu sein. In der Tiefe meines Herzens war ich immer noch das ängstliche kleine Mädchen, das sich davor fürchtete, zurückgewiesen zu werden. Indem ich Byron permanent »gewinnen ließ«, hatte ich insgeheim gehofft, ihm dazu zu verhelfen, sich auf wundersame Weise zu wandeln; er würde mich schließlich lieben, selbst wenn ich eigentlich nicht glaubte, dass ich gut genug war, um geliebt zu werden. Obwohl ich wusste, dass Byron egozentrisch und dickköpfig war, dachte ich immer noch, er verfüge über andere Tugenden wie Integrität und Redlichkeit. Doch in dem Augenblick, als mich mein Vater darauf aufmerksam machte, wie unlauter es von Byron war, den Immobilienkauf in Hongkong hinter meinem Rücken abzuwickeln, geriet irgendwo in meinem Innern etwas ins Kippen. Das eheliche Geben und Nehmen war nicht mehr im Gleichgewicht, und unsere Ehe zerbrochen.

Wenn wir das Yin-Yang-Prinzip in den Beziehungen zwischen Mann und Frau mit der Frage nach dem Geben und Nehmen verbinden und erkennen, dass Männer weitgehend (wenn auch nicht nur) Yang-Eigenschaften besitzen und sich von den Frauen, die zum größten Teil (wenn auch nicht ausschließlich) Yin-Eigenschaften aufweisen, unterscheiden, dann sollten wir akzeptieren, dass beide Seiten diese Unterschiede verstehen, sie im Kopf behalten und entsprechend handeln müssen, um eine dauerhafte und glückliche Partnerschaft aufrechtzuerhalten.

Das Profil von Yin

Mehr als alles andere hat Yin das Bedürfnis zu kommunizieren. Yin sehnt sich danach, häufig bedeutsame Dialoge zu führen und verstanden zu werden. Ihre Probleme loszuwerden und sich Yang gegenüber zu offenbaren ist für Yin lebenswichtig.

Respektieren Sie das grundlegende Bedürfnis von Yin. Schenken Sie Yin Gehör, sehen Sie sie an, und nehmen Sie sie, wenn nötig, in den Arm. Oft braucht Yang nicht einmal zu antworten, er kann einfach nicken und durch seinen Blick seine Teilnahme ausdrücken. Warum? Weil Yin in erster Linie nach emotionalem Rückhalt und Bestätigung sucht und nur in zweiter Linie nach logischen Antworten.

Yin jammert gern und häufig ein bisschen, was überflüssig und lästig scheinen mag. Doch Yang sollte daran denken, dass Yin, wenn sie sich beklagt, meist ihre Gefühle mitteilt und sich von Stress zu erleichtern sucht und nicht um Lösungen bittet oder Vorwürfe austeilt.

Yang sollte im Kopf behalten, dass die Klagen nicht an ihn gerichtet sind. Yin lässt lediglich Dampf ab. Unabhängig davon, ob Yang ihre Gefühle teilt oder nicht, sollte er sich bemühen, ihr den emotionalen Rückhalt zu geben, den sie in dem Moment sucht. Wählen Sie einen anderen, ruhigeren Zeitpunkt, um ein Gespräch zur Lösung von Problemen zu führen.

Yin ist von dem brennenden Wunsch beseelt, Yang zu helfen. Sie hofft sehnlichst, dass Yang sich bessert und Fortschritte macht. Dabei wird Yin Yang möglicherweise raten, mit dem Rauchen aufzuhören, weniger zu trinken, mehr Gemüse zu essen, Sport zu treiben, seine Mutter anzurufen, seinem Chef regelmäßig eine Geburtstagskarte zu schicken und dergleichen mehr.

Yang ist dies zutiefst zuwider, aber er sollte versuchen, keine feindseligen Gefühle zu nähren. Yang darf Yins konstantes Nörgeln nicht als Versuch ihrerseits auffassen, ihn zu kritisieren und zu kontrollieren. Stattdessen sollte sich Yang immer wieder sagen, dass dies Yins Art ist, ihre Liebe zu ihm zum Ausdruck zu bringen. Yin möchte einen besseren Menschen aus Yang machen und nörgelt an ihm herum, weil er ihr etwas bedeutet.

Yin leidet unter monatlichen Stimmungsumschwüngen, die ihr die Hormonschwankungen in ihrem Körper bescheren. Yins Periode kann scheußlich schmerzhaft sein, vergleichbar mit schlimmen Magenkrämpfen. Diese reißen Yin möglicherweise aus dem Tiefschlaf und halten vierundzwanzig Stunden an. Wenn Yin älter wird und die Menopause eintritt, bekommt sie möglicherweise Depressionen, erzählt Unsinn oder spielt sogar mit dem Gedanken an Selbstmord. Yang sollte daran denken, dass Yins Symptome real sind und nicht einfach nur Hirngespinste.

Yang sollte Yins Symptome nicht als »nichts« abtun. Er sollte vielmehr versuchen, Yin die erbetene Unterstützung zu gewähren, sie in den Arm nehmen, wenn sie sich an ihn schmiegt, ihre Tränen trocknen, wenn sie weint, und sich bemühen, nicht zu schimpfen oder um Erklärungen zu bitten.

Wenn Yin aufgebracht ist, hat sie das Bedürfnis zu reden. Wenn der

Videorekorder oder der Computer nicht richtig läuft, wendet sich Yin an jeden, der ihr gerade in die Quere kommt, und bittet um Hilfe. Wenn sie sich verirrt, fragt Yin Fremde nach dem Weg. Das alles sind Instinkte von Yin, die einen Teil ihres Wesens ausmachen. Wenn Yin mit Yang zusammen ist, wird sie möglicherweise vergessen, dass sie nicht allein ist, und dasselbe Verhalten an den Tag legen.

Yang sollte es nicht als persönliche Beleidigung auffassen, wenn Yin plötzlich von ihm wegläuft und den Idioten aus der Wohnung gegenüber um Unterstützung bittet, während Yang verzweifelt nach Hinweisen im Handbuch ihres neuen Computers fahndet. Yang sollte keinen Wutanfall bekommen, nur weil Yin ein vorbeifahrendes Auto aufhält, um nach dem Weg zu fragen, während Yang lieber in vollem Tempo weiterrast und den Weg zum neuen Haus von Yins Mutter alleine zu finden versucht. Jemanden um Hilfe zu bitten ist für Yin kein Zeichen von Schwäche oder einem Defekt. Es ist einfach Yins Art, und sie tut dies sicherlich nicht, um Yang zu demütigen.

Yin erwartet von Yang, dass er an ihren Geburtstag denkt, an den gemeinsamen Hochzeitstag und an wichtige Feiertage, und sie ist schwer gekränkt, wenn er es vergisst. Sie ist eine Sammlerin und genießt es, von Laden zu Laden zu bummeln und sich das Angebot anzusehen. Auch telefoniert sie lieber mit einer Freundin oder liest ein Buch, als sich den Boxkampf im Fernsehen anzuschauen.

Alltägliche kleine Gesten der Zuneigung von Yang werden Yin mehr bedeuten als die gelegentliche große Geste, dass er ihr ein Schmuckstück schenkt oder einen Pelz. Kochen Sie für Yin. Tragen Sie den Müll raus. Erzählen Sie Yin von Ihrer Ergebenheit. Beruhigen Sie Yin, und sorgen Sie dafür, dass sie sich geborgen fühlt.

Das Profil von Yang

Yang ist ein praktisches Wesen. Hat er Probleme, so zieht er es vor, nachzudenken und sie allein zu lösen. Das Letzte, was Yang möchte, ist, einen Misserfolg zuzugeben oder von seinem Kummer zu erzählen. Yang sucht greifbare Lösungen, nicht Mitgefühl oder verbale Rückendeckung.

Respektieren Sie Yang, und lassen Sie ihm den nötigen Freiraum. Selbst wenn Yin beinahe platzt vor Neugier, sollte sie Yang nicht mit Fragen bombardieren. Yin sollte Yang erklären, dass sie ihn akzeptiert, ihm vertraut und ihn liebt. Weiter sollte sie nichts sagen und Yang allein lassen. Wenn Yang so weit ist, wird er von sich aus das Gespräch mit Yin suchen.

Yang ist zielorientiert und nicht auf andere Menschen ausgerichtet. Yang hat ein größeres Interesse daran, seine Karriere voranzutreiben, sein Haus zu bauen, fliegen zu lernen und neue Geräte zu erfinden, als sich mit Leuten zu treffen oder neue Freundschaften zu schließen. Lange Telefonate schätzt Yang wenig. Er ruft seine Kumpels zu einem bestimmten Zweck an, dann hängt er wieder ein; wohingegen Yin ihre Freunde anruft, um »auf dem Laufenden zu bleiben und Kontakte zu pflegen« sowie aufbauende Gespräche über Gott und die Welt zu führen.

Gewähren Sie Yang die Unterstützung, aber auch den Raum, den er sich wünscht. Sorgen Sie dafür, dass bei der Aufteilung der häuslichen Pflichten die Vorlieben und Abneigungen jedes Partners berücksichtigt werden. Yang zieht es für gewöhnlich vor, Schreinerarbeiten, Autowaschen oder die Installation von Geräten zu übernehmen; wohingegen Yin normalerweise lieber kocht, sich um den Garten kümmert und übers Telefon die sozialen Kontakte pflegt.

Yang tendiert dazu, sich auf seine Karriere außerhalb des Hauses zu konzentrieren und häusliche und gesellschaftliche Entscheidungen Yin zu überlassen. Wenn man ihn nicht daran erinnert, vergisst Yang möglicherweise zur Schultheatervorstellung seiner Kinder zu erscheinen, seiner Mutter zum Geburtstag zu schreiben oder seinen ehemaligen Zimmergenossen aus Collegetagen im Krankenhaus zu besuchen. Yang betrachtet seine Kinder als »Verlängerung« seiner selbst und erinnert sich ihrer oft erst, wenn sie etwas Außergewöhnliches und Lobenswertes vollbracht haben. (Die ersten vierzehn Jahre meines Lebens bedeutete ich meinem erfolgreichen und wohlhabenden Vater so wenig, dass er sogar meinen chinesischen Namen vergaß, einen Namen, den er mir bei meiner Geburt selbst gegeben hatte.) Auch wenn Yang seine Kinder liebt, gebietet ihm seine Natur, seine Zeit und Energie auf seine Arbeit zu konzentrieren.

Yin sollte sich bemühen, nicht allzu gekränkt zu sein, wenn Yang ihren Hochzeitstag oder ihren Geburtstag vergisst. So tickt Yang nun einmal, und seine Vergesslichkeit spiegelt nicht etwa seine Gefühle für Yin wider. Erinnern Sie Yang daran, seine Mutter am Muttertag anzurufen oder früher heimzukommen, wenn die Kinder Klaviervorspiel haben. Gesellschaftliche Feinheiten sind nicht Yangs Stärke. Obwohl Yang nicht gut darin ist, zu telefonieren und Freunde zu einer Abendgesellschaft einzuladen, steht er auf der Einladung selbst häufig im Mittelpunkt, wenn Yin sie erst einmal organisiert hat.

Wenn das Paar um acht Uhr abends zum Essen eingeladen ist, wird Yang um halb acht startbereit im Auto sitzen und warten, wobei er denselben dunkelblauen Anzug anhat, den er wie eine Uniform bereits die letzten vier Jahre über getragen hat. In seiner Freizeit sehnt sich Yang danach, ein »Jäger« zu sein (zumindest in der Phantasie), und er genießt es, Ballspiele oder Boxkämpfe im Fernsehen anzuschauen und sich dabei mit dem Champion zu identifizieren.

Yin ist irritiert, dass Yang schon im Auto sitzt und wartet, während sie noch unter der Dusche steht, telefoniert oder sich das Hirn zermartert auf der Suche nach einem Kleid, das noch keiner an ihr kennt. Irgendetwas in Yang möchte, dass er pünktlich kommt (oder sogar ein bisschen zu früh), Yin dagegen »weiß«, dass sie niemals die Erste sein will, die irgendwo eintrifft. Auch wenn sie nicht begreifen kann, wie Yang stundenlang irgendwelche Sportsendungen ansehen kann, sollte sie akzeptieren, dass dies seine Art der Entspannung und wichtig für ihn ist.

Es liegt in seiner Natur, dass Yang ein Bild von sich selbst als kompetente, mächtige und effektive Person vermitteln möchte. Wenn es in der Arbeit schlecht läuft, überkommt Yang zu Hause üble Laune, und er zieht sich zurück. Statt sich Yin und seinen Kindern anzuvertrauen, tut Yang, als seien sie Luft, und schließt sich in seinem Arbeitszimmer ein, wo er über einen Ausweg nachgrübelt und versucht, auf eigene Faust eine Antwort zu finden.

Dies ist nicht der geeignete Zeitpunkt für Fragen, Ratschläge, Analysen oder Kritik. Yangs Schweigen bedeutet nicht, dass er Yin nicht liebt. Es liegt in seinem Wesen, dass er in solchen Zeiten alleine gelassen werden möchte, und Yin sollte Yangs Wunsch nach Alleinsein achten. Zugleich aber braucht Yang Yins Liebe und Akzeptanz jetzt mehr denn je. Yin muss Yang zu verstehen geben, dass sie für ihn da ist, wenn er sie braucht. Yin sollte Yang seine

Lieblingsgerichte kochen oder kleine Geschenke für ihn besorgen, um ihm zu zeigen, dass sie um ihn besorgt ist. Doch Vorschläge sollte Yin nur anbringen, wenn Yang sich mit der Bitte um Rat an sie wendet.

Behalten Sie zu allen Zeiten im Hinterkopf, dass unbewusst unaufhörlich Bilanz gezogen wird, was jeder investiert und was er für einen Gewinn aus der Verbindung zieht. Bis zu einem gewissen Grad ist jede Beziehung ein Handel, und jede Seite führt im Geiste Buch, was beide geben und empfangen, was »gekauft« und was »verkauft« wird. Auch wenn eine der beiden Seiten zu irgendeinem beliebigen Zeitpunkt eine bestimmte Aktion zu rechtfertigen sucht, weiß doch jeder Partner im Grunde seines Herzens ganz genau, wie die Aktien stehen und wie die Bilanz aussieht. Fair behandelt zu werden ist ein grundlegender menschlicher Wunsch, der in jedem von uns schlummert.

In ernsthaften Beziehungen zwischen Mann und Frau ist es für beide Seiten wichtig, Rücksicht zu zeigen und dem anderen so weit wie möglich nachzugeben. Das chinesische Wort *rang* 讓 drückt dieses Gefühl sehr gut aus. Es bedeutet »nachgeben«, »Platz machen«, »beiseite treten« oder »kapitulieren«.

Gelegentliche Konflikte sind in einer lang dauernden intimen Beziehung unumgänglich. Yin verwandelt sich selten in Yang; und auch die Wahrscheinlichkeit, dass Yang sich in Yin verwandeln lässt, ist gering. *Rang* ist ein komplexer Begriff, der die Elemente Akzeptanz, Höflichkeit, Nachgiebigkeit und Empathie gegenüber dem Standpunkt der anderen Seite beinhaltet. Streitereien entstehen gewöhnlich aus dem Wunsch, die Persönlichkeit oder das Verhalten des Partners zu kontrollieren oder zu ändern. Beide Seiten sollten daran denken, dass die Person, auf die wir den größten Einfluss haben, nicht unser Partner ist, sondern wir selbst. Indem wir eine bewusste Anstrengung unternehmen, unseren Partner zu akzeptieren und ihn oder sie zu lieben so wie er oder sie ist, erhöhen wir die Chance, vom Krieg zur Kooperation zu gelangen. Dies wird veranschaulicht durch das

Sprichwort *zhi ji zhi bi* 知己知彼 (sieh zu, dass du die Gegenpartei genauso gut kennst wie dich selbst).

Einigen Paaren wird es zur Gewohnheit, ungehemmt aufeinander loszugehen, aus dem Irrglauben heraus, dass sie durch die Demütigung ihres Partners etwas gewonnen haben. Leider ist das Gegenteil der Fall. In solchen Zankereien haben sie nicht nur nichts gewonnen, sondern sie haben das Qi ihres Partners erschöpft und ihr eigenes ebenfalls vermindert.

Unter Freunden findet das wechselseitige Geben und Nehmen in der Gestalt statt, dass man einander Gefälligkeiten erweist. A lädt B zum Tennis ein. B bringt A zum Flughafen. B repariert As Geschirrspülmaschine. A hilft B beim Verfassen seines Lebenslaufs. Wenn sie zum Essen gehen oder ins Kino, bezahlen A und B jeder die Hälfte.

Damit eine Freundschaft erhalten bleibt, muss sie sorgsam gepflegt und von Großzügigkeit getragen werden. Auch müssen beide Seiten das *mai/mai* als fair einschätzen. Wenn Partei A das Gefühl hat, dass sie unaufhörlich investiert, ohne von B genügend zurückzubekommen (Geld, Zuneigung, Zeit oder Gefälligkeiten), wird A schließlich seinem Groll Ausdruck verleihen und B unmissverständlich die Meinung sagen. Im Laufe unseres Lebens durchlaufen wir alle verschiedene Phasen. Als Kinder und Teenager haben die meisten von uns eine ganze Reihe von Kameraden, denen sie Tag für Tag in der Schule begegnen. Zwischen zwanzig und dreißig beginnen wir, diejenigen als Freunde auszuwählen, die ähnliche Ziele, Interessen, einen ähnlichen Bildungsstand oder ein verwandtes Betätigungsfeld haben. Zwischen dreißig und fünfzig sind wir gemeinhin zu sehr mit Kindern, Ehepartner und Karriere beschäftigt, um Freundschaften zu pflegen. Nach dem Fünfzigsten, wenn die Kinder flügge werden und aus dem Haus gehen, gewinnen Freundschaften wieder an Bedeutung und werden bis zum Lebensende für unser Glück und unsere emotionale Erfüllung immer wichtiger.

Zwischen Eltern und Kindern ist das wechselseitige Geben und Nehmen weit komplizierter, unvorhersehbarer und variabler, abhängig von den einzelnen Personen. Eltern schenken Kindern normalerweise »bedingungslos« all ihr Geld, ihre Zeit, Liebe und Aufmerksamkeit, solange diese klein sind. Wenn sie erwachsen werden, gibt es häufig eine Übergangsphase, in der die »Kinder« nach wie vor erwarten, dass ihre Eltern alles für sie tun und jede Rechnung begleichen. (Ich habe schon »Kinder« über vierzig kennen gelernt, die ein üppiges Einkommen hatten und automatisch erwarteten, dass ihre Eltern bezahlen, wann immer sie gemeinsam essen gingen.) Die meisten erwachsenen Sprösslinge verhalten sich jedoch freundlich, liebenswürdig, fürsorglich und großzügig gegenüber ihren Eltern, wenn sie älter werden.

Karl und ich rückten in unserer Beziehung niemals bis zu dem Punkt des Gebens und Nehmens vor. Im Rückblick denke ich, er hat nie ernsthaft daran gedacht, mich zu heiraten. Für ihn begann unsere Freundschaft vermutlich als reiner Zeitvertreib, eine Affäre, die er aus lauter Jux und Tollerei begann und die dann irgendwann aus dem Ruder lief. Er hatte sich vermutlich niemals träumen lassen, sich in eine Beziehung mit jemandem zu verstricken, der so jung, so ernsthaft, so engagiert und so besessen war. Als ich endlich seine Briefe vernichtete und ihn verließ, war er zweifelsohne erleichtert.

Ich hatte immer ein schlechtes Gewissen, dass ich Byron geheiratet habe, weil ich ihn zu keinem Moment liebte. Während wir zusammen waren, versuchte ich, dies ihm gegenüber wieder gutzumachen, indem ich die Superehefrau, die Superärztin und die Supermutter spielte; doch unter der Oberfläche gärte all die Zeit über auf beiden Seiten die unausgesprochene Unzufriedenheit. Ich hatte das Gefühl, ihm gegenüber unendlich oft nachzugeben. Während ich wieder und wieder schweigend meine »Verluste schluckte«, zog ich mich immer stärker zurück und kühlte zunehmend ab. Mir fiel ein Stein vom Herzen, als meine Eltern mir den Rat gaben, ihn zu verlassen.

Ein Jahr nach meiner Scheidung lernte ich Bob bei einem von einer Freundin arrangierten Blind Date kennen. Wir sind inzwischen siebenundzwanzig Jahre verheiratet. Wirklich von Anfang an und all die gemeinsame Zeit über war er fürsorglich und treu. In meinem ganzen Leben war ich nie jemandem begegnet, der so liebevoll war und von dem ich mich so zärtlich umsorgt gefühlt habe. Als Anästhesistin wurde ich oft wegen eines Notfalls ins Krankenhaus gerufen. Die Operationen waren anstrengend und zogen sich häufig bis in die Nacht hinein. Doch ganz gleich, um welche Uhrzeit ich nach Hause kam, fand ich das Abendessen fertig vor, und mein Mann wartete auf mich. Manchmal war er so erschöpft, dass er einnickte, während wir aßen.

Nach dem Erscheinen meines Buches ›Fallende Blätter‹ erhielt ich zahlreiche Einladungen, bei öffentlichen Veranstaltungen zu sprechen. Ohne zu zögern kam Bob stets mit, um mich zu begleiten. Ihm habe ich es zu verdanken, dass diese Anlässe eher zu Miniferien gerieten als zu stressigen Verpflichtungen. Er hat meine Vorträge so oft gehört, dass er sie wahrscheinlich schon in- und auswendig kennt, aber er ist unverändert dabei und sitzt unauffällig in einer Ecke über seinem Kreuzworträtsel. Das Wissen, dass er da ist, ist unbeschreiblich tröstlich und für mich von unschätzbarer Bedeutung.

Jeden Tag zeigt er mir durch eine Geste seine Liebe. Nicht mit Worten, sondern durch jede seiner Taten. Wenn ich Bilanz ziehe über das Geben und Nehmen innerhalb unserer Ehe, weiß ich, dass ich beständig in seiner Schuld stehe – einer Schuld, die ich niemals angemessen zurückzahlen kann.

Und ich bin dankbar dafür.

9

DIE VERBORGENE LOGIK IN DER GESTALT DER WÖRTER

字形藏理

Zi Xing Cang Li

Als Sechsjährige fragte ich einmal meinen Lehrer in Shanghai, weshalb die chinesischen Wörter ausgerechnet diese Gestalt hätten und nicht irgendeine andere. Bei einem Diktat hatte ich das Wort *che* 車 falsch geschrieben und eine schlechte Note erhalten. Ich ärgerte mich und wollte wissen, warum man *che* nicht so schreiben konnte, wie ich es getan hatte. Die Reaktion meines Lehrers bestand darin, dass er mir auftrug, das Wort *che* 50-mal mit Pinsel und Tusche abzumalen.

An jenem Nachmittag hakte mein Großvater nach, als er mich meine zusätzliche Hausaufgabe machen sah. Als ich ihm darauf von dem Wortwechsel mit meinem Lehrer erzählte, reagierte er ganz anders als dieser.

»Deine Frage ist hochinteressant«, erklärte er mir. »Unsere Sprache ist eine bildhafte Sprache. Jedes Wort ist das Bild einer Vorstellung oder einer Idee, die auf dem Papier ihren Ausdruck findet. Die Schriftzeichen haben diese besondere Gestalt, weil sie ursprünglich Zeichnungen waren. Mit der Zeit nahmen sie ihre jetzige Form an. Befasst man sich einmal intensiv mit der Geschichte und frühen Beispielen chinesischer Schriftzeichen, eröffnen sich einem an vielen Stellen faszinierende Einblicke in das Alltagsleben unserer Vorfahren.

Das Wort *che* bedeutet ›Fahrzeug‹ oder ›Wagen‹. In früheren Zeiten gab es noch keine Automobile. Die damaligen Transportmittel waren Wagen oder Kutschen. Dreh dein Blatt doch einmal um 90 Grad herum, und betrachte das Wort *che* aus einem anderen Blickwinkel. Sieht es nicht aus wie ein Karren mit einem Rad auf beiden Seiten, durch dessen Mitte eine Achse verläuft?

Wenn du künftig irgendein chinesisches Wort anschaust, so denk an den Satz *zi xing cang li* 字形藏理 (die verborgene Logik in der Gestalt der Wörter). *Li* bedeutet Logik, Vernunft, Wahrheit und Prinzip. Sezier jedes Wort und such nach dem *li*, das seine Zeichen verkörpern.

So könnte beispielsweise die Art, wie wir Chinesen die Ameise sehen, bei der Betrachtung des Wortes ›Ameise‹ 蟻 *(yi)* offenbar werden. Links steht 虫, was so viel heißt wie ›Insekt‹. Rechts steht 義, was so viel bedeutet wie ›Gerechtigkeit‹, ›Loyalität‹, ›Beziehung‹ und ›Selbstlosigkeit‹.«

Von der Philosophie als »Spiegel des menschlichen Geistes« beschrieben, reflektiert Sprache den Inhalt unserer Wahrnehmungen und Vorstellungen. Wir bedienen uns ihrer, um unsere Gedanken, Gefühle oder Ideen in eine klare Form zu gießen und sie anderen gegenüber zu äußern.

Unsere Vorstellungen bestimmen darüber, wie wir die Wirklichkeit wahrnehmen. Bestimmte Vorstellungen zu entwickeln mag auf den ersten Blick als natürlicher Vorgang erscheinen, der losgelöst ist vom Bereich der Sprache. In manchen Momenten ist er das tatsächlich. Denn selbst wenn wir unsere Gedanken in erster Linie mit Worten ausdrücken, so ist dies doch beileibe nicht der einzige Weg.

Emotionale und spirituelle Bilder lassen sich wahrscheinlich am besten über Musik, Kunst, Meditation oder körperliche Disziplinen wie Tanz, Qigong, Taiji oder Yoga vermitteln. Ein guter Künstler ist in der Lage, die Grenze zwischen Beobachtung, Gefühl und Ausdruck aufzuheben und so eine direkte Verbindung zum Geist des Betrachters herzustellen.

Mathematische Ideen können dagegen besser mit Hilfe eines speziellen

Zahlen-»Alphabetes« ausgedrückt werden, wobei sich eine unendliche Vielfalt von Begriffen und Sachverhalten mit einem kleinen und einfachen Satz von Symbolen darstellen lässt. Galileo Galilei schrieb dazu:

> *Die Philosophie ist in jenem großen Buch niedergeschrieben, das allzeit offen vor unseren Augen liegt – ich spreche vom Universum. Doch wir können es nicht verstehen, wenn wir nicht zuerst die Sprache lernen und uns die Schriftzeichen aneignen. Dieses Buch ist in der Sprache der Mathematik geschrieben, und die Schriftzeichen sind Dreiecke, Kreise und andere geometrische Figuren, ohne deren Hilfe es unmöglich ist, auch nur ein einziges Wort davon zu begreifen, und ohne die wir vergebens in einem finsteren Labyrinth umherirren.*

Unsere Art zu denken – und der Grad an Verfeinerung, den die von uns geschaffene Kultur besitzt – ist in hohem Maße abhängig von unserem Vokabular. Die Bedeutung der Mathematik für die Entstehung der Wissenschaft wurde von den Chinesen erst vor relativ kurzer Zeit erkannt, denn in China wurde das indisch-arabische Zahlensystem erst im zwanzigsten Jahrhundert übernommen und fand auch erst von da an Eingang in den Schulunterricht. Laut Leonardo da Vinci ist jedoch »eine Wissenschaft nur bis zu dem Grade perfekt, in dem sie mathematisch ist«. In den achtziger Jahren des neunzehnten Jahrhunderts, zur Jugendzeit meines Großvaters, mussten Zahlen noch in chinesischen Schriftzeichen aufs Papier gepinselt werden. Abgesehen davon, dass sie mühsam und zeitraubend ist, mangelt es dieser herkömmlichen Zahlenerfassungsmethode an zwei grundlegenden Komponenten: dem Stellenwert und dem Symbol Null.

. . .

Als mein Sohn Roger sieben Jahre alt war, schenkte ich ihm eine Schallplatte mit dem Titel ›Multiplication Rock‹, die er heiß und innig liebte. Er hörte sie von morgens bis abends, wirklich bis zum Umfallen, und trieb unsere ganze Familie mit den immergleichen Melodien, Rhythmen und Worten an den Rand des Wahnsinns. Einer der Songs hieß ›My Hero Zero‹ (›Mein Held Null‹). Der Text lautete in etwa so:

Mein Held Null,
Du brauchst bloß rechts neben Nummer eins zu stehn,
Schon wird daraus die Nummer zehn;
Und was mich noch mehr wundert:
Stehst rechts der Zehn du,
So wird die Zahl zur Hundert;
Und stellst du dich rechts neben diese,
wird sie zur Tausend – welch ein Riese.

Roger liebte diesen Song so sehr, dass ich ihm zu seinem achten Geburtstag eine Kurzgeschichte schrieb, in der sein Held Null eine tragende Rolle spielt und (gekleidet in eine leuchtend rote Soldatenuniform) all den übrigen neun Ziffern zu Hilfe eilt, die ihren Spott mit ihm getrieben und ihn heruntergemacht haben, weil er angeblich wertlos ist.

In gewisser Hinsicht veranschaulicht diese Geschichte, weshalb China auf dem Gebiet der Mathematik und Wissenschaft hinter dem Westen zurückgefallen ist. Das Zeichen Null, das im neunten Jahrhundert in Indien erfunden und als Bestandteil des indisch-arabischen Zahlensystems aufgenommen wurde, ist wahrhaftig ein ziemlicher Held. Und doch haben meine chinesischen Vorväter den Wert der Null vor dem zwanzigsten Jahrhundert nie wirklich erkannt.

In einem Punkt unterscheidet sich die Null von allen anderen Ziffern. Wie das geheimnisumwobene, nicht in Worte zu fassende Tao in Laozis *Tao Te King* ist die Null oder – in der nachfolgenden Übersetzung – der Sinn

. . . immer strömend.
Aber er läuft in seinem Wirken doch nie über.
Ein Abgrund ist er, wie der Ahn aller Dinge.
Er mildert ihre Schärfe.

Er löst ihre Wirrsale.
Er mäßigt ihren Glanz.
Er vereinigt sich mit ihrem Staub.
Tief ist er und doch wie wirklich.
Ich weiß nicht, wessen Sohn er ist.
Er scheint früher zu sein als Gott.

Vor ihrer Erfindung spielte die Null eine versteckte Rolle als leerer Raum auf dem Abakus, einem antiken Rechenbrett. Ihre Aufnahme als Zeichen (und ihre Etablierung als Platzhalter) hat der Null zu ihrer einzigartigen Macht und ihrem Status verholfen. Sie hat mich stets fasziniert, seit ich mich als Schülerin in Hongkong damit befasst habe. Bei dem Versuch, die verborgene Logik in ihrer Gestalt zu entdecken *(zi xing cang li)*, geriet ich in ihren Bann und war wie verzaubert. Ich lernte, dass sich durch das Hinzuaddieren der Null zu einer Zahl oder das Subtrahieren der Null von einer Zahl nichts veränderte. In solchen Fällen zählte die Null überhaupt nichts. Multiplizierte man dagegen eine beliebige Zahl mit Null, so wurde diese selbst zu Null, während jede durch Null dividierte Zahl zu Unendlich wurde. Ich entsinne mich, dass mich die paradoxen Kräfte der Null, dieser scheinbar so unbedeutenden Ziffer, aufs Höchste faszinierten. Für mich als Zwölfjährige schienen Null und Unendlich, wie Yin und Yang oder das Nichts und die Ewigkeit, zwei entgegengesetzte Enden des Kosmos zu verkörpern. Zwischen ihnen schlummerten sämtliche Geheimnisse einer zauberdurchwirkten Welt.

Meine Empfindungen gegenüber der Null haben sich über die Jahre nicht gewandelt. Wie das Tao wird die Null für mich immer rätselhaft und schön bleiben.

Die astronomischen Tabellen der Inder wurden zunächst in Bagdad ins Arabische und später ins Lateinische übersetzt. Der große Gelehrte und Intellektuelle, Papst Silvester II. (der nur vier Jahre, von 999 bis 1003 n. Chr., sein Amt ausübte), war einer der ersten Befürworter dieser Ziffern; doch der aus Pisa stammende italienische Kaufmann und Mathematiker Leonardo Fibonacci (1170 bis 1239 n. Chr.) war es, der in seinem Rechenbuch ›Liber Abace‹ als Erster die herausragende Bedeutung der Null schriftlich dargelegt hat. Er bemerkte darüber hinaus, dass die zehn arabischen Ziffern (9, 8, 7, 6, 5, 4, 3, 2, 1 und 0) die Möglichkeit böten, ein unendliches Spektrum an Zahlen darzustellen.

Vier Jahrhunderte später erkannte Leibniz bei seiner Lektüre des *I Ging*, dass man, statt sich der zehn arabischen Ziffern zu bedienen, jede beliebige Zahl auch allein unter Verwendung von Eins und Null darstellen kann. Dies ist das (auf zwei Zahlen basierende) binäre oder Dualsystem in der Mathematik, das heute in Computern zur Anwendung kommt. Für Leibniz stand die Eins für Gott, die Null für die Leere, und die binäre Mathematik symbolisierte das Erschaffen des Universums aus dem Nichts *(Creatio ex nihilo)*. 1703 veröffentlichte er einen Beitrag an der Französischen Akademie der Wissenschaften, in dem er das Verhältnis zwischen der binären Mathematik und dem *I Ging* diskutierte. Sein Briefwechsel mit den in China tätigen Jesuitenmissionaren Joachim Bouvet, Jean-François Foucquet und Antoine Gaubil offenbarte den brennenden Wunsch, von chinesischen Denkern und Philosophen zu lernen.

. . .

Die Vorteile bei der Verwendung arabischer Ziffern waren so unübersehbar, dass diese nach und nach sämtliche anderen Zahlensysteme ersetzten. Sie sind mittlerweile international als das Basis-»Alphabet« in der Sprache der Mathematik akzeptiert und werden von manchen als die »eine und einzige wirkliche Universalsprache« bezeichnet. Obschon dieselben Zahlen und mathematischen Symbole in verschiedenen Ländern unterschiedlich ausgesprochen werden, bleibt ihre Bedeutung doch auf der ganzen Welt dieselbe. Dies hat den Fortschritt und den Austausch wissenschaftlicher Erkenntnisse sehr erleichtert.

Wie bereits weiter oben erwähnt, brachte die Erfindung der Null zugleich den zweiten zentralen Begriff mit sich, der eine riesige Revolution im mathematischen Denken ausgelöst hat. Dies ist der Begriff des »Stellenwerts«.

Laplace, ein großer Mathematiker aus dem achtzehnten Jahrhundert, sagte über den Stellenwert, die Idee sei so einfach, dass ebendiese Einfachheit selbst die Ursache dafür sei, dass uns nicht bewusst werde, welche Bewunderung sie verdiene.

Diese beiden Erfindungen (Stellenwert einer Ziffer und das Zeichen für Null) werden von vielen als einer der wichtigsten mathematischen Entwicklungsschritte der letzten dreitausend Jahre betrachtet. Die Null erlaubt es, jede Zahl an die richtige Stelle zu bringen. Eine Zwei vor drei Nullen (2000) besitzt einen gänzlich anderen Wert als dieselbe Zahl Zwei vor sechs (2 000 000) oder neun (2 000 000 000) Nullen. Man könnte sagen, dass jede gegebene Zahl zwei Werte besitzt: einen Zahlwert, der durch die allein stehende Ziffer an sich angezeigt wird, und einen Stellenwert, der von ihrer Positionierung innerhalb einer Folge von Ziffern abhängt, welche der Darstellung einer bestimmten Zahl dient.

Die Chinesen haben im sechsten Jahrhundert v. Chr. den Abakus (*suan pan* 算盤), also das Rechenbrett, erfunden und verwendeten diesen die darauf folgenden 2500 Jahre. Das Verständnis des Stellenwerts ist darin ebenso implizit enthalten wie der Begriff der Null, wann immer eine Zahl auf dem Abakus »eingetragen« wird. Für die Zahl 1001 wird zum Beispiel eine einzige Perle in die vierte Spalte von rechts geschoben, wobei die dritte und zweite Spalte leer bleiben und Nullen bedeuten; eine weitere einzelne Perle wird in der ersten Spalte positioniert. Wenn man allerdings dieselbe Zahl in chinesischer Schrift zu Papier brachte, wurde sie als *yi qian yi* 一千一 (eintausendeins) transkribiert.

Dabei enthalten die drei Wörter *yi qian yi* jedoch, genau wie die alten römischen Zahlen, weder einen Stellenwert noch das Zeichen für Null. Dies bedeutete, dass chinesische Mathematiker nicht in der Lage waren, schnell und einfach Zahlen zu Papier zu bringen, um exakte Rechenoperationen vorzunehmen. Das mathematische Denken konnte auf kein angemessenes Alphabet zugreifen, was der Darstellung sowie dem Fortschritt und der Weiterentwicklung nicht gerade förderlich war. Infolgedessen wurde auch die Infinitesimalrechnung nie erfunden, die wissenschaftliche Entwicklung wurde gehemmt, und China fiel technologisch hinter den Westen zurück.*

Vergleicht man die Schriften Marco Polos (1254 bis 1324 n. Chr.), der über die Yuan-Dynastie berichtet, mit denen von Matteo Ricci (1552 bis 1610 n. Chr.), der während der Ming-Dynastie in China weilte, so sind die Unterschiede erstaunlich. Marco Polos Werk ›Die Reisen des Venezianers Marco Polo‹ enthält eine Fülle von Bemerkungen zu der Macht, der Stärke und den Wunderleistungen (Druckkunst, Papiergeld, Kaiserkanal) eines reichen und erstaunlich fortschrittlichen Landes, während Matteo Ricci das China des sechzehnten Jahrhunderts in seinen Tagebuchaufzeichnungen als Nation beschreibt, die von Physik, Geometrie und Astronomie keine Ahnung hat und deren Bevölkerung mit Analphabetismus, Aberglaube, der Praxis des Füßeeinbindens sowie der Ermordung weiblicher Neugeborener gestraft ist. Ricci empfand seinem Gastland gegenüber alles andere als Ehrfurcht und köderte potenzielle Konvertiten (einschließlich einiger der besten und brillantesten gelehrten Mandarine), indem er sie mit Blendwerk wie europäischen Uhren, Prismen, Teleskopen, Globen, Landkarten, Gemälden sowie Mathematik- und Astronomiebüchern in seinen Bann zog. In einem Zeitraum von weniger als 300 Jahren hatte der Westen aufgeholt und China auf dem Feld der Wissenschaft und Technologie überrundet.

* Hierzu wäre anzumerken, dass nach Robert Temples Ausführungen in seinem Buch ›The Genius of China‹ (1986) das Symbol Null in China zum ersten Mal auf einem Druck aus dem Jahre 1247 auftaucht. Doch die Chinesen neigten zur Geheimniskrämerei und machten ihr Werk selten der Öffentlichkeit zugänglich. Auch war es traditionellerweise unüblich, bei der Lösung mathematischer Probleme die einzelnen Rechenschritte offen zu legen.

Im Sommer 1951, als ich dreizehn Jahre alt war, erlaubte mir meine Stiefmutter, für ein paar Tage nach Hause zu kommen, um mich von einer Lungenentzündung zu erholen. Mein Bruder James war gerade von China nach Hongkong geflohen und teilte sich mit meinem Großvater ein Zimmer. Sie stellten ein Feldbett zwischen ihre beiden Betten, und wir drei unterhielten uns bis tief in die Nacht hinein, wobei James und ich Ye Ye mit Fragen zu seiner Vergangenheit bombardierten.

»Wie war Vater als junger Mann?«, wollte James wissen.

»Er war so intelligent! Ich erinnere mich noch an die Anfangszeit, als er mit achtzehn Jahren in meine Firma, Hwa Chong Hong, mit einstieg; er war gerade von Shanghai nach Tianjin gezogen und kaum drei Monate bei uns, als mein Vorgesetzter, K. C. Li, mich in sein Büro rief. ›Dein Sohn ist wirklich etwas Besonderes!‹, verkündete er. ›In weniger als drei Monaten hat er bereits Licht in unsere chaotische Buchhaltung gebracht und den Dieb in unseren Reihen dingfest gemacht.‹

Zu jener Zeit wurde für das Addieren, Subtrahieren, Multiplizieren oder Dividieren der Einnahmen und Ausgaben lediglich ein Abakus verwendet.* Nun ist der Abakus zwar ein wunderbares Hilfsmittel, aber die Schritte, die eine Person vornimmt, ehe sie auf ihr endgültiges Ergebnis kommt, werden nicht schriftlich festgehalten. In China ist es nämlich herkömmlicherweise nicht üblich, dass man die Reihe der Zwischenrechnungen, über die man sich der Lösung eines mathematischen Problems nähert, niederschreibt. Was euer Vater machte, war, sämtlichen Mitarbeitern das ausländische Zahlensystem beizubringen und darauf zu bestehen, dass jeder seine Rechnungen Schritt für Schritt auf einem Stück Papier festhielt.

Über zweitausend Jahre lang konnten Addition, Subtraktion, Multiplikation und Division, bei denen sehr hohe Zahlen entstanden, nur auf dem

* Es ist möglich, aber höchst beschwerlich, mathematische Berechnungen auf dem Papier durchzuführen und dabei lediglich chinesische Schriftzeichen zu verwenden. Bis zur Übernahme des indisch-arabischen Zahlensystems wurden in China nahezu alle Rechenoperationen mit dem Abakus vorgenommen – weil es nicht anders ging, nicht weil dies ein Vergnügen gewesen wäre.

Abakus durchgeführt werden, weil es bei den geschriebenen chinesischen Zahlen weder eine Null noch einen Stellenwert gibt. Nachdem sie sich mit den indisch-arabischen Ziffern vertraut gemacht hatten, nahmen es einige junge Buchhalter in unserer Firma bei ihren täglichen Berechnungen erfolgreich mit den Abakisten der alten Schule auf (also mit jenen, die mit dem Abakus arbeiteten). Sie waren nicht nur schnell und genau, sondern diese jungen Anhänger eures Vaters verfügten über den Vorteil, dass sie eine fortlaufende schriftliche Dokumentation ihrer Berechnungen in Händen hatten.

In einer großen Firma wie der unseren war es einfach, kleinere Geldsummen zu unterschlagen, ohne dass einem jemand auf die Schliche kam. Der Dieb, Ho Lan, pflegte hier und da zu seinem Vorteil zu »rechnen«, indem er aus zehn Dollar einen Dollar machte und die Differenz in seine eigene Tasche wandern ließ. Keinem gelang es, ihn zu fassen, bevor euer Vater in die Firma eintrat. Ab da jedoch gab es keine Abweichungen mehr in der Bilanz.«

. . .

Anders als beim mathematischen Zeichensystem verbinden sich bei der gesprochenen Sprache Klang und Bedeutung. Das Chinesische unterscheidet sich vom Englischen und Deutschen dadurch, dass chinesische Wörter nur aus einer Silbe bestehen und es kein Alphabet gibt, das einen Zusammenhang zwischen schriftlicher Form und Aussprache schaffen würde. Jedes Wort wird durch ein eigenes Symbol dargestellt, dessen Klang und Bedeutung man sich gesondert merken muss. Im Englischen oder im Deutschen geben die Buchstaben die Aussprache weitgehend vor, wohingegen chinesische Schriftzeichen gemalte Ideen sind.

Mein Großvater Ye Ye machte einst die Bekanntschaft eines äußerst wortkargen Franzosen, der als Übersetzer im französischen Konsulat in Shanghai arbeitete. Dieser lernte nie, Chinesisch zu sprechen, und pflegte mit Ye Ye ausschließlich über Briefe zu kommunizieren. Intelligent und künstlerisch veranlagt, wurde er von seinen chinesischen Kollegen mit dem Spitznamen »der stumme Kalligraph« bedacht, denn er hatte eine ausgeprägte Handschrift, bei der jedes Wort kraftvoll mit einem Kamelhaarpinsel, Tusche und Unmengen von Qi – oder Energie – gemalt war.

Im Jahre 1878, als mein Großvater geboren wurde, war die Mehrzahl der Chinesen Analphabeten. Es gab keine öffentliche Schulbildung, und Söhne aus reichen Familien wurden zu Hause von Privatlehrern unterrichtet. Mädchen wurden gar nicht ermuntert, lesen oder schreiben zu lernen.

Seit Konfuzius' Lebzeiten wurde das Schriftchinesisch über zweieinhalbtausend Jahre lang beinahe unverändert von Generation zu Generation weitervermittelt. In der Zwischenzeit entwickelte sich die gesprochene Sprache unabhängig davon weiter; und so wich im Laufe der Jahrhunderte die geschriebene klassische Sprache, die als *wen yan* 文言 bekannt ist, immer stärker von der gesprochenen ab. Doch obgleich *wen yan* (wie Latein) eine tote Sprache war und keiner es sprach, wurde es als schriftliches Medium der kaiserlichen Prüfungen eingeführt. Als solches war es ein Symbol der Macht und forderte äußersten Respekt.

Wie schon im Kapitel über Konfuzius erwähnt (siehe Seite 74), führte im Jahre 1917 Dr. Hu Shi eine sprachliche Revolution herbei, die als »chinesische Renaissance« bezeichnet wird. Endlich wurde die gesprochene Alltagssprache als schriftliches Ausdrucksmittel akzeptiert und ersetzte das klassische Chinesisch, *wen yan*. Zum ersten Mal nach zweieinhalbtausend Jahren fanden Rede und Schrift zueinander, und es entstanden Zeitungen, Bücher und Magazine in einer lebenden Sprache.

Von den 1,3 Milliarden Menschen in China spricht die Mehrzahl Mandarin, den Peking-Dialekt, der auch als *guo yu* 國語 (Staatssprache) oder *pu tong hua* 普通話 (allgemeingültige Sprache) bekannt ist. Der Rest der Bevölkerung benutzt verschiedene Dialekte wie Kantonesisch, Shanghainesisch, den Fukisu-Dialekt und andere. Trotzdem ist eine schriftliche Verständigung zwischen allen gebildeten Chinesen ungeachtet ihres angestammten

Idioms möglich, da die chinesische Schrift eine einheitliche Bedeutung vermittelt, unabhängig von ihrer Aussprache.

Chinesisch ist die älteste lebende Sprache der Welt. In Dawenkou in der Provinz Shandong hat man auf Tongefäßen frühe Schriftzeugnisse gefunden, die auf das Jahr 2597 v. Chr. zurückgehen. Auch auf Schildkrötenpanzern und Rinderknochen aus der Shang-Dynastie (1766 bis 1123 v. Chr.) wurden eingeritzte Wörter entdeckt.

Angeblich existieren mehr als fünfzigtausend chinesische Schriftzeichen (gegenüber sechshunderttausend englischen Wörtern), auch wenn ein durchschnittliches chinesisches Lexikon lediglich um die zehntausend Wörter enthält. Aber dennoch versetzt die Kenntnis von nur dreitausendfünfhundert Zeichen einen Leser in die Lage, 99 Prozent vom Inhalt einer Tageszeitung zu verstehen. Da jedes Schriftzeichen aus einer einzigen Silbe besteht und die tatsächliche Zahl unterschiedlicher chinesischer Silben auf 434 begrenzt ist, werden viele Zeichen von gänzlich unterschiedlicher Bedeutung ähnlich ausgesprochen, obwohl sie verschieden geschrieben werden. Auf Mandarin wird das Zeichen für »Mutter« 媽 ausgesprochen wie *ma*. *Ma* ist aber auch die gesprochene Form zahlreicher anderer Wörter wie »Pferd« 馬, »schimpfen« 罵, »taub« 麻, »Ameise« 螞蟻 und so weiter. Wie aber kann man nun im gesprochenen Chinesisch ein *ma* vom anderen unterscheiden?

Um dieser Verwirrung vorzubeugen, hat sich das gesprochene Chinesisch zu einer zweisilbigen Sprache entwickelt. Schätzungen zufolge bestehen mehr als 80 Prozent der alltagssprachlichen Begriffe aus zwei (oder seltener auch mehr) Schriftzeichen. Die Zweisilbigkeit wird dadurch erzielt, dass man ein zweites Wort hinzufügt, um das erste zu verdeutlichen oder zuzuordnen.

Ähnlich klingende Wörter werden auch beim Reden durch die Verwendung unterschiedlicher Töne differenziert, von denen es im Peking-Dialekt vier gibt. Die Beherrschung dieser Töne ist eine Grundvoraussetzung, wenn man richtig Chinesisch sprechen will. Nehmen wir einmal den Klang von *ma* als Beispiel: Wenn es im ersten, hohen und ebenen Ton gesprochen wird, bedeutet *ma* 媽 so viel wie »Mutter«. In der zweiten Variante, wo der Ton ansteigt wie bei einer Frage, bedeutet *ma* 麻 »taub« oder »Ameise«. Im dritten Fall wechselt der Sprecher von einem fallenden in einen ansteigenden Ton, und *ma* 馬 bedeutet »Pferd«. Bei der vierten Spielart ist die Intonation fallend, und *ma* 罵 heißt »schimpfen«.

Jedes chinesische Schriftzeichen ist entweder dem Abbild einer Sache entsprungen (wie 田 für »Feld, Ackerland«) oder dem Symbol einer abstrakten Idee (wie 上 für »oben« oder 下 für »unten«). Im Zuge der kulturellen Entwicklung wurden zwei oder mehr Zeichen zu einem dritten, neu zusammengesetzten Kompositum kombiniert, das eine eigene Aussprache und Bedeutung hatte, wie zwei Bäume 林, die einen Wald bezeichnen; Sonne 日 über einer waagerechten Linie für »Dämmerung« 旦 oder Stärke 力 in Verbindung mit Feld 田 für Mann 男.

Viele Komposita bestehen aus zwei Teilen. Ein Teil wird der bedeutungstragende Teil oder Radikal genannt und vermag eine allgemeine Vorstellung von der Kategorie zu vermitteln, zu der ein bestimmtes Zeichen gehört. Der andere (phonetische) Teil vermag einen Hinweis auf die Aussprache zu geben. Das Wort für Mutter hat einen sinntragenden Radikal, *nü* 女 (Frau), auf der linken Seite und das Zeichen 馬 (Pferd) auf der rechten. Da Pferd *ma* ausgesprochen wird, zeigt es an, dass Mutter 媽 ebenfalls *ma* ausgesprochen wird.

Die meisten chinesischen Wörter können nicht als Nomina, Adjektive, Verben oder Adverbien eingeordnet werden. Die Mehrzahl von ihnen sind »Grundbegriffe« und können äußerst flexibel von einer Kategorie in die andere hinüberwechseln. Sie sind wahre Verwandlungskünstler, die jede beliebige Funktion übernehmen können, die gerade verlangt wird. Abhängig von seiner Stellung im Satz kann ein Wort wie 下 *xia* (unten) in folgenden Bedeutungen gebraucht werden: »hinabsteigen« (Verb), »ein Untergebener« (Nomen), »das nächste Mal« (Adverb), »niedrig« (Adjektiv) sowie viele weitere.

Im Chinesischen gibt es keine Flexion, und seine Grammatik zeichnet sich durch das Fehlen von Regeln aus. Es gibt weder Tempora, Plural,

Genus noch Fälle oder Endungen. Auch gibt es im Chinesischen keine Vor- oder Nachsilben. Folglich ist es unmöglich, die Vorstellung des »Vordatierens« zu vermitteln, indem man vor das Wort »datieren« die Silbe »vor« setzt. Ebenso wenig ist es möglich, die Nachsilbe »lich« hinter »grün« zu setzen, um den Farbton »grünlich« auszudrücken.

Die chinesische Sprache baut beinahe ausschließlich auf die Wortstellung im Satz und auf die Verwendung von Hilfswörtern, um Bedeutung zu vermitteln. Ein Satz wie »Ich schlage er« unterscheidet sich im Chinesischen von »Er schlage ich« einzig durch die Stellung der darin enthaltenen Wörter. Im Englischen wie im Deutschen gilt: Ein Nomen ist ein Nomen ist ein Nomen.

Für den westlichen Sprecher suggeriert ein Nomen »etwas Substanzielles« mit spezifischen Eigenschaften. Doch im Chinesischen kann praktisch jeder Grundbegriff zu einem Nomen werden, je nach seiner Stellung im Satz. Die Bedeutung eines einzigen Wortes kann ausschließlich in Beziehung zu den restlichen Wörtern bestimmt werden. Daher ist die Beziehung zwischen den Wörtern im Chinesischen wichtiger als die »Sache« selbst.

Hilfswörter werden leere oder Leerwörter genannt, weil sie aus sich selbst heraus keine Bedeutung besitzen. Ein Hilfswort wie 嗎 am Ende eines Satzes hat die Funktion eines Fragezeichens.

Es ist schwierig, die exakte Bedeutung eines Satzes zu bestimmen, wenn es so wenig Grammatikregeln gibt. Die Beugung der Wörter im Englischen oder Deutschen weist jedes Substantiv in einem Satz als Singular- oder Pluralnomen aus, jedes Verb als Vergangenheits-, Gegenwarts- oder Futurform eines Tätigkeitswortes, und bestimmt die Art eines Gegenstands oder einer Handlung. Die chinesischen Wörter werden dagegen nicht gebeugt, und ihr Sinn kann nur im Zusammenhang mit anderen Wörtern erschlossen werden. Dies zieht eine schriftliche Form nach sich, die mehrdeutig, ungenau und offen für abweichende Interpretationen ist. Juristische Termini und abstrakte logische Argumentationsketten, bei denen jedes Wort zählt, sind bisweilen schwer vom Englischen oder Deutschen ins Chinesische zu übersetzen.

Chinesische Sätze kommen ohne Verb aus. »Großes Haus« ist zum Beispiel im Chinesischen ein vollständiger Satz. Außerdem gibt es das Verb »sein« dort nicht. Im westlichen Denken sind Subjekt und Attribut zwei getrennte Dinge. Doch im Chinesischen lässt sich ein Satz wie »Sein oder Nichtsein« nicht formulieren (ich habe es einmal übersetzt gesehen als »Lass mich leben oder lass mich sterben«). Im Westen werden Sein und Form getrennt gedacht. Die chinesische Sprache trennt die beiden nicht.

Ein einfacher Satz wie »Da ist ein Hund« würde ins Chinesische übersetzt als »Hat Hund«. Der Sinn von »sein« ist ganz offenkundig ein anderer als der von »haben«, doch es gibt kein exaktes chinesisches Äquivalent für »sein«. Nach chinesischer Vorstellung »hat« jemand einen Hund, auch wenn dieser Jemand nicht eigens erwähnt wird. Der chinesische Begriff 有 (hat) ist die einzig mögliche Übersetzung für das Wort »sein«, so wie es in dem Satz verwendet wird, doch der Begriff »haben« impliziert, dass der Hund einem vagen, ungenannten Wesen gehört, während eine solche Beziehung in dem Satz »Da ist ein Hund« nicht enthalten ist.

Ein weit verbreiteter Fehler, den Chinesen im Englischen oder auch im Deutschen machen, betrifft den Gebrauch der Pronomen »er«, »sie« und »es«. »Er« 他, »sie« 她 und »es« 它 werden im Chinesischen alle unterschiedlich geschrieben, aber die Aussprache ist dieselbe: *ta*. Wenn sie sich in einer europäischen Sprache unterhalten, benutzen viele Chinesen häufig »er« für »sie« oder »es« und umgekehrt (auch ich selbst habe diesen Fehler gemacht). Da der Laut *ta* im Chinesischen für alle drei Pronomen steht, gibt es bei uns irgendeinen Schalter im Gehirn, der uns dazu bringt, diese Wörter durcheinander zu werfen, wenn wir Englisch sprechen, was bei den Zuhörern für große Verwirrung sorgt.

Versuchen wir, persönliche Angaben wie Name oder Adresse mitzuteilen, bleibt uns Chinesen häufig nichts anderes übrig, als die Informationen auf ein Stück Papier zu schreiben. Auf Cocktailpartys und bei gesellschaftlichen Anlässen, wo weder Stift noch Papier in Reichweite sind, retten wir uns damit, dass wir die korrekte Zeichenfolge »schreiben«, indem wir ein bestimmtes Zeichen in die Luft oder auf die Hand des Gesprächspartners malen. Wo solcherlei pantomimisches Schreiben nicht möglich ist (zum Beispiel am Telefon), kann es gut passieren, dass wir zu E-Mail, Fax oder Brief Zuflucht nehmen, um den genauen Wortlaut zu übermitteln. Vielleicht ist dies der Grund dafür, dass uns die Art und Weise, in der Begriffe geschrieben werden, so wichtig ist.

Die chinesische Kalligraphie ist eine Kunst, die im Idealfall eine gefühlsmäßige Reaktion im Innern des Betrachters hervorruft, und daher kann die Wiedergabe eines Wortes in lateinischen Buchstaben, etwa in der Pinyin-Umschrift*, niemals vollständig sein, da diese allein auf dem Klang beruht. Prestigeträchtiger als Malen, Musik oder Dichtung war *shu fa* 書法 (die Kunst des Schreibens), eine der angesehensten Kunstformen im kaiserlichen China. Ich habe fromme Buddhisten gesehen, die auf Knien zu einem Buddha beteten, dessen Bild einzig und allein durch das isoliert stehende, aus der jäh aufragenden Flanke eines Hügels herausgemeißelte chinesische Wort *fo* 佛 (Buddha) dargestellt wurde – was ein ganzheitliches Verständnis zeigte, das psychische Barrieren zu sprengen schien. Irgendwie kann ich mir nicht vorstellen, dass jemand von der (in lateinischen Buchstaben geschriebenen) Pinyin-Version desselben Wortes in ebendem Maße berührt wird.

Obwohl es im Chinesischen keinen direkten Zusammenhang zwischen Schrift und Rede gibt, beeinflusst doch unsere Art zu sprechen unsere Art zu denken. Jede Sprache errichtet einen Zaun um diejenigen, die sie von Geburt an sprechen, und nimmt deren Denken innerhalb ihres Vokabulars (und ihrer Grammatik) gefangen, wenn sie nicht einen Weg hinausfinden. Freiheit erlangt man, indem man sich mit einer zweiten Sprache vertraut macht. Dieses neue Wissen befähigt uns, den Standpunkt des objektiven, außen stehenden Betrachters einzunehmen. Es verschafft uns frische Ein-

* Die Pinyin-Transkription ist die seit 1979 offiziell verwendete Umschrift chinesischer Namen und Begriffe in lateinische Buchstaben. Vor allem im angelsächsischen Raum ist aber bisweilen noch die Wade-Giles-Transkription anzutreffen. [Anm. d. Übs.]

blicke und verbessert dabei zugleich das Wechselspiel zwischen Sprache und Denken.

Als aus China immigrierte Sinoamerikanerin werde ich häufig gefragt, wo ich mich mehr zu Hause fühle, in China oder in Amerika. Die Wahrheit ist, dass ich mich als Chinesin fühle, wenn ich mich in Gesellschaft von Chinesen befinde, und als Amerikanerin, wenn ich mit Amerikanern zusammen bin. Ich weiß auch, dass beim Hin- und Herschalten zwischen den beiden Sprachen meine Stimmung, mein Ausdruck, meine Gesten, meine Haltung und sogar mein Humor eine entsprechende Färbung annehmen.

. . .

Im Winter 1979 reisten mein sinoamerikanischer Ehemann Bob und ich mit einer Gruppe angloamerikanischer Freunde nach China. Zu jener Zeit öffnete das Land nach einer Unterbrechung von dreißig Jahren gerade wieder seine Pforten für Touristen. Überall, wo wir hinkamen, liefen die Leute zusammen, starrten uns an und zeigten auf uns, als seien wir Besucher von einem anderen Stern.

An unserem letzten Nachmittag in Shanghai lagen mir unsere Freunde in den Ohren, ich möge doch bei einem nahe gelegenen Antiquitätenladen anrufen, um einen Einkaufsbesuch zu arrangieren. Es war beinahe fünf Uhr nachmittags, und sie machten sich Sorgen, der Laden könne bald schließen. Ich schaffte es, die widerstrebende Verkäuferin zu überreden, das Geschäft noch über die Ladenschlusszeit hinaus geöffnet zu lassen, vorausgesetzt, wir träfen vor fünf dort ein.

Kaum hatte ich eingehängt, raste ich zu dem Laden, während mein Mann den Rest unserer Gruppe zusammentrommelte. Die Verkäuferin entpuppte sich als unglücklich wirkende Frau in den Fünfzigern. Ich war ziemlich aufgekratzt, dass ich in der Lage war, mich mit ihr in meinem angestammten Shanghaier Dialekt zu unterhalten, und wir plauderten eine Weile lang liebenswürdig miteinander. Ich erzählte ihr, dass ich Ärztin sei und in Kalifornien lebte.

Nachdem jedoch geraume Zeit verstrichen war und meine »Gruppe amerikanischer Freunde« nicht auf der Bildfläche erschien, wurde sie zusehends unmutig und misstrauisch. »Sie sagten, sie wären in fünf Minuten hier. Nun ist beinahe eine halbe Stunde um, und sie sind noch immer nicht da. Mein Mann hat Grippe, und ich muss nach Hause und Abendessen kochen. Wo sind die Amerikaner?«

»Sie werden jede Minute hier sein, das verspreche ich. Es wird sich lohnen für Sie, denn sie werden Unmengen Souvenirs kaufen.«

»Das ist mir egal«, erwiderte sie gleichgültig. »Ich bekomme trotzdem nur denselben mickrigen Lohn, selbst wenn sie den ganzen Laden aufkaufen. Ich kann nicht länger warten. Kommen Sie morgen wieder.«

»Morgen reisen wir in aller Frühe nach Peking weiter ... Ich verstehe gar nicht, wo sie so lange bleiben.«

Sie rasselte mit den Schlüsseln und löschte mit säuerlicher, entschlossener Miene die Lichter.

»Ach bitte«, redete ich ihr zu. »Sie werden jeden Moment hier sein. Wenn Sie jetzt zusperren, werde ich mein Gesicht verlieren (*diu mian zi* 丢面子) ...«

Aus irgendeinem Grunde schien sie meine Äußerung des Satzes »*diu mian zi*« in Rage zu versetzen und ihre Bedenken nur zu bestätigen. Der Satz war umgangssprachlich und sie hätte ihn selbst unter ähnlichen Umständen gebraucht. Sie wandte sich mit einem Ruck um und sagte verächtlich: »Sie sind keine amerikanische Ärztin! Sie sind eine chinesische Touristenführerin! Wenn Sie Amerikanerin sind, dann bin ich auch eine!«

In diesem Moment flog die Tür auf, und Bob stürmte mit unseren Freunden herein. Er legte mir den Arm um die Schulter und erklärte, dass er verkehrt abgebogen sei und sich verfahren habe. Obwohl Bobs Eltern aus China stammten und er chinesische Züge hatte, warf die Verkäuferin einen kurzen Blick auf ihn und sagte zu mir: »Warum haben Sie mir nicht erzählt, dass Sie mit einem Amerikaner verheiratet sind?«

Da jedes Land seine eigene Geschichte und Kultur besitzt, ist es fraglich, ob so etwas wie ein allgemeingültiger logischer Code überhaupt existiert. Ideen werden mit Wörtern ausgedrückt. Wenn es bestimmte Wörter in einer zweiten Sprache nicht gibt, wird die spezifische Vorstellung, die über das Vokabular der ersten Sprache ausgedrückt wird, möglicherweise in dem zweiten, »fremden« Land gar nicht bestehen oder dort zumindest nicht die gleiche Relevanz haben.

Jede Art von logischem Gedankengang ist an die Sprache des Denkenden sowie die Kultur seines Landes gebunden. Amerikaner (oder auch Chinesen) stellen sich häufig auf den Standpunkt, dass *ihre* Logik die einzig wahre sei, und vergessen dabei, dass *ihre* Logik in *ihrer* speziellen Sprache und Kultur wurzelt. Zwischen der englischen und der chinesischen Sprache bestehen gewisse fundamentale Unterschiede, die durchaus zu weit auseinander klaffenden Ansichten über die Welt führen können.

Westlichem Denken liegt eine Logik zugrunde, aus der heraus der Gegenstand einer Behauptung entweder angenommen oder verworfen wird. Im Westen mag man die Aussage treffen, dass »Milch weiß ist« oder »Kohle nicht weiß«. Das Prädikat und damit die Aussage dieser These ist »Weiß sein«, was durch den Gegenstand »Milch« bestätigt und durch den Gegenstand »Kohle« verneint wird. Der Mensch im Westen fragt sich: »Was ist Milch?« »Was ist Kohle?« »Was ist Weiß?« Diese Art Logik fußt auf dem »Gesetz der Identität«. Der Versuch, die Frage nach dem »Was« zu beantworten, führt zum Begriff der Kausalität sowie dem der substanziellen Identität und des deduktiven Argumentierens.

Die chinesische Logik basiert nicht auf einem Verhältnis zwischen Subjekt und Prädikat, sondern auf korrelativer Dualität. In einem chinesischen Satz bedarf es weder eines Subjektes noch eines Prädikates. Anstatt zu sagen: »Die Milch ist weiß«, sagen wir Chinesen: »Weiße Milch, schwarze Kohle.« Und in vielen Fällen wird das Subjekt auch ganz weggelassen. Im Chinesischen können wir nicht sagen: »Es schneit.« Stattdessen sagen wir: »Fallen Schnee.«

Mit dem Verzicht auf das Subjekt schlägt das chinesische Denken einen anderen Weg ein. Das Hauptaugenmerk gilt nicht der Beschaffenheit des »Dinges an sich« (Kant), sondern dem gesamten Beziehungsgefüge der Dinge im Allgemeinen.

Zwei Wörter mit entgegengesetzter Bedeutung stehen im Englischen selten nebeneinander. Wir Chinesen benutzen dagegen häufig Antonyme, um einen einzigen Begriff darzustellen. Einige geläufige Beispiele sind:

Verbale Gegensatzpaare	*Bedeutung*	*Dargestellter Begriff*
jin 進 *tui* 退	Vorstoß/Rückzug	Bewegung
shang 上 *xia* 下	oben/unten, aufwärts/abwärts	überall, ganzer Körper
kai 開 *guan* 關	offen/geschlossen	Lichtschalter*
cheng 成 *bai* 敗	Erfolg/Scheitern	Ergebnis, Resultat
da 大 *xiao* 小	groß/klein	Größe
chang 長 *duan* 短	lang/kurz	Länge
duo 多 *shao* 少	viel/wenig	wie viel
mai 買 *mai* 賣	kaufen/verkaufen	Geschäft oder Handel
hei 黑 *bai* 白	schwarz/weiß	Moral

In der Alltagssprache werden häufig Antonyme benutzt. Die Verkäuferin in einem Schuhladen fragt: »Ihr Fuß, viel/wenig, groß/klein?« (»Was haben Sie für eine Schuhgröße?«) Ein Kunde fragt den Lebensmittelhändler: »Dieser Apfel, viel/wenig Geld?« (»Wie viel kostet dieser Apfel?«) Ein Makler vertraut dem anderen an: »Mein Kaufen/Verkaufen nicht gut. Wie ist dein Kaufen/Verkaufen?« (»Meine Geschäfte laufen gar nicht gut. Wie laufen bei dir die Geschäfte?«)

In allen drei Fällen wird ein Thema aufgebracht; dann folgt eine Frage oder ein Kommentar. Dies ähnelt vom Stil her dem Straßenschild »Autobahn San Diego, links halten!«, wo das angesprochene Thema (Autobahn

* Viele Chinesen sagen »Öffne das Licht« statt »Schalte das Licht an«, wenn sie eine fremde Sprache sprechen.

San Diego) offensichtlich im Vordergrund steht und bedeutender ist als der Kommentar, der folgt. Diese Art Satzstruktur mag zum Aufkommen der allgemeinen chinesischen Vorstellung beigetragen haben, dass das Universum unendlich komplexer ist als die Summe seiner Teile und niemals ganz zu durchschauen sein wird.

Dadurch dass das Schwergewicht auf der Beziehung zwischen den Wörtern liegt, treten eher die Zeichen und Funktionen eines Gegenstandes oder einer Handlung in den Vordergrund als die dahinter liegende Beschaffenheit der Dinge selbst. Für den westlichen Denker basiert die Realität auf Substanz und Kausalität, wohingegen sich für die Chinesen Wirklichkeit über relative Gegensätze und relationales Denken erfassen lässt. Dies wird in vielen Bereichen der chinesischen Kultur offensichtlich. Chinesische Köche achten auf den Geschmack, das Aroma und die Konsistenz aller Zutaten, aus denen ein Gericht besteht, und darauf, wie man sie am besten zusammenstellt. Konfuzius war es um den *Willen* des Himmels zu tun, nicht um seine *Beschaffenheit*. Der Konfuzianismus enthält einen ethischen Kodex, bei dem es um menschliche Beziehungen geht; und auch die chinesische Dichtung, Kunst und Architektur streben alle nach Balance und Harmonie.

Für uns Chinesen stellen Antonyme keine unversöhnlichen Gegensätze dar, sondern wechselseitig voneinander abhängige, komplementäre Kräfte oder zwei Seiten derselben Medaille. Sie nebeneinander zu setzen befähigt uns, ein bestimmtes Phänomen von zwei konträren Standpunkten her zu betrachten, während wir zugleich den *ganzen* Begriff im Auge haben. »Such nach dem *li* [Prinzip], das sich in der Gestalt und der Form jedes Schriftzeichens verbirgt«, sagte mein Großvater. Dann fügte er hinzu: »Achte stets das geschriebene Wort. Der Vater deiner Großmutter war Kräuterarzt. Viele seiner Patienten verehrten ihn so sehr, dass sie seine schriftlichen Verordnungen zusammen mit den Heilkräutern in einem Topf aufbrühten, als besitze das von ihm Geschriebene ebenfalls heilende Kräfte.«

Neben der Vermittlung von Bedeutung sind viele der allgemein gebräuchlichen chinesischen Schriftzeichen reiche Quellen von Logik,

Grundwahrheiten und Weisheit. Chinesische Wörter sollten nicht nur auf ihre Linien und auf ihre Aussprache hin untersucht werden, sondern auch auf ihren philosophischen Gehalt.

Ein gutes Beispiel ist *jiao* 教. Es besteht aus zwei Teilen. Auf der linken Seite befindet sich das Zeichen *xiao* 孝 oder »Kindesliebe«. Auf der rechten Seite steht 文, was so viel heißt wie »tiefes Nachdenken« oder »beabsichtigen«. Das Wort *jiao* bedeutet »Religion«, aber auch »lehren«.

Wenn es stimmt, dass unsere Vorstellungen darüber entscheiden, wie wir die Realität wahrnehmen, so stellen wir aufgrund der Ähnlichkeit, aufgrund eines gewissen Wiedererkennungseffektes und aufgrund von Assoziationen jedes Mal, wenn wir dieses Wort sehen, eine Verknüpfung zwischen den Begriffen Religion oder Bildung und dem Ideal der Kindesliebe her. Die konfuzianische Philosophie basiert auf der Einigkeit der Familie, dem Respekt gegenüber den Eltern und der tragenden Rolle der Bildung. Alle drei Bestandteile sind in dem einen Wort *jiao* enthalten. Die Verehrung der Vorfahren ist in der Tat von einigen Autoren als »die eine und einzig wahre chinesische Religion« bezeichnet worden.

Zwischen Sprache und Psychologie besteht eine enge Verbindung. Wie schon weiter oben erörtert, hat die jeweilige Sprache, die der Einzelne spricht, Auswirkungen auf seine Mentalität. Umgekehrt beeinflussen sein kulturelles Umfeld und sein Verhalten seine Art, zu denken und zu sprechen. Offensichtlich bringt jede Sprache ihre eigene Weltanschauung hervor.

Um aus dem Chinesischen ins Englische oder aus dem Englischen ins Chinesische zu übersetzen, bedarf es eines Dolmetschers oder Übersetzers, der nicht nur beide Sprachen beherrscht, sondern in beiden Kulturen zu Hause ist. Selbst unter idealen Voraussetzungen werden die Unterschiede hinsichtlich des historischen Hintergrunds und der traditionellen Gepflogenheiten unter Umständen die Genauigkeit der Übertragung beeinträchtigen. Bestimmte chinesische Begriffe sind im Englischen sehr schwer wiederzugeben (und umgekehrt). Die wörtliche Übersetzung einer Metapher ergibt häufig keinen Sinn. In anderen Fällen wird die wahre Natur eines Begriffs verzerrt, weil kein Wort gefunden werden kann, das seine exakte Bedeutung wiedergibt. Die Italiener haben für dieses Phänomen die Metapher des *traduttore-traditore* geschaffen, was so viel bedeutet, dass der Übersetzer immer auch ein Verräter ist.

Ein Wort, das sich nur schwer übersetzen lässt, ist zum Beispiel das chinesische Wort für die Farbe »Weiß« (*bai* 白). Nur allzu oft wird es falsch übersetzt, da es so viele Konnotationen in sich birgt. Das fängt schon damit an, dass Weiß in China nicht als Glücksfarbe gilt. Doch abgesehen davon, dass es die Farbe der Trauer und des Todes ist, steht es für Nutzlosigkeit und mangelnden Erfolg. »Weiße Rede« 白話 bedeutet ein fruchtloses Argument und »weißes Gehen« 白走 eine vergebliche Bemühung. »Weiße Ankunft« 白到 zeigt einen sinnlosen Besuch an, und »weißer Reis« 白飯 verrät, dass man seinem Gastgeber auf der Tasche liegt.

Zwei weitere Beispiele »problematischer« chinesischer Wörter sind *mian zi* 面子 (Gesicht) und *guan xi* 關係 (Verbindungen, Beziehungen).

Wie ich weiter oben bereits angedeutet habe, heißt *mian zi* so viel wie Gesicht im Sinne von »Selbstachtung oder Ehre« und bezeichnet damit auch das Gefühl einer Person für ihren eigenen Wert. In China kann das »Gesicht« – oder *mian zi* – »gegeben« werden, das heißt, eine Person verschafft ihrem Gegenüber die Chance, gut dazustehen; es kann verleugnet, erbettelt oder geborgt werden, man kann darauf vertrauen, es kann verloren gehen, verkauft oder gekauft werden und so fort. Mehr noch als das muss das *mian zi* gewahrt werden, besonders gegenüber der Öffentlichkeit. Diese Vorstellung ist so tief verwurzelt, dass es prinzipiell ratsam ist, heikle Verhandlungen mit einem Chinesen im privaten Rahmen zu führen, um ihn nicht in die Gefahr zu bringen, dass er sein *mian zi* verliert. Um dem Chinesen eine Freude zu machen, versuchen Sie, ihm bei jeder Gelegenheit die Chance zu geben, das *mian zi* zu wahren oder noch mehr: gut dazustehen. Das kostet nichts und erzeugt enormes Wohlwollen beim Gegenüber.

Unterschiede zwischen dem ureigensten Wesen der englischen und der chinesischen Weltanschauung werden an folgender – wahrer – Begebenheit offenbar.

Die zweiundsechzigjährige Mrs. Wang flog von Hongkong nach London, um die Verlobung ihrer Tochter Helen mit Andrew Sutherland zu feiern. Andrew war der älteste Sohn einer prominenten englischen Bankiersfamilie. Als Andrews Mutter bei dem glanzvollen Ereignis erschien, waren sämtliche Augenpaare auf sie gerichtet – eine majestätische Erscheinung, geschmückt mit ihren unermesslich kostbaren Familienjuwelen, einschließlich eines funkelnden Diadems, das mit schillernden Diamanten, Rubinen und Smaragden besetzt war. Helen stellte die zwei künftigen Schwiegermütter einander vor, wobei sie Mrs. Wang anvertraute, dass Lady Sutherland eine reiche Erbin sei. Beim Diner machte Mrs. Wang Lady Sutherland Komplimente über ihre schönen Edelsteine. Sie dachte, sie »gäbe« Lady Sutherland *mian zi*, sprich eine Gelegenheit, gut dazustehen, und zugleich eine Chance, ihren Reichtum vorzuführen. Zum Eklat kam es, als Mrs. Wang auf das Diadem, ein Familienerbstück, zeigte und laut fragte: »Wie viel kosten dies?«

Helen fasste es später so zusammen: »Meine Mutter meinte, sie ›gäbe‹ ihrer *qin qi* 親戚 (nahe stehenden Verwandten) eine große Dosis *mian zi*. Doch für Lady Sutherland war Mutters dreiste Frage einfach nur ein geschmackloses Eindringen in ihre Privatsphäre.«

Der chinesische Begriff *guan xi* 關係 bedeutet Beziehung, Kontakte oder Verbindungen. Dies ist der Schlüssel zu jeder Transaktion in China, wo es nahezu unabdingbar ist, über Beziehungen zu verfügen, um etwas zu erreichen. *Guan xi* lässt sich im weiteren Sinne auch auslegen als: »Nicht, *was* du weißt, zählt, sondern *wen* du kennst.«

Eine zusätzliche Bedeutung von *guan xi* ist »eine Rolle spielen«. Wenn

Sie auf Chinesisch sagen, dass etwas »kein *guan xi* hat«, so heißt das, es »spielt keine Rolle«. Dies impliziert, dass eine Partei, die kein *guan xi* bei einer bestimmten Person, Organisation oder Firma hat, nichts zählt und nicht die geringste Beachtung verdient.

Umgekehrt haben einige englische Wörter, die allgemein verbreitete westliche Vorstellungen bezeichnen, im Chinesischen keine Entsprechung. Zwei Beispiele dafür sind »Rechte« und »Privatleben« oder »-sphäre«.

Im Lexikon werden »Rechte« mit *quan* 權 (gesprochen *tschüan*) übersetzt. Menschenrechte werden *ren quan* genannt. *Ren* 人 bedeutet »Mensch« und *quan* 權 »Macht«. Doch »Macht« ist kein Synonym für »Rechte«. »Macht« bedeutet die Fähigkeit und die Autorität zu handeln, wohingegen ein »Recht« ein Anspruch auf irgendetwas ist, das einer Person von Gesetz wegen, von Natur aus oder per Gewohnheit zusteht. Da es in China zu keiner Zeit ein überliefertes System von Grundrechten gab, existiert der Begriff individueller menschlicher Rechte schlicht nicht.

Die Erklärung der Menschenrechte wurde als Erstes von den Franzosen im Rahmen der Revolution von 1789 vorgenommen. Zu jener Zeit wurde China noch von Qianlong, einem Kaiser der Qing-Dynastie, regiert. Durch Chinas lange Geschichte hindurch lag die Macht *(quan)* traditionellerweise in den Händen des Kaisers und seiner Beamten. Die Regeln für die Regierung bestimmten einzelne Menschen, nicht das Gesetz. Nachdem die Qing-Dynastie 1911 gestürzt worden war, übernahmen die Warlords um Chiang Kai-shek das Zepter, bis ihnen dieses schließlich 1949 von Mao Zedong entrissen wurde. Als Mao im Jahre 1976 starb, ging die Regierungsgewalt zunächst auf Deng Xiaoping über und dann nach Dengs Tod auf Jiang Zemin.

Die einfache chinesische Bevölkerung (*lao bai xing* 老百姓 »die alten hundert Namen«) hat zu keiner Zeit auch nur eine Spur von *quan* besessen. Wie ein Taxifahrer in Shanghai einmal zu mir sagte: »Wie sie sich auch immer nennen mögen, Kaiser, Präsident oder Vorsitzender, sie sind alle gleich. Sie und ihre Kumpanen haben *quan*, und ich habe keine. Daher erteilen sie die Befehle, und ich gehorche. Alles andere ist ausländische Propaganda.«

Wann immer ein Chinese den Begriff *quan* liest oder hört, liest oder hört er »Macht«. Nach chinesischem Verständnis sind die Begriffe »Macht« und »Rechte« so eng miteinander verquickt, dass einzig diejenigen, die Macht innehaben, auch über Rechte verfügen. Keine Macht, keine Rechte.

Damit der Begriff »Menschenrechte« *(ren quan)* sich mit der Bedeutung füllt, die ihm im Westen eigen ist, muss China erst noch eine Reihe von Gesetzen übernehmen, die mehr zählen als die Macht der regierenden Partei. Dies wird möglicherweise gewisse Schwierigkeiten aufwerfen. Im Westen besteht schon seit langem die Überzeugung, dass »das Gesetz den König hervorbringt, nicht der König die Gesetze«. Der dort herrschende christliche Glaube an einen allmächtigen Gott hat von jeher intuitiv die politische Macht einem höheren Bezugssystem unterstellt. In China gibt es keine vergleichbare Rangordnung, die dafür sorgt, dass ein auf verbindlichen Gesetzen basierendes Rechtssystem über allem steht.

Ein weiterer problematischer europäischer Begriff ist, wie gesagt, der des Privatlebens oder der Privatsphäre. Im Lexikon wird er mit *si* 私 übersetzt. Doch das chinesische Wort *si* bedeutet »persönlich«, »geheim«, »selbstsüchtig«, »eine verbotene Beziehung« oder »Besitz«. Keines dieser Wörter entspricht exakt dem Wort Privatleben oder -sphäre, welches einen »Zustand des Rückzugs aus der Gesellschaft« oder der »Abgeschiedenheit von der Außenwelt« bezeichnet.

In den meisten chinesischen Familien ist so etwas wie eine Privatsphäre nicht vorhanden. In einem chinesischen Haushalt tummeln sich viele Personen, und nur wenige von ihnen haben die Möglichkeit, in einem eigenen Zimmer zu schlafen oder sich in sonstiger Weise aus den familiären Aktivitäten zurückzuziehen. Im Vordergrund stehen nicht so sehr die individuellen Wünsche, sondern die Beziehungen eines Menschen und seine moralischen Verpflichtungen gegenüber den restlichen Familienmitgliedern.

155 Jahre lang, nämlich von 1842 bis 1997, war Hongkong britische Kolonie. Unter der britischen Herrschaft erhielten zahlreiche englische Vokabeln wie »Taxi«, »Bus« und »Salat« eine kantonesische Aussprache und wurden kurzerhand in den örtlichen kantonesischen Dialekt integriert. Da China seine Tore immer weiter für den Westen öffnet, wird der wachsende Handel neue Ideen wie auch Waren sowohl in das dicht besiedelte Land wie auch von dort aus in weniger besiedelte Gegenden bringen. Wie die Auswirkungen auf die Sprache aussehen werden, ist schwer vorherzusagen, aber eines ist sicher: Genau wie der indische Buddhismus sich mit dem Taoismus und dem Konfuzianismus zum Zen-Buddhismus vermischte, werden mehr und mehr westliche Wörter mit herkömmlichen chinesischen Wendungen zu einem ansehnlichen neuen Vokabular verschmelzen.

10

DIE UNSICHTBARE ENERGIE DES FENGSHUI

風水隱能

Fengshui Yin Neng

Feng 風 bedeutet »Wind«; *shui* 水 bedeutet »Wasser«: Fengshui, oder »Wind und Wasser«, ist ein traditionelles chinesisches Konzept, nach dem das Geschick des Menschen mit seiner Umwelt verknüpft ist; sein Ziel ist es, dafür zu sorgen, dass Menschen im Einklang mit ihrer Umgebung leben. Metaphorisch gesprochen, sollte man Fengshui als »geomantisches Omen« übersetzen, was bedeutet, dass das Umfeld eines Menschen sein Schicksal beeinflussen wird. Das am engsten verwandte Pendant zum Fengshui in der westlichen Welt ist die Astrologie. Fengshui ist eine erweiterte chinesische Version der Astrologie, die sowohl die den irdischen Strukturen wie auch die den Himmelskörpern inhärenten Zeichen mit einbezieht, welche einen Einfluss auf die Zukunft haben. Obgleich es auch Verhaltensweisen umfasst, die einem der gesunde Menschenverstand gebietet – wie das Meiden von nördlichen Winden, Fluten, Erdbeben und Erdrutschen –, ist es vor allen Dingen ein persönliches System aus Vorhersagen, die je nach individuellem Geburtsdatum und -stunde variieren, und ähnelt eher den Vorgaben der Tierkreiszeichen. Orte, die für den einen günstig sind, können für einen anderen unzuträglich sein. Da irdische Bauwerke, anders als Sterne, von Architekten, Ingenieuren, Gärtnern und Innenausstattern verändert und neu gestaltet werden können, zielt das Fengshui darauf ab, Städte, Gräber,

Häuser, Büros, Gärten und Einrichtung nach Prinzipien zu planen, die das Fließen des Qi erleichtern und das Glück fördern. Daher glauben die Anhänger des Fengshui, dass man durch das simple Verändern der Landschaft um ein Haus herum oder durch das Umstellen der Möbel in einem Raum dem Glück auf die Sprünge helfen und Unglück abwenden kann.

Sowohl Wind wie auch Wasser vermitteln ein Gefühl von unsichtbarer Energie, die in bestimmte Richtungen fließt. Wie bereits erwähnt, glauben die Chinesen an eine eigene Quelle der Energie, des Qi, das von der Erdoberfläche ausströmt und das Geschick des Menschen zu beeinflussen vermag. Diese verborgene Kraft durchdringt das Land und kann in *sha* 殺 (negatives) *qi* und *yun* 運氣 (positives) *qi* unterteilt werden. Aus irgendeinem Grunde wird das Wort *sha*, das so viel wie »töten«, »verringern« oder »senken« bedeutet, im Englischen (und auch im Deutschen) häufig alleine benutzt, um unheilvolles Qi oder »Unglück« zu bezeichnen, wohingegen das Wort *yun*, was so viel heißt wie »tragen« oder »Glück«, für gewöhnlich weggelassen wird, wenn man von wohltuendem Qi oder einem »günstigen Geschick« spricht. Gemäß den Theorien des Fengshui strahlt das *sha* pfeilgerade von scharfen Kanten ab und wirkt höchst zerstörerisch, während sich das Qi langsam auf gewundenen Bahnen fortbewegt.

Nach Auffassung der Chinesen ist die Landschaft lebendig. Der Kamm eines Hügels wird als Tigermähne oder Rücken eines Drachens betrachtet, und die Fengshui-Meister suchen danach bei jeder Naturbetrachtung. Ein ideales Baugelände wäre umfriedet vom Grünen Drachen des Ostens, vom Weißen Tiger des Westens, vom Roten Phoenix des Südens und von der Schwarzen Schildkröte des Nordens. Auf dem Land »entdeckt« man diese Tiere in den Konturen der umliegenden Hänge, Gipfel und Täler; in der Stadt spürt man sie in den Umrissen und Formen der benachbarten Gebäude auf. Mit modernen Worten gesagt, sollte das ideale Haus (oder Grab) nach Süden zeigen; auf seiner Ostseite sollten sich sanft gewellte Hügel oder eine kleine Anhöhe befinden, die den Drachen verkörpern; im Westen sollte es durch einen langen, gewundenen Pfad gesäumt werden, der den Tiger symbolisiert; vorne sollte das Meer oder ein See liegen, das für den Vogel steht; und dahinter, nach Norden hin, sollte sich ein Berg erheben, der die Schildkröte verkörpert. Die Chinesen glauben, dass Tod und Unglück die Folge sind, wenn ein Tiger (neues Haus westlich eines bestehenden) höher gebaut wird als der Drache (bereits bestehendes Haus unmittelbar im Osten des neuen). Wenn das neue Domizil zufällig einem Menschen aus dem Westen gehört und das bereits bestehende einem chinesischen Fengshui-Anhänger, dann wird der daraus resultierende Konflikt hinsichtlich kultureller Werte vermutlich zu unvereinbaren Differenzen führen, die sich kaum lösen lassen.

Die Prinzipien des Fengshui sind im chinesischen Denken so tief verwurzelt, dass die Grundstücksbesitzer im kaiserlichen China für gewöhnlich das »Recht« besaßen, um einen Baustopp zu ersuchen, wenn sie den zuständigen Beamten beweisen konnten, dass der neue Wohnsitz das Qi ihres eigenen Hauses, in dem sie mit ihrer Familie lebten, zerstörte. (Man braucht nur Qi durch »Meerblick« zu ersetzen, und jeder wird das vollkommen verstehen.)

Es gibt zahlreiche historische Berichte über den Einfluss, den das Fengshui auf die Denkweise chinesischer Beamten ebenso wie auf die der Bürger hatte. Das Wort Kowloon beispielsweise (Hongkongs Halbinsel auf der anderen Seite des Hafens) bedeutet so viel wie »neun Drachen«. Die Stadt Kowloon ist angeblich auf acht Hügeln (Drachen) errichtet; der neunte Hügel symbolisierte den Kaiser. Einige Jahrzehnte, nachdem Hongkong infolge des Opiumkrieges von 1842 an die Briten abgetreten worden war, schlugen die fremden Herrscher den Bau einer Telegrafenverbindung zwischen Kowloon und Kanton (Guangzhou) vor, um eine bessere Kommunikationsverbindung zu schaffen. Dies stieß auf erbitterten Widerstand bei chinesischen Fengshui-Experten, die dagegenhielten, dass Kanton, seit es Hauptstadt der Provinz Guangdong sei, als die Stadt der Widder gelte.*

* Der Name geht auf eine alte Legende zurück, nach der vor mehr als zweitausend Jahren fünf Widder dort aufgetaucht und schließlich zu Stein geworden sind. [Anm. d. Übs.]

Seine Zufahrt wurde auf der einen Seite äußerst wohlwollend von den neun Drachen von Kowloon bewacht und auf der anderen Seite von dem Maul des Tigers umschlossen. Ein Seil (die Telegrafenleitung) von Hongkong zu dem Widder (Kanton) hinüberzuspannen und Letzteren mit barbarischer Gesellschaft zu verbinden wäre in höchstem Maße verrückt und gefährlich; als würde man Lämmer zum Schlachthof führen. Für die Briten war diese Argumentation natürlich völlig verblüffend und stellte sie vor ein Rätsel. Nach einigem Zögern wurde das Projekt einfach durchgedrückt. Die Chinesen hatten das Gefühl, man habe sie gewaltsam zu etwas gezwungen, selbst wenn beide Seiten schließlich außerordentlich von dem Unterfangen profitierten.

Während des Baus der Wong Nai Chong Gap Road auf die Insel Hongkong waren die Bewohner dort außer sich, weil das British Public Works Department (Amt für öffentliche Arbeiten) »die Wirbelsäule« von einem der Hauptdrachen der Insel »zerteilt« hatte, indem es darauf bestanden hatte, die Straße direkt durch die Wong Nai Chong Gap zu legen. Als die Arbeiter den Boden tiefer aufgruben, stellten sie fest, dass der Untergrund rötlichbraunen Lehm mit einem hohen Eisenoxidgehalt enthielt. Als sie dies mitbekamen, klagten die Fengshui-Anhänger umgehend, dass die Straßenarbeiter das durchtrennte Rückgrat des Drachens zum Bluten gebracht hätten und sein Leben in Gefahr sei. Ein als Jue Duan Long (gespaltener und zerbrochener Drache) bekanntes, steinernes Memorial wurde errichtet, um des verletzten Drachens zu gedenken. Die Wünsche derer, die zu dem Monument beteten, wurden angeblich erhört.

. . .

In den fünfziger Jahren, als ich die Herz-Jesu-Schule besuchte, pflegten die italienischen Schwestern gelegentlich am Sonntagnachmittag alle Internatsschülerinnen auf eine Fahrt mit der Peak Tram auf den Gipfel des Victoria Peak mitzunehmen. Die Endstation war nur wenige Fußminuten von unserer Schule entfernt, und diese Fahrt mit der Zahnradbahn ist auch heute noch eine der beliebtesten Touristenattraktionen Hongkongs. Oben auf dem Victoria Peak wurde ein Rundweg, der so genannte Lugard Path, um den Gipfel herum angelegt. Wann immer ich auf alten Spuren wandle und diesen Spaziergang, den ich als Schülerin vor so langer Zeit zu machen pflegte, wiederhole, überkommt mich ein Kribbeln, und ich genieße staunend die spektakulären Ausblicke, die sich von beinahe jedem Blickwinkel aus bieten. Die chinesische Bezeichnung für den Victoria Peak war Tai Ping Shan 太平山 (Berg des großen Friedens), doch die ansässige Bevölkerung nannte ihn liebevoll Lao Shou Xin 老壽星 (Alter Stern des langen Lebens). Als die Briten den Lugard Path anlegten, glaubten die Chinesen, dass dem Alten Stern des langen Lebens eine Schlinge um den Hals geschlungen werde. Die Fremden verstießen gegen die Prinzipien des Fengshui, und ihre Herrschaft würde nicht mehr lange währen. Die Jahre gingen ins Land, und die Fengshui-Meister erklärten, dass die Schlinge zu niedrig angebracht worden sei; das hieß, dass der Tod durch Erdrosselung nur sehr langsam eintreten würde. Nach ihrem Dafürhalten trat dieser schließlich 1997 ein.

Hongkong-Besucher sind oft von der überwältigenden Skyline der futuristischen Stadt beeindruckt. Inmitten des Waldes aus Wolkenkratzern, die das zentrale Handels- und Geschäftsviertel der Insel übersäen, gibt es zwei Gebäude, die gut sichtbar wie »Kraniche inmitten einer Hühnerschar« (*he li ji qun* 鶴立鷄群) emporragen. Das erste ist das in britischen Händen befindliche Gebäude der Hong Kong and Shanghai Bank, entworfen von Norman Foster. Dieser 179 Meter hohe Turm ist eine gigantische postmoderne Stahlkonstruktion, die unter Hinzuziehung hoch bezahlter Fengshui-Meister errichtet wurde und bei deren Bau alle denkbaren astrologischen, die Himmelsrichtung betreffenden, schematischen und kalendarischen Berechnungen miteinbezogen wurden. Das zweite ist das hoch aufragende und beeindruckende Gebäude der chinesischen Staatsbank (Bank of China), das die Quintessenz der Postmoderne zu verkörpern scheint. Im Besitz der Volksrepublik China (wo Fengshui als Aberglaube unterdrückt wurde) und entworfen von dem bekannten sinoamerikanischen Architekten Ieoh Ming Pei, ist es nicht zufällig der höchste Wolkenkratzer der Stadt. Majestätisch, prachtvoll, imposant und mit seinen scharfen Ecken, die *sha* auf die Nachbargebäude (unter denen sich auch der Wohnsitz des früheren britischen Gouverneurs befindet) abstrahlen, aggressiv, scheint seine bloße Anwesenheit zu verkünden, dass China nun ein Land ist, mit dem man in der Weltarena zu rechnen hat.

Experten stuften das Fengshui in Hongkongs Regierungsgebäude, dem Sitz der britischen Herrscher, früher durchweg als hervorragend ein. Es steht auf der Nordseite der Insel und wird sowohl von einem Berg geschützt als auch von Bäumen, die auf die gewellte Hügellandschaft des Botanischen Gartens gepflanzt wurden. Der Hafen liegt zu seinen Füßen. Hinzu kommt noch, dass es von verschlungenen Straßen gesäumt wird, die es vor widrigem *sha* schützen, das sich nur auf geraden Linien fortpflanzen kann. Doch seit dem Zweiten Weltkrieg haben das Wachstum und die Entwicklung seines besonderen Umfeldes (des so genannten Central District) mit den vielen Hochhäusern, die wie Pilze aus dem Boden geschossen sind, sein Fengshui drastisch verändert. Der Bau von Hongkongs höchstem Gebäude, der Bank of China, war nur der letzte Streich. In Hongkong wird so mancherorts hinter vorgehaltener Hand gemunkelt, dass die britische Übergabe der Kolonie eine Folge des *sha* war, das von der gigantischen Bank mit den messerscharfen Kanten auf das Regierungsgebäude gerichtet ist.

Nachdem der letzte britische Gouverneur, Chris Patten, Hongkong verlassen hatte, wurde C. H. Tung zum Oberhaupt der ehemaligen britischen Kolonie gewählt. Aus nie vollständig geklärten Gründen weigerte sich C. H. Tung jedoch, in das Regierungsgebäude einzuziehen, und bestand darauf, in seiner ziemlich bescheidenen Wohnung zu bleiben, die in sicherer Distanz zu der Bank of China gelegen war. Das Regierungsgebäude steht heute immer noch leer.

Bei meinen häufigen Heimatbesuchen in Hongkong mache ich mit dem Auto stets einen Schlenker an dem ehemaligen Regierungsgebäude vorbei, an dessen Vorderseite sich ein beeindruckendes Tor und ausgedehnte, leuchtend grüne Rasenflächen befinden. Es wirkt sehr englisch und eher putzig im Schatten der gigantischen, turmartigen Wolkenkratzer aus Glas und Stahl ringsherum. Nicht selten habe ich Touristen gesehen, die es fotografierten oder freundlich mit den beiden uniformierten chinesischen Wachposten am Eingang plauderten. Als kleines Mädchen musste ich mit meinen Mitschülerinnen an ebendiesem Herrensitz vorbeimarschieren, wenn wir zur Sonntagsmesse in der katholischen Kirche gingen oder davon zurückkamen. Zu jener Zeit erschienen mir die Wachen hoch gewachsen, aufrecht, unnahbar, britisch, schweigsam und irgendwie einschüchternd, wie sie da mit ihren Furcht einflößenden Waffen in Habachtstellung standen und stets starr geradeaus blickten. Wir eilten damals mit abgewandtem Blick vorbei, nicht wagend, einen zweiten Blick auf sie zu werfen. Keine von uns erkühnte sich je, auch nur ein einziges Wort zu ihnen zu sagen. Die bloße Vorstellung schien absurd. Und trotzdem frage ich mich rückblickend, warum wir es nicht getan haben. War es, weil wir ein gewisses Unwohlsein und Ressentiments empfanden, wenn wir an dem Regierungssitz unserer Kolonialherren vorbeigingen? Gesetzt den Fall, man bezöge unsere persönlichen Horoskope mit ein, war dann das Fengshui des Regierungsgebäudes in jenen Tagen wirklich für alle chinesischen Schülerinnen unheilträchtig?

Die Grundlagen des Fengshui wurden im alten China mit den traditionellen chinesischen Vorstellungen vom Qi sowie von Yin und Yang gelegt. Ein Grab oder ein Haus, das gemäß den Grundsätzen des Fengshui gestaltet war, stellte die sichtbaren äußeren Zeichen der Harmonisierung von himmlischem Yin und Yang mit dem kosmischen Atem des Qi dar. Innerhalb des Hauses sollten die Räume, so erklärte es das Fengshui, gemäß den acht Trigrammen des *I Ging* sowie dem Horoskop des Besitzers gestaltet sein.

Darüber hinaus spielten die fünf Elemente Holz, Feuer, Erde, Metall und Wasser eine Rolle, sowie bestimmte Glücks- oder Unglückszahlen.

Im Laufe der Jahrhunderte entwickelten sich diese Prinzipien zu einer komplexen Mischung aus Ästhetik, gesundem Menschenverstand, Philosophie, Mystizismus und Aberglaube. Das Fengshui spielt eine große Rolle bei den Riten des Ahnenkults, insbesondere bei der Wahl der Grabstelle für ein Elternteil. Neben der Berücksichtigung der Lage und der Himmelskörper darüber müssen Uhrzeit und Datum der Beerdigung mit den Horoskopen der Lebenden ebenso wie mit dem des Verstorbenen übereinstimmen, um der ganzen Familie zum Glück zu gereichen. Es mussten in der Tat so viele Überlegungen miteinbezogen werden, dass Begräbnisse häufig Monate, wenn nicht gar Jahre aufgeschoben wurden. Bis dahin wurde der unbestattete Leichnam für gewöhnlich in einem Sarg im Wohnzimmer des ältesten Sohnes aufbewahrt und entwickelte sich häufig zu einer ernsthaften Gesundheitsgefahr. Dieser Brauch war so weit verbreitet, dass unter der Ming-Dynastie (1368 bis 1644 n. Chr.) ein Gesetz verabschiedet wurde, in dem man verfügte, dass der Verschiedene binnen eines Jahres begraben werden musste. Auf Missachtung stand eine Strafe von achtzig Stockschlägen.

Fengshui spielte schließlich deswegen so eine wichtige Rolle bei der Auswahl der Grabstätte für einen Angehörigen, weil die Chinesen glaubten, dass die Seele des Verstorbenen im Grab weiterlebte und die flehentlichen Bitten der Hinterbliebenen nur dann erhören würde, wenn ihren Bedürfnissen in jeder Hinsicht Genüge getan und sie gänzlich zufrieden gestellt sei.

Als mein Vater jung war, hatte einer seiner Klassenkameraden von der Highschool eine Anstellung bei einer großen, börsennotierten französischen Firma gefunden. Dieser junge Mann pflegte zu *qing ming* 清明 (einem Tag Anfang April, an dem man seiner verstorbenen Angehörigen gedenkt und ihre Gräber fegt) zum Grab seiner chinesischen Eltern zu gehen, um ihnen seine Aufwartung zu machen. Neben den Gesuchen an seine toten

Vorfahren »betete« er stets auch am Mausoleum seines französischen Arbeitgebers, dessen Seele, wie er hoffte, bei seinem Nachfolger, einem Pariser Manager, ein gutes Wort für ihn einlegen würde (vermutlich auf Französisch). Er erzählte meinem Vater: »Ein Wort meines verstorbenen französischen *taipan* ist mehr wert als zehntausend Worte von irgendeinem Chinesen, gleich ob tot oder lebendig. Jetzt bin ich mir sicher, dass ich meine Lohnerhöhung bekomme.«

Gemäß dem Fengshui sind Zahlen ebenfalls Vorboten von Glück oder Unglück. Die Dreizehn gilt in China als Glückszahl, da sie der Zahl der Monate in einem Mondjahr entspricht. Gleiches gilt für die Zahlen Acht, Neun, Fünf und Sechs. Im Kantonesischen klingt acht wie ein anderes Wort, 發, welches »Ansteigende Entwicklung« bedeutet; die Achtundachtzig ähnelt dem chinesischen Schriftzeichen für doppeltes Glück 囍. Die Neun wird *jiu* ausgesprochen, was auch die Aussprache des Zeichens 久 ist, das so viel heißt wie »eine lange, lange Zeit« oder »unwandelbar«; daher steht es für ein langes Leben. Die Fünf ist die Anzahl der chinesischen Elemente und wird als Glück bringend angesehen, da sie die fünf Elemente Holz, Feuer, Erde, Metall und Wasser verkörpert. Die Sechs wird im Kantonesischen genauso ausgesprochen wie das Schriftzeichen 祿, das »Lohn« bedeutet und aus diesem Grunde für Reichtum steht.

Die Zahl Vier ist eine Unglückszahl, da sie wie das Wort *si* 死 klingt, welches sowohl auf Mandarin als auch auf Kantonesisch »Tod« heißt. Und auch die Eins ist eine unbeliebte Zahl, da das chinesische Schriftzeichen für Eins (*yi* 一) einem Riegel vor einem verschlossenen Tor ähnelt, wie bei einem Gefängnistor.

Die Nachfrage nach Glückszahlen ist derart hoch, dass begüterte Chinesen häufig geradezu astronomische Summen auf den Tisch legen, um sich bestimmte beliebte Zahlen wie die 8888 für Autokennzeichen, Telefonnummern und dergleichen mehr zu erkaufen. Die Regierung in Hongkong hält regelmäßig Auktionen ab, auf denen gefragte Zahlen versteigert werden, und die Gebote erfolgen Schlag auf Schlag. Persönliche Nummern, die eine spezielle Bedeutung haben (wie Geburts- und Jahrestage) sind ebenfalls heiß begehrt und gelten als Glücksbringer.

Das Fengshui scheint sich auch im Westen steigender Beliebtheit zu erfreuen. Die Zeitungen in einigen bedeutenden amerikanischen Städten (wie etwa die ›Los Angeles Times‹) veröffentlichen sogar regelmäßige Frage-Antwort-Seiten zum Thema Fengshui. Im April 2000 berichtete die ›London Times‹, dass der Verband britischer Tomatenzüchter plane, Fengshui anzuwenden, um seine Tomatenproduktion anzukurbeln! Da Daten im Fengshui so eine wichtige Rolle spielen, ist es ganz wesentlich, sie richtig zu notieren. Mein Großvater erzählte mir einmal die folgende faszinierende und wahre Geschichte über den chinesischen Kalender:

»Einzig der Kaiser und das von ihm eingerichtete Amt für Astronomie waren befugt, die Sterne zu beobachten und den kaiserlichen Kalender zu erstellen. Allen anderen war die Ausführung dieser Aufgabe verboten. Der Kalender war ein höchst bedeutsames Dokument, weil es dem Kaiser, als Sohn des Himmels, oblag, dafür zu sorgen, dass zwischen Himmel, Erde und Mensch Harmonie herrschte. Jede Abschrift wurde in herrliche gelbe Seide eingewickelt und vom Kaiser persönlich an seine obersten Minister verteilt, die sie auf Knien entgegennahmen. Anschließend wurde der Kalender ins ganze Reich versandt.

Im vierzehnten Jahrhundert v. Chr. hatten wir Chinesen bereits das Sonnenjahr mit 365¼ Tagen sowie den Mondmonat mit 29½ Tagen eingeführt. Jeder Monat beginnt zu Neumond und hat 29 oder 30 Tage. Um die jährliche Differenz von 11½ Tagen zwischen Sonnen- und Mondsystemen auszugleichen (365¼ zu 254), wurde alle zwei oder drei Jahre ein gesonderter Monat, ein so genannter interkalarer oder Schaltmonat eingefügt. Als ich ein Junge war, entschied der Kaiser persönlich, an welchem Tag das neue Jahr beginnen oder ob in dem jeweiligen Jahr ein zusätzlicher Monat angehängt werden sollte. Da unser chinesischer Kalender die Sonne ebenso miteinbezog wie den Mond, nannten wir ihn Yin Yang Li 陰/陽歷 oder Mond-Sonne-Kalender.

Ein genauer Kalender war unabdingbar für die Anwendung des Fengshui, da man daran glaubte, dass die Bewegung der Sterne einen Einfluss auf das menschliche Schicksal hätte. Der erfolgreiche Verlauf jeder Heirat, Beerdigung, Geburt, geschäftlichen Transaktion, Reise oder jeder beliebigen anderen denkbaren Aktivität hing davon ab, ob sie auf einen ›geeigneten‹ Tag fielen, der von den Fengshui-Meistern nach der Befragung des Kalenders errechnet worden war. Ein Fehler im kaiserlichen Kalender würde bedeuten, dass sämtliche Tage des betreffenden Jahres falsch wären und damit die Vorhersagen des Fengshui bedeutungslos und die ganze Anwendung Betrug.

Das Verständnis auf dem Gebiet der Astronomie ist eng an die mathematischen Kenntnisse geknüpft. Ohne die Mathematik kann die Astronomie keine Fortschritte machen. Vor der Yuan-Dynastie (1279 bis 1368 n. Chr.) war die chinesische Astronomie der anderer Nationen überlegen. Nachdem die Araber und Europäer das Symbol Null sowie das hindu-arabische Zahlensystem eingeführt hatten, machten sie bemerkenswerte Fortschritte, was ihre Kenntnisse auf dem Gebiet der Mathematik (und Astronomie) anlangte, und überholten uns darauf rasch. Der Mongole Kublai Khan, der China im Jahre 1279 eroberte, rief die Tradition ins Leben, muslimische Gelehrte einzustellen, deren mathematische Kenntnisse sich aus arabischen Quellen speisten, und sie mit der Leitung des Amtes für Astronomie sowie der Erstellung des Kalenders zu betrauen.

Als der italienische Jesuitenpriester Matteo Ricci (1552 bis 1610 n. Chr.) nach China kam, hatte der große jesuitische Mathematiker Christopher Clavius, der zufällig Riccis Lehrer war, in Rom soeben den gregorianischen Kalender entworfen. Clavius selbst war mit Johannes Kepler und Galileo Galilei befreundet. Ricci nahm den neuen Kalender 1582 mit nach China, in demselben Jahr, in dem ihn die Europäer zum ersten Mal benutzten. Während seines 28-jährigen China-Aufenthaltes beeindruckte Ricci die gelehrten Mandarine gewaltig mit seinem umfangreichen Wissen. Seinen astronomischen Berechnungen wurde eine größere Genauigkeit zuerkannt als denen der chinesischen wie auch der muslimischen Astronomen, und er wurde gebeten, der Regierung mit seinen Beobachtungen der Sterne zur Seite zu stehen.

Nach Riccis Tod erhielt sein Nachfolger Adam Schall von Bell und nach ihm dann Ferdinand Verbiest den prestigeträchtigen Posten des stellvertretenden Leiters im Kaiserlichen Amt für Astronomie, um bei der Reformierung des chinesischen Kalenders mitzuwirken. Dies erregte Eifersucht zwischen verschiedenen rivalisierenden Gruppen von Astronomen. Der in den Hintergrund gedrängte chinesische Leiter des Amtes, Yang Guangxian, wurde von wachsender Verbitterung erfüllt. Man hielt zwei Wettbewerbe zwischen chinesischen, jesuitischen und mohammedanischen Astronomen zur Vorausberechnung von Eklipsen ab. Ungeachtet der Tatsache, dass sie die Wettbewerbe gewonnen hatten, wurden die Jesuiten wegen Hochverrats verurteilt und zum Tode verdammt, nachdem Yang Bestechungsgelder in Höhe von vierhunderttausend Tael Silber an die Autoritäten gezahlt hatte. Während sie auf ihre Hinrichtung warteten, wurde Peking von einem schrecklichen Erdbeben erschüttert, und dreihunderttausend Menschen ließen ihr Leben. Der Palast geriet in Brand, und ein Staubsturm verdunkelte den Himmel. All dies wurde als derart gewaltiges Omen gedeutet, dass die Regenten die Jesuiten freiließen. Unglücklicherweise starb der ältere, gebrechliche und gelähmte Schall drei Monate später, im Jahre 1666.

Verbiest wurde wieder im Amt für Astronomie eingestellt, als der junge Kaiser Kangxi 1671 an die Macht kam. Verbiest hatte jedoch einen weiteren Wettbewerb gegen Yang Guangxian gewonnen, indem er korrekt ausrechnete, wo der Schatten einer Sonnenuhr zur Mittagsstunde des folgenden Tages hinfallen würde. Yang, der keine Ahnung von Mathematik hatte und daher nicht imstande war, die Berechnung durchzuführen, wurde von seinem Posten entlassen und in die Tatarei verbannt. Verbiest war außerdem an der Berichtigung des chinesischen Kalenders beteiligt, indem er einen Schaltmonat entfernte, der irrtümlicherweise zwei Jahre zuvor, 1669, eingefügt worden war. Noch heute wird das Datum des chinesischen Neujahrs nach den von Schall und Verbiest aufgezeichneten Methoden ermittelt.

Nachdem China 1911 zur Republik erklärt wurde, übernahmen wir endlich den gregorianischen Kalender anstelle unseres Yin Yang Li.* Und doch gaben wir den Yin Yang Li nicht ganz auf, sondern behielten ihn ebenfalls. So kommt es, dass das chinesische Neujahr auf jeden erdenklichen Tag zwischen Ende Januar und Mitte Februar des gregorianischen Kalenders fallen kann.

Anders als der gregorianische Kalender, wo die Jahre in einer aufsteigenden Linie von der Geburt Jesu Christi an gezählt werden, ist unser Kalender zyklisch und wiederholt sich alle zwölf Jahre. Wir haben für jedes Jahr eines von zwölf Tieren als Symbol ernannt, und dasselbe Tier kehrt alle zwölf Jahre wieder. Nach dem gregorianischen Kalender bedeutet das Jahr 2000, dass seit Christi Geburt zweitausend Jahre verstrichen sind, nach dem chinesischen Kalender aber ist es das Jahr des Drachens.

Die Legende besagt, dass vor vielen Jahren sämtliche Tiere eingeladen wurden, zu kommen und den Buddha zu besuchen, aber nur zwölf erschienen. Sie fanden sich in nachstehender Reihenfolge ein: Ratte, Ochse, Tiger, Kaninchen, Drache, Schlange, Pferd, Schaf, Affe, Hahn, Hund und Schwein.** Buddha benannte nach jedem Tier ein Jahr, als sie erschienen. Ich selbst bin im Jahre 1878 geboren, dem Jahr des Tigers. Da das Jahr des Tigers alle zwölf Jahre wiederkehrt, sind die Leute, die 1890, 1902, 1914, 1926, 1938 und 1950 auf die Welt gekommen sind, alle im Jahre des Tigers geboren. Diejenigen, die 1879 das Licht der Welt erblickten, sind im Jahr des Hasen geboren; während 1880 das Jahr des Drachens war und so weiter.«

Obschon vermutlich vieles von der modernen Fengshui-Theorie der hitzigen Phantasie skrupelloser Fengshui-»Spezialisten« entsprungen ist, sprechen einige Beweise dafür, dass der Glaube daran möglicherweise

* Eine Erläuterung der verschiedenen Kalendersysteme finden Sie am Ende dieses Kapitels auf Seite 220.

** Anstelle des Ochsen steht häufig auch der Büffel, die – hierzulande wohl bekanntere – Alternative zum Schaf ist die Ziege, zum Kaninchen der Hase. [Anm. d. Übs.]

von dem alten chinesischen Bewusstsein für den erdeigenen Magnetismus herrührt.

Der Geomagnetismus, auch Erdmagnetismus genannt, ist der natürliche Magnetismus der Erde – die unsichtbare und in gewisser Weise mysteriöse Kraft, die die Spitze der Kompassnadel nach Norden lenkt und darüber hinaus in der Lage ist, Lichtwellen wie auch Radiowellen zu beugen. Von alters her haben die Chinesen das Magnetfeld als etwas Magisches und Ehrfurchtgebietendes angesehen. Die Überzeugung, dass Gräber, Häuser und Städte in ihrer Ausrichtung mit diesem »Qi der Erde« harmonieren sollten, mag den ersten Anstoß zum Aufkommen des Fengshui geliefert haben.

Im Jahre 1086, während der Nördlichen Song-Dynastie, schrieb der chinesische Autor und Wissenschaftler Shen Gua 沈括 in seinem Buch ›Pinselgespräche am Traumbach‹ *(Meng Xi Bi Tan)*:

Magier reiben die Spitze einer Nadel mit dem Magneteisenstein; darauf vermag diese nach Süden zu zeigen. Allerdings driftet sie immer leicht nach Osten und weist nicht direkt nach Süden ... Am besten ist es, die Nadel an einem frisch gesponnenen Seidenfaden aufzuhängen, der mit einem Stück Wachs von der Größe eines Senfkorns in der Mitte der Nadel befestigt ist – hängt es an einem windstillen Ort, wird es daraufhin stets nach Süden zeigen. Unter solchen Nadeln gibt es auch einige, die, nachdem man sie gerieben hat, nach Norden weisen.
Ich besitze Nadeln beider Sorten.

Die Ursache für die genannte Abweichung liegt darin, dass der echte, geografische Nord- und Südpol der Erde ungefähr zwölfhundert Meilen von dem magnetischen Nord- und Südpol entfernt liegen: Ein Phänomen, das als »magnetische Deklination« oder auch Missweisung bezeichnet wird. Dabei ist der Abweichungswinkel zwischen den geografischen und den magnetischen Polen nicht konstant, sondern verändert sich mit der Zeit. Der englische Physiker William Gilbert (der auch Leibarzt von Elisabeth I. war) war der erste Wissenschaftler in Großbritannien, der dies im Jahre

1600 in seinem Werk ›De magnete, magneticisque corporibus, et de magno magnete tellure, physiologia nova‹ beschrieb. Wie Shen Gua bewiesen hat, wussten die Chinesen allerdings schon Jahrhunderte vor dem Westen um diese Veränderung des Abweichungswinkels der magnetischen Pole.

Auf den Kompassen einiger antiker Geomanten, die vor hunderten von Jahren in China gefertigt wurden, finden sich zwei verschiedene Ringe mit Richtungsangaben unter den zahlreichen konzentrischen Kreisen, die die Nadel umgeben. Diese voneinander divergierenden Punkte zeigen die magnetische Deklination zu zwei unterschiedlichen Zeitpunkten der Vergangenheit. Sie liegen einige Grade auseinander und illustrieren so das Bewusstsein unserer Ahnen für die Verlagerung der magnetischen Missweisung zwischen zwei verschiedenen, weit auseinander liegenden historischen Epochen.

Die Chinesen waren sich auch lange vor dem Rest der Welt über eine weitere charakteristische Eigentümlichkeit von Magneten im Klaren. Magnetismus ist keine dauerhafte Eigenschaft, sondern kann durch Hitze zerstört werden. Wenn ein Magnet über eine gewisse Temperatur – den Curie-Punkt – hinaus erhitzt wird, verliert er seine Anziehungskraft. (Dieser Punkt variiert von Metall zu Metall.)

Umgekehrt nimmt ein Stück Metall, das stark erhitzt und dann einem magnetischen Feld ausgesetzt wird, indem man es neben einen Magnetisierstein hält, dessen magnetische Eigenschaften an, wenn es bis zum Curie-Punkt (oder darunter) abkühlt. Dies wird als »magnetische Remanenz« bezeichnet. Da die Erde selbst ein schwaches magnetisches Feld, das so genannte geomagnetische Feld, besitzt, wird ein Stück glühend heißes Metall den Magnetismus der Erde annehmen, wenn es bei seiner Abkühlung unter den Curie-Punkt genau entlang der Nord-Süd-Achse ausgerichtet wird.

Die Chinesen wussten um die Erzeugung des remanenten Magnetismus mithilfe des geomagnetischen Feldes der Erde und um seine Bedeutung im Kampf. Im Jahre 1044 schrieb Zeng Gongliang:

Wenn Soldaten bei schlechtem Wetter oder im nächtlichen Dunkel vom Weg abkommen und nicht wissen, wo es weitergeht, überlassen sie entweder einem alten Pferd die Führung oder sie benutzen den Fisch, der nach Süden zeigt, um die richtige Richtung zu finden. Sie schneiden aus einem dünnen Blatt Eisen einen Fisch aus, der um die fünf Zentimeter lang und zweieinhalb Zentimeter breit ist, mit spitz zulaufendem Kopf und Schwanz. Dann erhitzen sie ihn im Feuer, und wenn er durch und durch heiß ist, legen sie ihn mit Hilfe einer eisernen Zange so hin, dass der Schwanz nach Norden zeigt. Dann löschen sie ihn in einem Becken mit Wasser ab und bewahren ihn in einer verschlossenen Kiste mit einem gut schließenden Deckel auf. Um ihn zu verwenden, füllen sie eine kleine Schale an einem windstillen Ort mit Wasser und legen den Fisch flach auf die Wasseroberfläche, so dass er frei schwimmt – woraufhin sein Kopf nach Süden zeigen wird.

Joseph Needham war der Ansicht, dass die oben erwähnte fest verschlossene Kiste vermutlich einen magnetischen Boden hatte, um den eisernen Fisch, der dank der so genannten Thermoremanenz magnetisiert war, »zu nähren und zu stärken«. Die Chinesen betrachteten das Magnetfeld der Erde offensichtlich als lebendige und aktive Kraft, die in der Lage war, ihre magischen Eigenschaften an andere Metalle weiterzugeben. 1609, während der späten Ming-Dynastie, beschrieb Wang Qi den Magnetisierstein in seiner Enzyklopädie beinahe, als sei dieser eine übernatürliche Erscheinung.

Das Qi des Magnetisiersteines wirkt, als sei er lebendig. Er hat einen Kopf und einen Schwanz. Sein Kopf weist nach Norden und sein Schwanz nach Süden. Die Kraft seines Kopfes ist größer als die seines Schwanzes. Zerbricht man ihn, so haben all die kleineren Teile ebenfalls Köpfe und Schwänze. Erhitzt man ihn im Feuer, »stirbt« er und vermag nicht länger, die Richtung zu weisen.

Der älteste Kompass, den man in China entdeckt hat, wurde nicht zu Navigationszwecken, sondern zu den geomantischen Zwecken des Fengshui verwendet. Auch als *luo pan* bekannt 羅盤 (von einem Netz überzogene Scheibe), besitzt der geomantische Kompass eine Nadel, die für gewöhnlich aus einem Magnetisierstein gefertigt ist und die Form eines Löffels hat, dessen »Griff« nach Süden zeigt. Die heutzutage gebräuchlichen *luo pans* bestehen aus einer gelb angemalten hölzernen Scheibe von etwa fünfundzwanzig Zentimetern Durchmesser, mit einer feinen Stahlnadel in der Mitte, die nach Norden weist (laut Joseph Needham löste die Nadel den Löffel-Zeiger in China im siebten oder achten Jahrhundert n. Chr. ab). Um den Mittelpunkt herum befinden sich von innen nach außen hin angeordnete konzentrische Kreise, die Informationen über die Bewegung der Planeten enthalten, über magnetische Korrelationen, Yin und Yang, *ba gua* 陰陽八卦 (die acht Trigramme aus dem *I Ging*), die zwölf Tiere des chinesischen Zodiakus, die fünf Elemente, die vier Jahreszeiten, den chinesischen Kalender und anderes mehr.

Geomantische Kompasse variieren im Design. Manche enthalten bis zu vierzig konzentrische Kreise mit Informationen, wobei sich auf jedem einzelnen verschiedene Zahlen befinden, um diverse Phänomene gemäß den chinesischen Vorstellungen zu messen. Andere enthalten weniger als zehn Kreise. Indem sie die Zahlen auf dem Kompass ablesen, versuchen Fengshui-Berater, an einem speziellen Ort mit Hilfe von Geburtstag, -jahr und -stunde eines Auftraggebers verschiedene natürliche Kräfte zu harmonisieren und in Deckung zu bringen. Dabei hängt viel von der Interpretation und dem Einfallsreichtum des Fengshui-Beraters ab.

Die Fengshui-Theorien wurden über die Jahrhunderte hinweg auf alles Erdenkliche angewandt – von der Auswahl der Grabstätten bis hin zur Planung ganzer Städte, von der Ausrichtung von Palästen bis hin zum Arrangieren von Blumen. Außerhalb Chinas ist sein Einfluss heute in zahlreichen asiatischen Ländern wie Birma, Vietnam, Singapur, Malaysia, Korea und Japan sichtbar.

Es besteht kein Zweifel, dass ein harmonisches und angenehmes Umfeld Gelassenheit und Glück fördert. Fengshui-Meister haben unseren Wunsch nach Harmonie, Schönheit und Glück zu einer Kunst verwoben, die teils architektonisches Design, teils Innenausstattung und teils Aberglaube ist.

Gemäß den Theorien des Fengshui sollte man draußen vor dem Haus Hügel, Felsbrocken oder Bäume haben, die den Eingang versperren. Die vordere Tür soll sich nicht auf eine scharfe Flussbiegung oder eine gerade Straße hin öffnen; andernfalls können unsichtbare Pfeile mit *sha* geradewegs ins Haus schießen. Wo dies nicht zu vermeiden ist, sollte die Türe schräg angebracht werden. Verschlungene Pfade und gewundene Wasserläufe, die zum Eingang hinführen, sind äußerst günstig, da das wohltuende Qi sich sanft entlang dieser Linien bewegt. Vermeiden Sie es, ein Haus gegenüber von scharfkantigen Dächern, spitzen Ecken und hohen Masten zu bauen, welche »giftige Pfeile« auf Ihr Grundstück absenden können. Ein Talisman, der als sehr wirkkräftig gilt und oft vor dem Haus draußen aufgehängt wird, um jegliches so geartetes *sha* zu zerstreuen, ist ein *Ba-gua*-Spiegel. Dies ist ein konvexer Spiegel, auf den die acht Trigramme des *I Ging* mit goldener Farbe auf einen roten Rahmen aufgemalt sind. Die Chinesen glauben, dass Spiegel die Bahn böser Geister umlenken, da sich diese nur auf einer geraden Linie fortbewegen können; die Spiegel zwingen sie, zu ihrem Ausgangsort zurückzukehren.

Wenn Sie einen Spaziergang durch Hongkong machen, werden Sie möglicherweise in dem einen oder anderen Wohnviertel diese Spiegel sehen, die in einem sonderbaren Winkel an manchen Eckhäusern und Geschäftsgebäuden angebracht sind, besonders wenn diese zu einer Straße hin liegen, die direkt in das Gebäude führt. Einige der Spiegel sind unter Umständen mit dem *ba gua* 八卦 (den acht Trigrammen) verstärkt, um das *sha* böser Geister abzuwehren. Gelegentlich sind an benachbarten Häusern »Gegenspiegel« angebracht, welche die von dem ersten Satz Spiegel abgehenden Strahlen zurücksenden.

Der ideale Grund für ein Bauwerk ist quadratisch oder rechteckig, denn diese Formen stehen für die Erde und demzufolge für Stabilität. Dreieckige und bizarr geschnittene Bauplätze sind wenig erstrebenswert, da sie Feuer und Gefahr symbolisieren. Scharfe Ecken und quadratische Pfeiler innerhalb eines Gebäudes sind zu vermeiden, da sie im Innern unheilträchtige Pfeile von *sha* aussenden. Das prunkvolle Foyer im Grand Hyatt Hotel in Hongkong wird von riesigen, sensationellen zylindrischen Säulen aus schwarzem Granit gestützt, die unter hohem Kostenaufwand errichtet wurden. In kleinen Zimmern werden Spiegel eingesetzt, um die Illusion von Raum zu vermitteln, aber diese sind niemals gegenüber der Tür angebracht. Denn dann würde das günstige Qi aus dem Raum hinausgelenkt, sobald die Türe geöffnet würde.

Die Vordertür darf nicht direkt auf eine Treppe hinausführen oder gegenüber von einem Spiegel liegen, sondern muss sich nach innen auf eine lichte Diele hin öffnen. Dies ermöglicht es dem Qi, ins Haus einzudringen und den Bewohnern Glück zu bringen. Im Wohnzimmer befindet sich der beste Platz für Kamine, Pflanzen, Aquarien und dekorative Wasserfälle auf der Süd- oder Südostseite, die sich leicht mit Hilfe eines Kompasses bestimmen lässt. Dies ist angeblich die Ecke, wo das gute Qi erzeugt und gespeichert wird. Sowohl Wasser wie auch Feuer versorgen den Rest des Hauses mit Energie und sorgen nach Ansicht von Fengshui-Experten für Wohlstand.

Das Schlafzimmer meines Großvaters in Hongkong war klein und schmal. Obgleich seine Sehkraft schon schwach war, stellte er sein Bett an die Wand und nicht vors Fenster, wo er beim Lesen Tageslicht gehabt hätte. Außerdem hatte er noch einen Paravent vor seiner Schlafzimmertüre stehen, der den Zugang erschwerte. Eines Tages fragte ich ihn, warum er die Möbel so angeordnet hätte. »Am Anfang, als wir in diese Wohnung hier eingezogen sind«, erklärte er mir, »empfahl uns der Vermieter deines Vaters, der ein Fengshui-Experte ist, die Möbel in dieser Weise zu arrangieren. Er sagte, *feng* (Wind) symbolisiere ›Himmelsrichtung‹ und *shui* (Wasser) ›Reichtum‹. Er riet deinem Vater, den Stellschirm hier zu kaufen und ihn an diesen Platz zu stellen, da mein Bett niemals auf die Tür weisen oder am Fenster stehen dürfe. Dieser Paravent erfüllt einen doppelten Zweck: Zum einen schützt er meine Seele davor, meinen Körper bei einem verfrühten Tod zu verlassen, zum anderen kanalisiert er das günstige Qi, so dass es um den Schirm herum sanft in meinen Raum hereinfließen kann.«

Ich muss skeptisch geguckt haben, denn er setzte hinzu: »Ich verlange nicht, dass du daran glaubst. Fengshui ist eine Mischung aus gesundem Menschenverstand und Aberglaube. Unser Vermieter verfügt über großes Überzeugungstalent und hat mit seiner Beratung ein Vermögen gemacht. Wir alle suchen nach Glück, und die Fengshui-Meister kommen dieser Sehnsucht entgegen. Es ist unmöglich, das, was sie sagen, zu beweisen oder zu widerlegen, da sie stets eine plausibel klingende Erklärung parat haben. Auf alle Fälle ist dieser Wandschirm die Art und Weise deines Vaters, Respekt gegenüber seinem Vater zu zeigen, da er eine Menge Unannehmlichkeiten auf sich genommen hat, um ihn zu besorgen. Jedes Mal, wenn ich ihn sehe, werde ich an seine Zuneigung erinnert. *Chu jing sheng qing* 觸景生情 (der Anblick bringt eine Saite in meinem Herzen zum Klingen). Davon abgesehen kann ich bei heißer Witterung meine Tür offen lassen und werde trotzdem nicht von den Bediensteten gesehen.«

Drei Jahre darauf zogen meine Eltern aus jener kleinen Wohnung in Kowloon in ein großes Haus in der Stubbs Road, das sie mit einer Option auf späteren Kauf mieteten. Das Haus besaß angeblich das beste Fengshui in ganz Hongkong, mit den Bergen im Rücken und dem Hafen davor, Hügeln zur linken und Felsen zur rechten Seite des Eingangs (die Drache und Tiger verkörperten) sowie einem gewundenen Pfad, der um das vordere Tor herumführte (statt einer geraden Straße).

Drei Monate nach dem Umzug starb mein Großvater. Mein Vater war todunglücklich, aber der Fengshui-Meister erklärte, dass Ye Ye bei schlechter Gesundheit und vierundsiebzig gewesen sei; man habe nicht erwarten können, dass er ewig leben würde. Außerdem florierten doch Vaters Geschäfte so vortrefflich, dass er auf dem besten Wege sei, zu einem der reichsten Männer Hongkongs aufzusteigen. Seine vier Söhne erfreuten sich alle guter Gesundheit. (Seine drei Töchter fanden keine Erwähnung, da sie schlichtweg nicht zählten.)

Vater war besänftigt, aber noch nicht gänzlich überzeugt. Um auf Nummer Sicher zu gehen, blieb er zwar weiterhin in dem Haus zur Miete, machte aber keinen Gebrauch von seiner Kaufoption.

Für mich persönlich stand das Jahr 1952, abgesehen vom Tode meines Großvaters, unter einem sehr glücklichen Stern, denn in jenem Jahr gewann ich einen internationalen Dramatiker-Wettbewerb, der mein Leben für immer verändern sollte. Irgendwie schien mein unerwarteter Triumph meinen Vater davon zu überzeugen, dass ich es wert war, zum Medizinstudium nach England geschickt zu werden.

Darauf verfloss ein weiteres Jahr, und die Katastrophe brach über unsere Familie herein. 1953 erlag mein dreizehnjähriger Halbbruder Franklin einer Polioerkrankung, nachdem er ungewaschene Erdbeeren gegessen hatte, und starb im Queen Mary's Hospital. Er war der einzige gemeinsame Sohn meines Vaters und meiner Stiefmutter und war als solcher nicht nur ihr gesetzlicher Erbe, sondern auch ihr Lieblingskind. Diesmal konnte der Fengshui-Meister keine hinreichende Erklärung liefern, die die beiden zufrieden gestellt hätte. Keiner vermochte das.

Mein Vater und Niang schrieben Franklins Tod dem schlechten Fengshui zu und zogen aus dem Haus in der Stubb Road aus; sie konnten Franklins Tod jedoch nie verwinden und trauerten für den Rest ihres Lebens um ihn.

· · ·

Ich bin der Meinung, dass andere als die gewöhnlichen, allgemein einsichtigen und ästhetischen Aspekte des Fengshui, die eine Verbindung zwischen »Schicksal und Wohnort« herstellen, aller Wahrscheinlichkeit nach meist auf Aberglauben basieren, wie es die folgende Begebenheit veranschaulicht, die mir im Jahre 1976 in Kalifornien widerfahren ist.

Nach der Geburt unserer Tochter Ann brauchten wir dringend eine größere Bleibe und leisteten eine Anzahlung auf das Haus unserer Träume. Um den Kauf vollends abzuwickeln, mussten wir allerdings unser altes Domizil veräußern. Zu unserer Freude bot uns gleich das allererste Paar, das kam, um unser Haus zu besichtigen, den vollen Kaufpreis. Mr. und Mrs. Jiang waren junge Chinesen aus Taiwan, die beide einen guten Job hatten und den Wunsch äußerten, so bald wie möglich einzuziehen.

Zwei Tage, bevor der Verkauf abgewickelt werden sollte, riefen die Jiangs an und traten von dem Handel zurück. Sie mochten nicht so recht mit dem Grund herausrücken. Ich muss enttäuscht geklungen haben, da ich eine Woche später per Post eine Erklärung erhielt:

Ihr Haus gefällt uns wirklich ausnehmend gut. Es ist in fantastischem Zustand. Doch der Cousin meiner Frau hat uns darauf hingewiesen, dass das Fengshui entsetzlich ist. Als Chinesin müssen Sie verstehen, dass wir dies nicht ignorieren können. Ihr Hauseingang führt direkt auf eine Hauptstraße hinaus. Dies ist inakzeptabel, da uns das Geld aus den Händen rinnen wird und beständig unsichtbare Pfeile mit sha *nach innen, auf uns hin gerichtet sein werden. Aus diesem Grunde haben wir beschlossen, Ihr Haus, obwohl der Preis dafür wirklich mehr als fair ist, nicht zu erwerben.*

Wir liehen uns etwas Geld bei der Bank und schafften es, nach Ablauf von drei Monaten, unser Haus zu einem weit höheren Preis zu veräußern. Als das Geschäft perfekt war, rief ich die Jiangs an, teilte ihnen mit, dass wir verkauft hätten, und fragte, ob sie ein anderes Haus erstanden hätten.

»Ich fürchte, nein«, erwiderte Mr. Jiang nach einer Pause. »Als wir uns gegen den Kauf Ihres Hauses entschieden hatten, lagen dreißigtausend Dollar auf unserem Bankkonto, und wir wussten nicht, wohin damit. Irgendwie überzeugte uns der Cousin meiner Frau, die gesamte Summe in eine Autowaschanlage zu investieren, die er soeben eröffnet hat. Ich fürchte, sein Unternehmen macht Woche für Woche Verluste, und wir werden wahrscheinlich am Ende ohne Haus *und* ohne Geld dastehen. Ich hätte seinen Fengshui-Theorien niemals Glauben schenken dürfen.«

Daher sind die Regeln des Fengshui für mich keine Gebote, auch wenn uns ein Gespür für die Lage unseres Wohnsitzes (und unserer Gräber) mit Ehrfurcht für die Kraft, Harmonie und Schönheit unserer Umgebung erfüllt. Wir alle sind schon an Orte gekommen, an denen wir uns sofort wohl und zu Hause gefühlt haben. Fengshui ist die Kunst der Platzierung: der Bestimmung von Baugrund, Ausblick, Licht, Formen, Größen, Farben, Pflanzen und Möbeln, um eine ausgewogene Umgebung zu schaffen. Ich habe große Zweifel, dass das Aufhängen eines Spiegels vor der Eingangstür draußen oder das Umlegen einer Treppe das Schicksal eines Menschen grundlegend verändert. Es besteht jedoch kein Zweifel daran, dass für die meisten Personen helle, ordentliche, geräumige und heitere Räume dem Glück und der Kreativität förderlicher sind als voll gestopfte, dunkle, schmuddelige und chaotische. So ist das Fengshui bedeutsam, weil es unserer Erkenntnis dienlich ist und uns einen Leitfaden zu liefern vermag, der uns mit dem Himmel über uns und der Erde unter uns verbindet. Außerdem hilft es uns, unser Umfeld auf eine Weise ins Gleichgewicht zu bringen, die uns Gesundheit, Wohlstand, Glück und die Zeit, dies alles zu genießen, beschert.

Eine Anmerkung zu den Kalendern

Es gibt zwei Sorten von Kalendern: Mond- und Sonnenkalender. Die meisten Länder hatten als Erstes einen Mondkalender, doch die Ägypter führten vor sechstausend Jahren den Sonnenkalender ein.

Der Mond braucht 29½ Tage, um die Erde zu umrunden. Diese Zeitspanne ist als Monat bekannt. Es gibt zwölf Monate pro Jahr, und das Mondjahr hat 354 Tage.

Die Erde benötigt 365,242199 Tage – oder 365 Tage, fünf Stunden, 48 Minuten und 45,96768 Sekunden –, um einmal im Jahr die Sonne zu umkreisen.

Um das Mondjahr mit dem Sonnenjahr in Deckung zu bringen, müssen von Zeit zu Zeit Schaltmonate oder -tage eingefügt werden, und zwar ungefähr elf Tage pro Jahr.

Im Jahre 45 v. Chr. zog Julius Caesar den griechischen Astronomen Sosigenes zu Rate, um den römischen Kalender zu erstellen. Sosigenes empfahl Caesar, den ägyptischen Sonnenkalender mit seinen 365,25 Tagen pro Jahr zu übernehmen, indem er jedem Jahr 365 Tage zuordnete und alle vier Jahre einen 366ten, gesonderten »Schalttag« einfügte. Dieser julianische Kalender war bis zum Jahre 1582 in Gebrauch.

Doch, indem man das Jahr auf 365,25 statt 365,242199 Tage aufrundete, maß man die »julianische Zeit« mit einer »Uhr«, die jährlich ein paar Minuten vorging. In der Folge war jedes Jahr um elf Minuten und 14,033232 Sekunden zu kurz. Während die Jahrhunderte ins Land gingen, »sparte« man mit dem julianischen Kalender Zeit ein und häufte alle tausend Jahre sieben extra Tage an. Die Tagundnachtgleiche im Frühling, die eigentlich auf den 21. März fallen sollte, fiel auf diese Weise im Jahre 1000 n. Chr. in Wirklichkeit auf den 28. März.

Anno 1578 betraute Papst Gregor XIII. den großen Mathematiker Christopher Clavius mit der Aufgabe, den Kalender zu reformieren. 1582 wurde dann eine päpstliche Bulle erlassen, und die folgenden Maßgaben wurden beschlossen:

- Aus dem Kalender wurden zehn Tage gestrichen. Auf diese Weise wurde der 4. Oktober 1582 zum 15. Oktober 1582.
- Jedes Jahr erhielt 365,2422 Tage statt 365,25 Tage.
- Da der julianische Kalender zu viele Schaltjahre enthielt, bekamen nach 1582 jene Schaltjahre, die auf eine Jahrhundertwende fielen, keinen zusätzlichen Tag mehr. Daher hatte das Jahr 1900 nur 365 Tage.
- Um die Genauigkeit der Rechnungen noch weiter zu verbessern, wird in diejenigen Jahre, die durch vier teilbar sind, ein zusätzlicher Tag eingefügt. So kommt es, dass das Jahr 2000 ein Schaltjahr mit 366 Tagen war. Diese Art von Schaltjahr gibt es nur alle vierhundert Jahre.

Der gregorianische Kalender weicht nun nur noch 25,96 Sekunden pro Jahr von der Wirklichkeit ab, oder ungefähr einen Tag alle 2800 Jahre.

11

LEKTIONEN DES SCHWEIGENS

不言之教

Bu Yan Zhi Jiao

Mein Großvater hatte stets zwei Schriftrollen an der Wand über seinem Bett hängen. Jede der beiden zierten vier chinesische Schriftzeichen, die er selbst mit Pinsel und Tusche geschrieben hatte. Links stand *Tian jing di yi* 天經地義 und rechts *Bu yan zhi jiao* 不言之教. Ye Ye war ein talentierter Kalligraph, und ich konnte die Bewegung seiner Hand hinter der Gestalt der Wörter erahnen. Jeder Pinselstrich kam einer Momentaufnahme seiner Gedanken gleich, die sich in der Richtung, Stärke oder auch Geschwindigkeit, mit der er ausgeführt worden war, manifestierten; aus sämtlichen Wörtern sprach seine unverwechselbare Persönlichkeit.

Eines Tages sah er mich auf dem Boden sitzen, den Blick starr auf die Schriftrollen über meinem Kopf gerichtet, überwältigt von der Flut von Emotionen, die er auf zwei Blättern Papier zu entfesseln vermocht hatte.

»Weißt du, was die Wörter bedeuten, Wu Mei?«, fragte er.

»Hm, so ungefähr: *tian* 天 bedeutet ›Himmel‹; *jing* 經 bedeutet ›heilige Schrift‹ oder ›Klassiker‹; *di* 地 bedeutet ›Erde‹ und *yi* 義 ›Gerechtigkeit‹ oder ›Harmonie‹.«

»Präg sie dir ein und sinn darüber nach«, sagte er zu mir. »Wo immer du künftig hinkommst, denk hin und wieder an diese Worte. Wenn du über die Schönheit eines Sonnenuntergangs staunst oder fasziniert bist von den Wundern der Wissenschaft, vergiss nicht, dass alle Phänomene auf Erden auf dem *tian jing di yi* 天經地義 basieren (der heiligen himmlischen Schrift und den irdischen Gesetzen der Harmonie). Wenn bereits unbelebte Dinge ohne Bewusstsein eine solche Vollkommenheit aufweisen, wie sollten dann die Menschen, die doch mit Vernunft begabt sind, nicht auch entsprechenden Ordnungsprinzipien gehorchen?«

»Was ist mit den anderen vier Zeichen, Ye Ye?«

»Ah! *Bu yan zhi jiao* 不言之教 (Die Lektionen des Schweigens)! Diese vier Worte stehen in Laozis *Tao Te King* geschrieben. Erst in letzter Zeit habe ich immer wieder über sie nachgedacht. Vielleicht wirst auch du dir eines Tages ihrer Bedeutung bewusst. Doch das ist eine Entdeckung, die du selbst machen musst … wenn du dafür bereit bist.«

Fünfzig Jahre später rief ich mir dieses Gespräch mit meinem Großvater ins Gedächtnis zurück; ich saß vor meinem Computer, um das letzte Kapitel dieses Buches zu schreiben. Das Schreiben hat mich gezwungen, unzählige Stunden damit zu verbringen, auf jene Stimmen zu lauschen, die wir nur hören, wenn wir innerlich zur Ruhe gekommen sind und alles andere vorübergehend ausgeklammert haben. Ich hoffe, dass diese Schlussfolgerungen, auch wenn sie simpel und elementar sind, dem einen oder anderen Trost spenden mögen, der ebenfalls schwere emotionale Verletzungen erlitten hat und sich nach spiritueller Harmonie sehnt.

Moderne Musik ist für etliche Hörer nicht mehr als ein kakophonisches Getöse. Die Kinder, die heute heranwachsen, erledigen häufig ihre Hausaufgaben, während der Fernseher und das Radio in voller Lautstärke laufen. Sie erzählen uns, sie könnten Aufsätze schreiben, Gleichungen lösen und Chemie lernen und dabei gleichzeitig die neuesten Hits hören, Spielshows ansehen und zu Abend essen. Wie dem auch sein mag, mir scheint es, dass unser Nachwuchs sich vor der Ruhe fürchtet und versucht, gewissen Gefühlen aus dem Weg zu gehen, die nur aufkommen beim Klang der Stille.

Ich erinnere mich, wie ich mich an einem bedeckten Winternachmittag auf den Weg machte, um einen bestimmten japanischen Garten in Kyoto zu sehen: ein kahles Stück Land, das von geharktem, lockerem Kies bedeckt war, auf dem ein paar bizarr geformte Felsen standen. Als ich auf dieses karge, minimalistische Arrangement blickte, überkam mich eine ganz besondere, unbeschreibliche Gelassenheit. Und doch war mir das Gefühl vertraut, denn ich hatte es zuvor schon empfunden.

Durch das Leben in dicht bevölkerten Städten wie Shanghai, Hongkong, London, New York und Los Angeles sind wir allzu sehr an den ständigen Lärm auf der anderen Seite des Hausflurs oder in den engen Gassen gewöhnt. Doch manchmal, in der Stille, zu vorgerückter nächtlicher Stunde oder frühmorgens, wenn noch der Tau auf allem liegt, überkommt uns plötzlich ein ganz spezieller Anflug von heiterer Gelassenheit. Und häufig fragen wir uns genau in jenen Momenten, ob wir da etwa in der Stille ein Raunen aus unserem tiefsten Innern vernehmen. Ist dies die Botschaft, die Chinas Weise in alten Zeiten verkündet haben? »Halt inne und sei gewiss, dass der Himmel ganz nahe ist.«

Musiker, Maler und Schriftsteller bringen Monate und Jahre damit zu, nach diesem schwer fassbaren, flüchtigen Phänomen zu suchen: der Inspiration. Wir Chinesen haben dafür den Begriff *yuan qi* 元氣 (siehe Seite 106). Worin besteht sie? Weshalb ist sie so begehrt? Wo kommt sie her?

Irgendwo habe ich gelesen, dass große Kunst paradoxerweise ebenso in dem besteht, was der Maler sich entschlossen hat wegzulassen, wie in dem, was er ausgewählt hat, um es in sein Werk aufzunehmen. Je älter ich werde, lerne auch ich immer mehr die subtilen Nuancen schätzen, die unsere besten Künstler präzise erfasst haben, weil sie gewisse Dinge ungesagt, unausgedrückt und ungeschaffen gelassen haben.

Denken Sie an die tausende von Gemälden zurück, die Sie gesehen haben, an die Musikstücke, die Sie gehört, die Bücher, die Sie gelesen, oder die hunderte von Gärten, die Sie besichtigt haben. Was ist Ihnen haften und in Ihrer Erinnerung lebendig geblieben?

Jetzt, da ich in mein letztes Lebensdrittel eintrete, glaube ich immer stärker an die Macht und die dramatische Kraft von Sätzen, die ungesagt geblieben, Flächen auf Bildern, die leer gelassen, oder Akkorde, die in einer Symphonie *nicht* erklungen sind. Bisweilen bin ich geneigt, mich zu fragen, ob die Aufgabe von Künstlern nicht vielleicht darin liegt, ein Gerüst für das zu schaffen, was mit Bedacht frei gelassen und als leere Fläche erhalten worden ist.

Unterziehen Sie einmal einige der größten zivilisatorischen Errungenschaften einer genaueren Betrachtung: gleich ob in der Musik, Prosa, Malerei, Skulptur oder Landschaftsarchitektur. Denken Sie an den Strudel von Emotionen, die King Lear nach dem Tode seiner heiß geliebten Tochter Cordelia durch die Wiederholung des einen Wortes entfesselt: »Niemals, niemals, niemals, niemals, niemals!« Und wie steht es mit der Ehrfurcht gebietenden Pause, die auf die ersten vier Töne von Beethovens fünfter Symphonie folgt? Oder der großartigen Kalligraphie, die dem Pinsel herausragender Gelehrter der Tang-Dynastie entstammt? Vergleichen Sie die von Menschenhand höchst kunstvoll angelegten Gärten (wie den Yuyuan-Garten in Shanghai oder den Sommerpalast in Peking) mit der unüberbotenen Schlichtheit eines Wasserfalls am Lushan oder der atemberaubenden Pracht der hoch aufragenden Berge in Tibet. Versuchen wir über unser Kunstschaffen nur, an die Perfektion der Natur heranzukommen? Was ist mit jenen Werken, die wir inspiriert nennen und von denen uns einige im tiefsten Grunde unserer Seele berühren? Sprechen sie in der einzigen religiösen Sprache zu uns, die wir heutzutage noch zu akzeptieren scheinen? Und ist dies die Stimme Gottes?

Es ist schwierig, einen Zugang zu Spiritualität zu finden, indem man die kalten Stufen der Wissenschaft erklimmt; genau wie es verwirrend ist, das Tao allein mit Worten zu erklären. Vielleicht ist das der Grund, warum wir jene Augenblicke bewusst erleben sollten, in denen unser Herz von etwas jenseits der Logik berührt wird, etwas Tiefem, in dem das Göttliche anklingt; etwas Faszinierendem, das uns in ehrfürchtiges Staunen versetzt.

Wir alle haben es doch schon einmal erlebt: Diese Sehnsucht nach einem niemals verlöschenden Licht, das die Quelle alles Guten, Wahren, Schönen, Wohlgeordneten und Klugen ist; nach dieser besonderen Sphäre, nach der unsere größten Schriftsteller, Maler, Musiker und Philosophen streben.

Wir sind dem *re nao* 熱鬧 (heiß und laut) derart verfallen, dass wir mittlerweile den Partyrummel irrtümlicherweise für Glück halten. Dann und wann werden wir jedoch möglicherweise gut daran tun, uns selbst ins Gedächtnis zu rufen, dass die beiden nicht gleichzusetzen sind. Ich habe Berühmtheiten gestehen hören, dass sie sich einsam und isoliert fühlen, obwohl sich die Massen um sie drängen. Tief in uns drinnen schlummert das Verlangen nach Intimität und Ruhe, das leicht durch das infernalische Spektakel der Außenwelt übertönt wird.

Leider regiert im einundzwanzigsten Jahrhundert, dem Zeitalter der Erwerbs- und Informationsgesellschaft, nach wie vor Geld die Welt. Viele Menschen haben keine anderen Ideale und Ziele als die Anhäufung von Vermögen. Um sich ihr Stück vom allgemeinen Kuchen zu sichern, sind manche Leute bereit, ihre Überzeugungen über Bord zu werfen und ihre Integrität zu opfern. Doch bei dieser hektischen Jagd nach Besitz beschleicht uns trotz allem ein Gefühl der Leere und auch der Angst. Erfolgreiche, abermillionenschwere Geschäftsleute haben mir erzählt: »Jetzt habe ich wieder einen Riesengewinn auf dem Markt gemacht und habe nicht mehr dreißig, sondern fünfzig Millionen Dollar. Und? Ich wusste schon nicht, wohin mit den dreißig Millionen. Was soll ich mit weiteren zwanzig Millionen? Ich habe dieses schreckliche Déjà-vu-Erlebnis und ein Gefühl der Langeweile. Ich sehne mich nach etwas anderem als Geld, weiß aber nicht, nach was. Es muss doch *irgendetwas* Bedeutsameres und Dauerhafteres geben. Kann es wirklich sein, dass alles, was geschieht, reiner Zufall ist? Gibt es überhaupt nichts mehr nach dem Tod? Wie *trübselig* das doch wäre!«

Wir Menschen sind einzigartig, da wir uns von allen höheren Lebewesen als einzige bewusst sind, dass wir leben. Hinzu kommt, dass nur wir Menschen imstande sind, uns über das geschriebene und gesprochene Wort zu verständigen, und nur wir über den Weitblick verfügen, die Zukunft zu planen. Auch vermögen wir vorsätzlich mit unserer Umwelt zu interagieren und unser Umfeld zu verändern. Unsere Worte und Taten leben häufig über unseren Tod hinaus weiter und entfalten ihre Wirkung, lange nachdem wir gestorben und für immer fortgegangen sind.

In der Sprache der Europäer deckt sich die ursprüngliche Bedeutung der Begriffe »Seele« und »Geist« tatsächlich mit der des chinesischen Wortes *qi*. Sowohl die Seele als auch das Qi können als »Lebensodem« verstanden werden: die zentrale Kraft oder Energie, die alle lebenden Kreaturen durchpulst.

Da wir dieses kostbare Geschenk des Lebens nun einmal erhalten haben, stehen wir vor der Wahl, die großzügige Gabe entweder gedankenlos anzunehmen und einfach in den Tag hinein zu leben oder aber nach ihrem Sinn zu fragen. Sollen wir uns vielleicht, da Bewusstsein Verantwortung mit sich bringt, für diese Gunst rechenschaftspflichtig fühlen? Und ist die Übernahme von Verantwortung der Beginn unserer Suche nach philosophischer Wahrheit?

. . .

Als meine Tochter fünf Jahre alt war, schnitt ich ihr einmal einen Apfel in immer kleinere Stücke. Nach einer Weile fragte sie: »Wenn du immer weiter und weiter schneidest, werden die Apfelschnitze dann so klein, dass sie am Ende verschwinden und nichts mehr übrig bleibt?«

Irgendjemand hat einmal bemerkt, dass der Akt des Entdeckens nicht in der Suche nach neuen Ausblicken läge, sondern darin, das Bekannte mit neuen Augen zu betrachten. Überraschenderweise war die Logik meiner Fünfjährigen gar nicht so weit von der Wahrheit entfernt. Heute vertreten die Physiker die These, dass alles, was im Universum existiert, in Wirklichkeit auf die Schwingungen aberwitzig winziger Energieschleifen zurückzuführen ist, so genannter Superstrings. Diese Superstring-Theorie vermag nicht nur die Kluft zu überbrücken, die über weite Teile des zwanzigsten Jahrhunderts zwischen allgemeiner Relativitätstheorie und Quantenmechanik bestanden hat, sondern sie liefert auch eine vereinheitlichte Feldtheorie, nach der Einstein in den letzten dreißig Jahren seines Lebens vergeblich gesucht hat. Außerdem verändert sie unsere Wahrnehmung.

Im einundzwanzigsten Jahrhundert verschmelzen die verschiedenen Religionen mehr und mehr zu einem großen Ganzen. Dieses Phänomen ist als Synkretismus bekannt. Genau wie es in der Mathematik keine Sekten gibt, gelangen so unterschiedliche Köpfe wie das Oberhaupt der katholischen Kirche, Papst Johannes Paul II., und die Galionsfigur des tibetischen Buddhismus, der Dalai Lama, allmählich zu einer Übereinstimmung in gewissen Grundprinzipien. Papst Johannes Paul II. brachte den Gedanken in die Diskussion ein, dass selbst nichtchristliche Religionen die eine und einzige Wahrheit widerspiegelten, da sie ebenfalls die allgemeinmenschliche Suche nach einem höchsten Sinn in Gott zum Inhalt hätten. Der Dalai Lama hat mittlerweile in einem seiner neueren Bücher unmissverständlich geäußert, dass er fest an den religiösen Pluralismus glaube.

Seit der Veröffentlichung meines Buches ›Fallende Blätter‹ bin ich mit Fragen zu meinem persönlichen Glauben überschwemmt worden. Ein australischer Leser schrieb: »Ich betrachte Autoren wie Sie als die Propheten der Neuzeit.«

Ich gestehe, dass ich mich gegenüber solchen Erwartungen hoffnungslos überfordert fühle. Ich habe spirituelle Themen viele Jahre lang von mir fortgeschoben – in der Hoffnung auf eine wundersame und plötzliche Erleuchtung von ich weiß nicht welcher Stelle. Doch Ziele und Horizonte unterliegen eben im Laufe unseres Lebens einem signifikanten Wandel.

Beim vierzigjährigen Treffen mit meinen Kommilitonen von der medizinischen Fakultät wurden von Konkurrenz geprägte Vergleiche – wer besitzt das größere Haus, den besser aussehenden Ehepartner, den aufgeweckteren Nachwuchs, oder wer hat die glänzendere Karriere gemacht – nicht mehr mit der gleichen Dringlichkeit oder dem gleichen Neid angestellt, wie es noch zehn Jahre vorher geschehen war. Stattdessen waren wir gegenseitig stärker an der Gesundheit des anderen, dem Grad an Zufriedenheit und Seelenruhe interessiert. Einige spekulierten, dass wahrscheinlich bei unserem Fünfzigjährigen die Überlebenden einfach entzückt sein würden festzustellen, dass noch einige Studienkameraden um sie herum waren, ungeachtet dessen, wie wir in jungen Jahren gefühlsmäßig zueinander gestanden hatten.

Verglichen mit der langen Zeitspanne, die das Tierreich schon existiert, das es bereits seit hunderten Millionen Jahren gibt, umfasst die schriftlich festgehaltene Menschheitsgeschichte, auf die wir dank archäologischer Grabungen zurückblicken können, eine beklagenswert kurze Zeitspanne – nämlich kümmerliche fünf- bis siebentausend Jahre. Und doch hatten die Menschen einen Großteil dieser Zeit, schon lange vor Konfuzius, diesen überwältigenden Drang, nach höheren Wahrheiten zu suchen. Warum sind wir hier? Wie sind wir auf die Erde gekommen? Wo gehen wir hin?

Wir alle fahnden nach dem geheimnisvollen Etwas, das wir nicht auszudrücken vermögen. Etwas, das größer ist als die Kombination von Raum plus Zeit plus Materie, die die Gesamtsumme unseres sichtbaren Universums ausmacht. Etwas Sublimes, das tief in unserem Innern verborgen liegt und sich mit unserem Bewusstsein für *Schönheit, Wahrheit, Güte* und die *Ordnung der Natur* vermählt.

Nehmen wir einmal die *Schönheit.* Was geschieht mit uns, wenn wir von der Schönheit eines Kunstwerks überwältigt sind – sei es ein Gemälde, ein Gedicht oder eine musikalische Komposition? Wenn wir uns selbst auf eine solche Erfahrung einlassen, werden wir dann näher an jenes unaussprechliche »Etwas« hingeführt, das wir als Gott bezeichnen? Weshalb sehen wir bestimmte Werke als schön an, wenn wir darauf stoßen? Was genau *ist* große Kunst, und wie erkennen wir sie? Nach welchem Maßstab beurteilen wir die Qualität einer künstlerischen Kreation?

Und wie sieht es mit dem Begriff der *Wahrheit* aus? Wir alle sind schon einmal in der Situation gewesen: Wir bekommen eine mathematische Gleichung vorgelegt, die wir nicht lösen können. Schließlich, nachdem wir stundenlang darüber gebrütet haben, liefert uns unser Lehrer die Lösung. Kaum sehen wir sie, wissen wir, dass sie richtig ist. Wir sind erstaunt und voller Bewunderung für seine Logik, die auf intelligentem und vernünftigem Denken beruht. Was *ist* Vernunft? Was *ist* Wahrheit? Und wie erkennt man sie?

Dann wäre da die *Güte*. Wir alle sind bewegt von selbstlosen Taten, die der aufrichtigen Sorge um das Wohlergehen anderer entspringen. Solche Taten bezeichnet der Dalai Lama als »spirituelle Akte«. Das Wort »Bewusstsein« wird im Chinesischen mit *liang xin* 良心 (gutes Herz) übersetzt, und *liang xin* hat denselben Stellenwert wie die physikalischen Naturgesetze. Es ist überall auf der Welt vorhanden und ist in jedem Menschen und in allen Situationen auszumachen. Die Entscheidung über richtig und falsch oder gut und böse ist eine Frage der Vernunft, nicht Ausdruck von Gefühlen. Wenn wir aus der Sorge um andere heraus handeln und nicht aus Eigennutz, so handeln wir aus unserem eigenen, freien Willen heraus.

Im September 1990, nach dem Tod meiner Stiefmutter, durchlebte ich eine Phase tiefer Depression. Zehn Jahre zuvor hatte ich mich ihrem Wunsch widersetzt und den Kindern meiner ältesten Schwester Lydia bei der Ausreise aus China geholfen. Doch ungeachtet dessen hatten Lydia und ihre Kinder anschließend hinter meinem Rücken, ohne dass ich es mitbekam, bei Niang gegen mich intrigiert und sie dazu gebracht, mich zu enterben.

Ich entsinne mich an den schrecklichen, endlosen Rückflug von Hongkong nach Los Angeles nach Niangs Begräbnis und der Verlesung ihres Testaments, bei der wir zugegen gewesen waren. Völlig übernächtigt, mit tiefen Schatten unter den Augen und stumm vor Bestürzung starrte ich über Stunden hinweg ausdruckslos ins Leere und hätte mich selbst wieder und wieder ohrfeigen können für meine Naivität und Dummheit, in der ich zugelassen hatte, dass man mich nach Strich und Faden betrogen hatte.

»Wie ist das nur möglich«, fragte ich mich, »dass ein Akt altruistischer Freundlichkeit gegenüber meiner Schwester und ihren Kindern solch katastrophale Folgen für mich haben konnte? Wo bleibt da die Gerechtigkeit?«

Im Chinesischen gibt es ein bekanntes Sprichwort: »*Shan you shan bao*« oder »Gutes wird mit Gutem vergolten werden«. Das Seltsame an der Gerechtigkeit ist, dass sie, selbst wenn der Mensch versucht, sie auszulöschen oder zu verletzen, die Eigenschaft hat, ihren eigenen Weg zu finden. Moralische oder unmoralische Handlungen haben die Tendenz, über die Absichten derer, die sie vornehmen, hinauszugehen und ihre Wirkung gänzlich unsichtbar für jene zu entfalten.

Entgegen dem Rat wohlmeinender Freunde und Anwälte lehnte ich es ab, rechtliche Schritte einzuleiten. Stattdessen ließ ich mein gebündeltes Qi in eine positive Tätigkeit einfließen, indem ich die ›Fallenden Blätter‹ schrieb. Die Veröffentlichung meines Buches hat mir nicht nur in dieser späten Phase meines Lebens zu einem neuen Beruf verholfen; noch wichtiger daran war, dass sie mir ein inneres Glück beschert hat, das sich in Gelassenheit und Zufriedenheit äußert. Obwohl ich im letzten Drittel meines Lebens angelangt bin, ist dies bei weitem das glücklichste.

Betrachten wir zu guter Letzt die *Ordnung der Natur*. Der Umstand, dass die Natur eine gewisse Ordnung besitzt, ist offensichtlich und allgegenwärtig. Durch die Untersuchung des Genoms haben wir jetzt begriffen, dass das Leben quer durch die unzähligen Millionen bestehender Spezies im Kern weitgehend identisch ist. Eine Bakterie hat mit dem Menschen einen fernen Ursprung gemein, und ein Schimpanse erweist sich als naher Vetter. Die Gen-Cluster oder so genannten Homöoboxen, welche die Entwicklung einer befruchteten menschlichen Eizelle zu einem Baby steuern, ähneln denen, die den gleichen Prozess in dem Hühnerei bestimmen, das wir später zum Frühstück essen. Zwischen den physikalischen Gesetzen, die unseren Kosmos beherrschen, und den Gesetzen der Biologie, denen der menschliche Organismus unterliegt, besteht eine enge Verbindung. Wäre die physikalische Konstante, welche die Kräfte zwischen den Protonen regelt, nur ein klein wenig anders, so hätten sich tatsächlich sämtliche Protonen in den frühen Stadien nach dem Urknall in Helium verwandelt, und es gäbe weder Sterne noch Leben. Einstein selbst war überzeugt, dass hinter aller Wissenschaft und Mathematik eine höhere Ordnung steht. Wo es eine Ordnung gibt, gibt es Rationalität. Wo es Rationalität gibt, gibt es Zielbewusstsein. Wo es Zielbewusstsein gibt, gibt es Hoffnung.

Obgleich es stimmt, dass unsere Wahrnehmung von Schönheit, Wahrheit, Güte und Ordnung über unsere Sinne erfolgt, verfügt der menschliche Geist auch über gewisse angeborene Voraussetzungen, die den Hintergrund für die Verarbeitung unserer Wahrnehmungen bilden. Dieses Verfahren der Verarbeitung ist die *Vernunft*. Was wir mit unserer Vernunft begreifen, ist für uns leichter nachzuvollziehen (und daher realer) als das, was wir mit unseren Sinnen erfassen. Im täglichen Leben strebt der Mensch immer, wenn er auf der Suche nach Inspiration *(yuan qi)*, Wahrheit, Güte oder Ordnung ist, eine vollkommene Seinsweise an, die irgendwo in seinem Kopf existiert. Diese vollkommene Seinsweise ist eine Vorstellung, die uns allen von Natur aus innewohnt. Worin aber besteht diese Seinsweise? Wo liegen ihre Wurzeln? Ist sie das Äquivalent zu der in den buddhistischen Schriften erwähnten Buddha-Natur – oder zu dem Tao des Laozi und Zhuangzi?

Im Zen-Buddhismus ist das Nirvana eine andere Bezeichnung für die ursprüngliche Substanz des Buddha-Geistes, der auch als Buddha-Natur geläufig ist. Die Buddhisten glauben, dass die Buddha-Natur in uns allen im Keim vorhanden ist. Jeder Mensch vermag über das Erlangen der Erleuchtung zu einem Buddha zu werden.

Mit dem Tao meinte Zhuangzi die »Ordnung der Natur«. Er sah das Universum *(yu shou)* aus einer Perspektive endloser Zeit und unbegrenzten Raumes und kam zu dem Schluss, dass das menschliche Leben im Rahmen des Kosmos keinerlei Bedeutung habe. Seinen Worten nach gehorcht alles seiner eigenen Natur. Adler schwingen sich hoch in die Lüfte empor, während Tauben von Ast zu Ast hüpfen. Leben und Tod folgen aufeinander in einem so unausweichlichen Zyklus wie Tag und Nacht. Alle Dinge sind eins, weil das Tao sie zu einer einzigen Einheit verschmilzt.

Der niederländische Philosoph Baruch Spinoza (1632 bis 1677) zeigte in seinem Werk ›Ethik, nach geometrischer Ordnung dargestellt‹ (›Ethica Ordine Geometrico Demonstrata‹), dass sämtliche Formen des Lebens den allgemeinen Naturgesetzen unterworfen seien. Spinoza setzte nämlich Gott mit der Natur gleich (*Deus sive natura* – Die Natur selbst ist Gott) und führte alles auf eine einzige Entität zurück, die er Substanz oder *natura naturans* (»schaffende Natur«) oder auch Gott nannte. Das Universum wird von den Gesetzen der Natur gelenkt. Diese Natur manifestiert sich selbst in zahlreichen Erscheinungsformen, physischen, aber auch geistigen: der Welt der materiellen Objekte (Ausdehnung) und der immateriellen Welt (Denken). Diese sind zugleich die Daseinsweisen Gottes. Folglich ist Gott mit der Welt identisch und die Welt mit Gott.

Ich erinnere mich, dass ich in meiner Anfangszeit an der medizinischen Fakultät in London, als ich mein Studium der Physiologie, Biochemie und Biophysik aufnahm, überwältigt war von der Finesse, der Schönheit und der den inneren Vorgängen zugrunde liegenden Ordnung des menschlichen Körpers. Karl und ich pflegten uns am Institut bis tief in die Nacht hinein die Köpfe heiß zu diskutieren, während wir auf dem Bunsenbrenner in seinem Labor Kaffee kochten. Er war ein eingefleischter, zynischer Skeptiker, der zum Atheismus tendierte. Und obwohl ich liebend gern mit ihm einer Meinung gewesen wäre, konnte ich einfach nicht glauben, dass die erstaunlichen Sachverhalte, auf die wir Tag für Tag im Zuge unserer sorgfältig ausgeklügelten Experimente stießen, rein zufällig zustande gekommen und nicht von einer höheren Intelligenz geplant sein sollten.

Wie viele andere Menschen weiß ich keine Antwort auf die Fragen, warum wir existieren oder ob unsere Seele nach dem Tod wiedergeboren wird. Wie die Buddhisten sagen: »Morgen oder das nächste Leben – wer weiß schon genau, was zuerst kommt?« Ich habe keine Erklärung dafür, dass überall um uns herum Schmerz und Leid regieren. Doch bin ich über die Jahre kraft meiner persönlichen Überlegungen zu gewissen Schlussfolgerungen gelangt, von denen ich hoffe, dass sie Ihnen eine Hilfe sind.

Ich wage die These, dass in unseren Köpfen bestimmte angeborene Vorstellungen existieren, die zu unserem Verständnis der Welt über die Sinne beitragen. Diese Vorstellungen haben ihr Äquivalent in der Buddha-Natur, im Tao oder in Spinozas Substanzbegriff. Der französische Mathematiker und Philosoph René Descartes stellte das Postulat auf, dass Erziehung nur die Freilegung einer zuvor eingeprägten gesetzlichen Ordnung sei, die bereits von Geburt an in uns angelegt ist. Alphonse de Lamartine, der erste große Lyriker der französischen Romantik, beschreibt den Menschen als gefallenen Engel, der sich an den Himmel erinnert. Jeder menschliche Geist mag als »geistige Wesenheit« angesehen werden, die in sich selbst die Erfahrung des gesamten Universums reflektiert. Im Gegensatz zu den Tieren sind wir intelligente Geschöpfe mit angeborenen Idealen hinsichtlich Schönheit, Wahrheit und Ethik, nach denen wir streben. Es gibt eine planvolle Ordnung und eine verborgene Intelligenz, die wir überall in der Natur beobachten können. Kant schrieb in seiner ›Kritik der reinen Vernunft‹: »Zwei Dinge erfüllen das Gemüt mit immer neuer und zunehmender Bewunderung und Ehrfurcht, je öfter und anhaltender sich das Nachdenken damit beschäftigt: Der bestirnte Himmel über mir und das moralische Gesetz in mir.« Vor über zweitausend Jahren hatte Konfuzius bereits das Gleiche geäußert, als er feststellte, dass das moralische Gesetz in uns und das Gesetz des Universums außerhalb von uns bestünde.

»Du wirst in deinem Medizinstudium voranschreiten und immer tiefer in die Welt der Wissenschaft eintauchen«, so erklärte mir Dr. Decker einmal, »und ich prophezeie dir, dass du dabei im Laufe der Zeit unweigerlich zu dem Schluss gelangen wirst, dass Religion albern und unsinnig ist.«

Doch dies war nicht der Fall. Im Gegenteil, mein Streben nach Wissen hat mich zu der Überzeugung gebracht, dass unsere Welt zugeschnitten ist auf die großartigste Gabe, die uns zuteil geworden ist: das Geschenk des Lebens. Heutzutage wissen wir, dass das kosmische Tao Gesetzen folgt, die im Kern den Regeln gleichen, nach denen ein Computer funktioniert. Seit der Einführung des Null-Symbols und der weltweiten Übernahme der arabischen Ziffern als mathematische Zeichen waren wir Menschen in der Lage, mit Hilfe unserer Erfindungskraft große, neue und abstrakte Konzepte zu ersinnen – Konzepte, die leise raunend von Unsterblichkeit und göttlicher Intelligenz künden.

Da diese Konzepte menschlichem Denken entsprungen sind, scheint es, als schwinge das menschliche Bewusstsein auf derselben Wellenlänge wie das Tao von *tian di* 天地 (Himmel und Erde). Galileo Galilei schrieb in seinem ›Saggiatore‹ (›Prüfer mit der Goldwaage‹) von 1623, dass das »große Buch« des Universums in der Sprache der Mathematik geschrieben und nur zu verstehen sei, wenn wir diese Sprache erlernten. Es erstaunt mich nach wie vor, dass zwei magische kleine Zeichen, 0 und 1, die so simpel sind und dabei doch so raffiniert, nicht nur dazu dienen, eine unendliche Bandbreite an Zahlen darzustellen, sondern auch dazu, den gesamten Kosmos zu beschreiben.

Nachdem China 1979 seine Grenzen wieder geöffnet hatte, unternahmen mein Mann und ich eine ganz besondere Reise in die Provinz Shandong und erklommen die 6293 Granitstufen zum Gipfel des heiligen Berges Taishan. Bei unserem Aufstieg stieß ich auf zwei Reihen chinesischer Schriftzeichen, die in die Oberfläche des Felsens gemeißelt waren. Die vier Wörter der ersten Zeile, *Bu yan zhi jiao* 不言之教, waren mir vertraut. Ich hatte sie früher oft und oft auf der Schriftrolle über Ye Yes Bett betrachtet. Die fünf Wörter der zweiten Zeile, *Tian xia xi ji zhi* 天下希及之, waren mir neu. Ich las die beiden Sätze laut vor, und ihr Sinn traf mich wie eine Erleuchtung aus der umgebenden Stille: »Die Lektionen des Schweigens sind einzigartig und unübertroffen von irgendetwas unter dem Himmel.« Mir fiel ein, dass der Taishan im alten China als heiliger Grund angesehen und gleich einem Symbol des Himmels verehrt wurde. Als ich auf die Felskämme und Gipfel niederblickte, deren Auf und Ab an die Rücken riesiger, auf die weitläufige Halbinsel zu unseren Füßen hingestreckter Drachen gemahnte, überkam mich die absolute Gewissheit, dass die herrliche Ruhe, die mich umgab, ein Indiz für die Existenz Gottes war. In der erhabenen Stille der dunstigen Morgenstunden begriff ich mit einmal, was mein Ye Ye so viele Jahre zuvor zu sagen versucht hatte. In jenem Moment fühlte ich die überwältigende Gegenwart Gottes und wusste, das Er zugegen war: *im Schweigen.*

TEXTVERWEISE

Die Zitate aus dem *I Ging,* von Laozi und Zhuangzi wurden den folgenden Werken entnommen:

Richard Wilhelm (Hrsg.): *I Ging. Das Buch der Wandlungen.* München: Heinrich Hugendubel Verlag 22. Auflage 1995.

Richard Wilhelm (Hrsg.): *Laotse. Tao te king.* München: Eugen Diederichs Verlag 13. Auflage 2000.

Richard Wilhelm (Hrsg.): *Dschuang Dsi. Das wahre Buch vom südlichen Blütenland.* München: Eugen Diederichs Verlag 1974.

LITERATUR

Beinfield, Harriet/Korngold, Efrem: *Traditionelle Chinesische Medizin und westliche Medizin. Eine Zusammenführung. Grundlagen – Typenlehre – Therapie.* Bern, München, Wien: Scherz Verlag für den O.W. Barth Verlag 2002.

Cleary, Thomas (Hrsg.): *Sun Tsu (Sunzi). Wahrhaft siegt, wer nicht kämpft. Die Kunst des Krieges.* München: Piper 2001.

Dalai Lama: *Das Buch der Menschlichkeit. Eine neue Ethik für unsere Zeit.* Bergisch Gladbach: Lübbe 2000.

Konfuzius: *Gespräche. Lun-Yü.* Hrsg. von Klaus Bock. Wien: Phaidon 3. Auflage 1996.

Larkin, Philip: *Gedichte.* Hrsg. von Waltraud Anna Mitgutsch. Stuttgart: Klett-Cotta 1988.

Mair, Victor H./Schuhmacher, Stephan (Hrsg.): *Zhuangzi. Das klassische Buch daoistischer Weisheit.* Frankfurt: Krüger 1998.

Spence, Jonathan D.: *Chinas Weg in die Moderne.* München: Deutscher Taschenbuch Verlag 2001.

Temple, Robert K.G.: *Das Land der fliegenden Drachen. Chinesische Erfindungen aus vier Jahrtausenden.* Bergisch Gladbach: Lübbe 1990.

Waley, Arthur: *Lebensweisheit im Alten China.* Frankfurt a.M.: Suhrkamp 1974.

Wilhelm, Richard (Hrsg.): *Dschuang Dsi. Das wahre Buch vom südlichen Blütenland.* München: Diederichs 1974.

–: *I Ging. Das Buch der Wandlungen.* München: Hugendubel 22. Auflage 1995.

–: *Laotse. Tao te King.* München: Diederichs 13. Auflage 2000.

–: *Kungfutse. Schulgespräche. Gia Yü.* München: Diederichs 2. Auflage 1997.

Yutang, Lin: *Glück des Verstehens. Weisheit und Lebenskunst der Chinesen.* Stuttgart: Klett-Cotta 1996.